한국 다문화아동 가르치기

용감하고 아름다운 네 교사 이야기

김영천 · 황철형 · 박현우 · 박창민 지음

아카데미프레스

머리말

우리나라에서 다문화 교육의 필요성이 강조된 지 벌써 10여 년이 지났다. 교육대학교와 사범대학에 다문화 관련 과목들이 생겨나고 많은 교사들과 교육자들이 학교현장을 중심으로 이 새로운 연구영역과 실천영역을 배우려고 공부하고 있다. 또한 사회적 통합과 전통의 유지 측면에서 교육부와 노동부, 여성/아동 복지부에서 관련 정책을 입안하고 강조하고 있다. 우리 사회가 더욱 다문화/다민족적으로 변화할 것으로 예측해볼 때 이러한 노력은 이제 시작에 불과하며 더욱 많은 연구와 실천이 요구된다고 생각한다.

교육과정 학자로서 필자는 미국에서 공부하면서 그리고 한국에서 이 분야를 연구하면서 앞으로 우리 사회에서 가장 중요해진 연구분야의 하나가 바로 다문화 교육이라고 생각하였고, 기회가 되는 대로 학부 수업과 대학원 수업에서 다문화, 사회정의, 평등의 관점에서 다문화 교육의 필요성을 강조해 왔다. 특히 짧은 5년간의 미국 생활을 통하여 백인이 아닌 인종으로서 그리고 앵글로 색슨족이 아닌 민족으로서 살아간다는 것이 기회가 박탈된 것이라고 생각하였지만, 다른 한편으로는 그러한 잘못된 현실을 바로 잡으려는 사회의 노력과 구체적 정책과 교육적 작업에 편안함을 느낄 수 있었다.

과거의 이방인, 비서구인, 유색인으로서 타자였던 나 자신의 역사와 달리 이제 우리나라에서 그러한 피부색과 민족성을 고민할 필요 없는 토착민으로서 나는 또 다른 책임감을 느낀다. 그것은 바로 내가 그런 부류에 속하지 않기 때문에 느끼지 못하는, 또는 필요하지 않기 때문에 필요하다고 말하지 않는 그러한 문제 상황에 대하여 그 누구보다도 크게 이야기하고 변화시킬 수 있게 참여해야 하는 또 다른 모순의 입장에 있기 때문이다. 그러나 나는 과거의 불리한 타자의 위치에서 이 세상과 실제, 생활의 문제점이 무엇인지를 직접 경험하였기 때문에 다른 사람들과는 조금 더 다르게 나와는 다른 사람들, 한국으로 이주해온 사람들, 그리고 그들의 자녀들에 대하여 이야기하고 이해하고 가르칠 수 있다고 생각한다.

이러한 학자적 사명감 속에서 필자의 책 <가장 검은 눈동자: 한국 다문화 아동의 슬픈 자화상> 그 다음 편으로 이 책을 출간하게 되었다. 처음 책이 우리나라의 다문화 가정 초등학교 아동의 가정과 학교생활을 평이하게 서술한 것이 특징이라면, 이 책은 학교의 일선 교사들이 초등학교 다문화 아동의 학업 성취를 위하여 어떻게 구체적으로 노력할 것인가를 고민한 내용을 주로 담고 있다. 따라서 다문화 교육과 정책에 있어서 과거의 접근과 달리 조금 더 현장지향적이고 수업 지도에서 다문화 아동의 복지와 학교 적응을 지원하고자 한 비판적 실천연구라고 할 수 있겠다. 이러한 작업은 우리 사회와 학교의 노력에도 불구하고 다문화 가정 아동의 학업 성취가 일반 한국 아동에 비하여 낮고 그들의 상급학교 진학률이 떨어지며 그들의 중도 탈락률이 높아지고 있다는 통계 결과를 주목하였을 때 매우 의미 있는 연구라고 생각한다. 즉, 한국 다문화 교육의 새로운 방향 중의 하나로 학교의 교육과정과 수업 지도에 있어서 한 명 한 명 다문화 아동의 공부와 발달을 위하여 더욱 체계적이고 지속적이며 효과적인 지도방법과 지원방법을 탐색하고 이를 실천해야 한다는 시사점을 제공하기 때문이다.

그러한 점에서 아무런 연구비나 외적 보상 없이 지도교수의 계획 아래 자신의 학교와 교실 수업, 멘토링을 통하여 약 1년 동안 다문화 아동의 학업 성취를 향상하기 위한 방법 연구에 최선을 다해 준 필자의 대학원 학생들에게 감사드린다. 더더욱 의미 있는 것으로 일회성 프로그램이나 효과 검증이 아니라 지속적인 만남과 지도를 통하여 한국의 일반 아동들과는 다른 다문화 가정 아동들의 공부를 향상하기 위하여 실제적이고 효과적인 방법들이 무엇인가를 고민하고 탐색한 점은 기존의 다른 연구방법들과는 비교되지 않을 정도로 가치 있다. 그리고 이들의 고민과 해결의 과정은 단순히 네 명의 교사들의 경험에서 끝나는 것이 아니라 앞으로 다문화 아동들을 만나고 가르치게 될 전국의 미래 교사들을 대신한 사전적 경험, 대리적 경험이었다는 점에서 그 시사점은 더욱 크다고 하겠다.

이러한 이유 때문에 이 책의 부제를 "용감하고 아름다운 네 교사 이야기"로 정하였는지 모른다. 자신과 다르고 가르쳐 온 기존 학생들과는 다른, 언어적으로, 문화적으로, 물리적으로 다른 배경을 가지고 있는 아이들을 가르쳐야 하는 한국의 많은 교사들에게는 무엇보다 새로운 교육학적 아이디어나 방법들을 수용하고 적용할 수 있는 용감한 실천 의지가 필요할 것이다. 그러한 진보적이고 개혁적인 변화의 작업을 통하여 이미 출발선상에서 한 발 늦게 출발한 한국 다문화 아동들이 조금 더 전진하고 교육적으로 성장할 수 있다면, 그리하여 그들이 우리 사회와 문화에 대하여 따뜻한 마음과 태도를 가질 수 있다면 이들 네 교사의 노력은 바로 가장 아름답게 결실된 것이라고 말할 수 있을 것이다.

한국 다문화 교육학회의 창립을 주도한 회원으로서 필자는 이제 우리의 다문화 교육의 방향은 학교 현장으로 더욱 깊게 스며들어야 하며 그 변화의 핵심은 바로 다문화 아동들을 날마다 만나고 가르칠 우리 교사들이라는 생각을 한다. 이에 향후 한국 다문화 교육이 가장 중점을 두어야 할 연구와 실천의 분야는 바로 교사 훈련과 발달일 것이다. 왜냐하면 다문화 아동의 공부 지도를 통하여 이들이 원하는 교육 목표를 달성할 수 있는 학업 능력을 길러 줄 수 있기 때문이다. 특히 어떤 아동이든지 간에 자존감과 유능감을 느낄 수 있는 가장 중요한 요인이 바로 학교에서의 공부라는 점에서 그렇다. 그러한 이유 때문에 서구의 많은 문헌들과 이론들에서 일반 아동들과는 다른 심리적, 언어적, 문화적 배경을 가진 다문화 아동들을 어떻게 잘 지도할 것인지에 대한 학술적 탐구와 연구 지식이 상당히 강조되고 있는 실정이다.

필자와 네 명의 대학원 연구자들에 의하여 이루어진 현장지향적인 이 실행연구가 한국 상황의 요구와 변화를 잘 이해하고 이끌어 갈 수 있는 자극의 텍스트가 될 수 있기를 바란다. 그리고 더욱 중요하게 기존의 한국의 일반 아동들을 대상으로 가르쳐 왔던 모든 한국 교사들의 학교 교육, 가르침, 수업, 평가, 그리고 세상 그 자체에 대한 또 다른, 한 단계 더 승화되고 복잡한 관점을 생성할 수 있도록 고민하게 하는 반성의 텍스트가 되기를 기대한다.

2014년 5월 21일

김영천 씀

차례

01 사랑한다는 그 흔한 말

일선 교사 경험이 있는 진주교육대학교 교수님들이 자신의 좋았던 초등학교 교사시절을 이야기하곤 한다. 대전 도심지의 학교에서. 그리고 경기도의 도심에서. 모두 좋은 기억들로 가득 차 있다. 그 때가 그립단다. 훌륭한 선생님으로 살았단다. 말 잘 듣는 아이들. 예절 바른 학부모들, 그리고 재미있는 교실 수업. 착하고 깨끗하고, 가르치는 것은 바로 다 알아듣고. 학부모들은 알림장에 성실하게 잘 답해 주었단다. 학생들은 좋은 중학교에 진학하고 대학교를 졸업하여 어엿한 사회인이 되었다. 가끔씩 연락을 한단다. 나는 그 말을 믿는다. 그리고 잘 가르쳤을 것으로 의심하지 않는다.

그렇지만 그런 이야기를 들을 때마다, 교사가 아닌 사람으로서 물어보고 싶은 질문이 하나 있다. 그 교수님의 심기를 불편하게 할까봐 직접 묻지는 못하였던 말. 도심지가 아니라 가난한 동네나 외딴 시골마을의 학생들을 가르쳤을 때도 과연 그 기억이 좋은 추억으로 남았을까요? 그리고 자신이 훌륭한 교사로서 평가를 받을 수 있었을까요? 굶주린 아이들,

문화적으로 낙후된 아이들, 정말로 공부 못하는 아이들도 대전의 아이들만큼 잘 가르쳐서 훌륭한 사회의 일원으로 성공시킬 수 있었을까요? 찢어지게 가난한 부모 밑에서 학교 다니는 아이들, 할머니나 할아버지 밑에서 살아가는 아이들, 학원도 없는 외진 시골 학교의 아이들을 가르쳤다면 과연 가르치는 일이 그렇게 즐겁고 쉽고 편안하였을까요? 그리고 과거에 대한 기억이 모두 핑크빛이었을까요?

내가 이런 질문을 하는 이유는 모든 것이 좋은 환경에서 교사가 아이들을 못 가르칠 이유는 없다고 생각하기 때문이다. 모두 착하고 마음에 드니까. 공부까지 잘하니 말이다. 더 잘 가르치고 싶을지 모른다. 아니면 교사는 못 가르쳤는데 아이들이 스스로 성공하여 자신의 성공이 모두 선생님 덕분이었다고 말할지 모른다. 그리고 그 아이들을 가르친 교사들은 자신들이 잘 가르친 것으로 믿을지 모른다. 그래서 그런지 내가 사는 아파트 엘리베이터에서 만난 초등학교 아이들의 이야기가 예사롭지 않다. 벌써 자신의 꿈은 로스쿨과 서울의 명문 대학교 의대에 들어가는 거다. 이 아이들은 교사의 좋은 가르침을 받지 못해도 스스로 잘 알아서 성공할 것이다.

이러한 의심 때문에 어느 교사가 자신은 훌륭한 선생님이었다고 나에게 말하는 경우, 어떤 상황에서 아이들을 가르쳤는지 묻고 싶다. 그리고 정말로 어려운 환경의 아이들을 잘 가르친 적이 있는지를 이야기 해달라고 말하고 싶은 것이다. 그리고 그 대답이 '그렇다'라면 그때서야 그 선생님을 신뢰할 수 있을 것 같다. 고등학교를 졸업하고 취직하는 것이 인생의 목적인 아이들, 그냥 기술 배워서 공고를 졸업하고 싶다는 아이들, 이미 초등학교 때 진주의 어느 전문대로 진학할 대학을 정해 놓은 아이들,

자신은 어떤 꿈이 있는지도 잘 모르는 아이들의 생각을 바꾸어서 부모들과는 다른 직업, 다른 삶을 살게 해준 그런 예들 말이다. 한 20대의 청년은 고등학교 졸업 후 군복무까지 마쳤지만 무기력감에 사로잡혀 무엇을 해야 할지 몰랐다. 그 청년은 내게 이런 말을 했다. "고등학교 다닐 때, 담임 선생님이 나를 조금 더 붙잡아 주었으면 얼마나 좋았을까요? 인생이 어떤 것인지 이야기해 주고 무엇을 어떻게 준비해야 한다고 말해 주었다면. 그런 선생님이 있는 그런 고등학교를 다시 다니고 싶어요."

그때와 지금, 1960년대와 2014년

그러한 삶을 살아가는 교사의 삶은 매우 힘들 것이다. 미국의 유명한 교육학 책에 쓰인 대로 "내 자식도 아닌 다른 부모의 아이들을 가르치는 것"처럼 날마다 남의 아이들을 데리고 놀고 가르치는 일만으로도 교사의 삶은 버겁다. 그런데다가 더 열심히 일하고 가르친다고 하여 남들보다 더 많은 월급을 주는 것도 아니니 말이다.

나의 이러한 기준이 너무 고매하고 높고 힘든 것이라고 주장하는 사람이 많을 것이라 생각한다. 그리고 나라도 일선 교사로서 그렇게 생활하지 못할 것이다. 그럼에도 불구하고 "선생님의 삶이 정말로 훌륭한 것이었을까요?"라고 묻고 싶은 이유는 많은 교사들이 보다 편하고 좋은 학교, 좋은 아이들을 가르치고 싶어한다고 생각하기 때문이다. 경력이 있는 교사나 초임 발령을 꿈꾸는 미래의 교사나 이들 모두 생활 환경이 좋고 학부모들이 좋고, 말을 잘 듣는 아이들이 있는 도시의 학교를 선호한다. 이를 위하여 초임 교사들은 임용 고사에서 높은 점수를 받으려고 노력하고 있고 경력 교사들은 도시 학교로 발령받기 위하여 필요한 점수와 경력을 채우고 있다. 그리고 교사들 간에 좋은 학교에 가기 위한 경쟁은 매우 치열하다고 한다.

좋은 학교로 가고 싶어하는 교사들의 이러한 열망은 이제는 교육대학교 학생들 사이에서도 나타나고 있다. 도시로 가기 위하여 더욱 열심을 내는 학생이 많고 광역시에 가려는 학생은 죽기를 각오하고 시험 준비를 해야 한다. 경남의 시골 학교에 가느니 차라리 떨어질지 모르는 경기나 서울 또는 대전 지역 시험에 응시한다. 세종이나 김해시는 평생 도시에 살 수 있어서 가장 열망하는 지역이 될 것이다. 이러한 세태를 반영이나 한 듯 매년 2월의 초임 교사 발령지에 대한 졸업생들의 대화는 가장 뜨거운 화제가 된다. 누가 서울을 갔다더라. 누가 기어코 경기에 지원하였다가 낙방하였다더라. 창원이나 진주 같은 도시에 발령을 받은 친구들에게는 축하 메시지를 보내고 시골이나 농어촌 지역, 섬 지역으로 발령을 받은 친구들에게는 위로와 격려를 보낸다. 그리고 하는 마지막 말, "임용 시험 준비 잘해서 도시로 가지 그랬어."

교사들 사이에 그리고 어린 초임 교사들 사이에 언제부터 이러한 집단적 현상이 나타났는지를 역사적으로 분석하는 일이 필요할 것이다. 그런데 어쩌면 그러한 분석이 불필요할지 모른다. 왜냐하면 우리는 편안함과 안락함, 좋은 것을 본능적으로 추구하는 존재이기 때문이다. 나 역시 교사가 되면 좋은 도시나 지역의 학교로 가려고 할 것이고, 또한 도시로 간 교사들이 모두 대충대충 교사 생활을 할 것으로 생각할 수도 없기 때문이다. 더욱 좋아진 환경, 요사이는 맛있는 음식, 이국적인 관광지, 쏟아지는 정보, 더욱 편리해지고 오감을 만족시키고 업그레이드시킬 수 있는 욕망의 메뉴들이 넘쳐난다. 맛있는 음식, 호화로운 호텔, 다채로운 생활용품, 인터넷 쇼핑 의류. 풍요로워진 생활 환경 덕택에 음식 하나, 옷 하나, 펜션 하나에 관심을 기울인다. 나부터 모닝 커피를 스타벅스에 가서 마시지 않는가?

이러한 세태를 이해는 한다. 하지만 가난한 시골 학교에서 자란 내가 <별이 빛나는 밤: 한국 교사의 삶과 그 세계>에서 어두운 밤하늘을 비추는 빛나는 별에 비유한, 1960년대와 1970년대 한국의 사회와 경제의 파수꾼 역할을 하였던 훌륭한 선생님들을 떠올리면 왠지 가슴이 아프다. 그리고 씁쓸하다. '변하지 않아도 될 것이 있는데' 하는 생각이 든다. 내가 지나치게 감성적이기도 하지만, 나를 이렇게 훌륭한 연구자로 만들어 준 선생님들을 생각하면 매우 안타깝다.

그리고 더 중요한 질문이 떠오른다. "모든 선생님들이 도시 학교에 가고 싶어하고 농어촌 학교에 가기 싫어한다면 농어촌의 아이들은 누가 가르칠까?" 그리고 이러한 경향이 경남을 넘어 서울과 전국의 일반적 현상으로 나타나고 있다면 생각이 더 복잡해진다. 교육학적으로 그리고 교사교육적 측면에서 문제이다. 아동의 발달과 사회화, 교육적 평등, 도시와 농촌의 격차 등 여러 문제들이 떠오른다. 문득 진주교육대학교 신입생 지원자들이 면접에서 나에게 하였던 말들이 생각난다. "가난한 아이들, 교사의 손길이 필요한 아이들을 위해 교사가 되려고 다짐했습니다." 내 귓가에 들리는 유행가 노랫말. "사랑이라는 그 흔한 말", "그녀는 정말로 나를 사랑했을까?"

두 개의 이야기

이러한 세태가 나의 기우가 아니라는 생각을 더욱 확고하게 해주는 두 개의 이야기가 있다. 첫 번째 이야기는 2013년 2월 나의 학부 분담 학생이 들려주었다. 그 학생은 선생님만 되는 것이 꿈이었기 때문에 어디로 발령을 받는 것은 별로 중요하지 않았다. "교수님. 어제, 4학년 학생들 사이에 공부 잘하는 미영이 이야기가 카카오톡에 떴는데요. 자신이 발령을 받은 지리산 합천 근처의 시골 초등학교가 궁금해서 발령 이전에 한번 다녀왔대요. 어머니랑 같이 갔었는데. 어머니랑 그 초등학교 운동장에서 한참동안 울다가 왔대요. 우리 친구들 모두 카카오톡으로 격려해 주었어요."

두 번째 이야기는 졸업한 제자가 들려준 이야기이다. 중견 교사의 이야기라는 점에서 앞의 이야기보다 조금 더 심각하고 걱정스러운 내용을 담고 있다. 약 7년을 창원에서 가르쳤던 그 교사는 최근에 인근 시골 학교로 전근을 가게 되었다. 그런데 스승의 날에 나를 찾아와 신세한탄이 가득하다. "요사이는 너무 재미가 없어요. 어서 이 시골 학교에서 정해진 기간을 채우거나 점수로 따서 다시 도시 학교로 가고 싶어요. 의욕도 없고, 잡무가 너무 많고, 아이들도 못 따라오고. 학부모들도 자녀교육에 별로 관심이 없고요. 무슨 일만 나면 학부모들은 예의 없이 항의하고요. 아예, 교사 그만두고 주부로 살까 하는 생각도 가끔 해요."

걱정이다. 두 개의 이야기 모두 2013년 각각 다른 시기에 들었지만 공통적으로 학교 발령지에 대한 일선 교사들의 생각을 나타내고 있어서 외면할 이야기가 아니라는 생각이 든다.

이 글을 쓰는 나는 전라도 어느 시골의 한 초등학교를 다녔다. 추운 겨울날, 선생님과 아이들은 추위에 떨면서 공부하였다. 뒷산에서 꺾어온 산나무 가지를 지펴 난롯불을 피우면서도 학교는 재미있고 가고 싶은 곳이었다. 우리는 참으로 행복하였다. 그런데 문득 어쩌면 우리 반 담임 선생님은 더 좋은 학교에서 가르치지 못하여 슬펐을지도 모른다는 생각이 든다.

오늘 수요일에는 학부 교육과정 수업이 있다. 한 학기 동안 한 주 할애되는 이번 주의 주제는 '교직과 교사의 삶'이다. 두 학생의 발표가 끝나고 토론을 하면서 앞으로 어느 지역으로 발령을 받고 싶은지 학생들에게 물었다. 자신들의 삶이나 현장 관련 질문은 나의 노력에 상관없이 학생들의 관심을 불러일으킨다. 참여율이 높다. 여기저기서 자기가 가고 싶은 지역을 말한다. 나는 더 많은 학생들이 농촌 지역으로 지원하기를 바라는 생각에서 다음과 같이 말한다.

"여러분은 어느 지역에 가서 선생님 하고 싶으세요? 여러분의 도움이 가장 절실한 지역은 어디일까요? 아마도 내 생각에는 시골의 학생들에게 여러분의 도움이 가장 필요할 것 같아요. 그런 곳에는 학원도 없고 어디 갈 곳도 없어요. 조부모 아래서 학교 다니는 아이들도 많아요. 그리고 가난해요. 학교에서 배우는 게 전부일 텐데. 그러면 여러분 중에서 도시 지역 대신에 이러한 지역에 자원하여 초임 교사를 할 사람은 없나요? 초임 교사를 발령할 때, 임용 시험에서 높은 점수를 받은 학생들을 도시 지역 대신에 시골로 보내면 어떨까요? 더 유능한 교사들이 어려운 아이들을 더 많이 가르쳐야 하지 않겠어요?"

"전남 지역은 시골로 가기 싫은 학생들이 많아서 아예 광주교대는 입학할 때 광주 지역과 전남 지역으로 구분하여 학생을 선발한대요. 아예 전남반을 만들어서 나중에 광주로 지원할 때 불이익을 받게 하겠다는 거죠. 전남반 학생들은 그냥 전남의 도서벽지로 가도록 만든 거죠. 학생들이 가려고 하지 않으니까요. 여러분, 여러분 중에 농촌 지역에 가서 자신의 젊음을 불태울 학생은 없나요?"

급기야 나는 소크라테스의 명언까지 동원한다.

"검증받지 않은 삶은 가치롭지 않다."

그래도 아무런 답이 없다. 아무도 손을 들지 않는다.

교사의 새로운 일:
경남 다문화 아동 가르치기

나는 다시 학생들에게 이야기한다. "여러분 우리가 이 시간에 비판적 교사의 삶에 대해 배웠잖아요. 문화적으로 낙후되고, 경제적으로 어려운 아이들을 위하여 삶을 살아가는 희생적인 교사들, 너무 멋있지 않아요? 우리가 읽은 외국의 훌륭한 교사들 이야기처럼 우리나라에서 그러한 삶을 살고 싶은 학생은 없나요? 책에는 교사의 보람이 아이들의 변화에 있다고 하였어요. 그렇다면 모든 것을 다 갖추고 있는 도시 지역의 아이들보다는 어려운 지역의 아이들을 가르칠 때 교사로서 더 많은 보람을 느낄 겁니다. 그리고 여러분의 선입관과 달리 시골에서 아이들을 가르치다 보면 오히려 더 많은 행복과 보람을 느낄지 몰라요. 그리고 이런 생각이 들지 몰라요. '내가 그 동안 잘못 생각하였구나. 평생 시골에서 선생님으로 살아야겠다.' 여러분, 우리는 무엇을 위하여 살까요?"

이쯤에서 나는 유명한 톨스토이의 책 제목을 살짝 빌려본다.

나의 노력이 가상하였는지 35명의 학생 중에서 한 명이 손을 든다. 지원 양이다. 지원 학생은 항상 수업에 적극적이다. 임용 시험 제도 없이 외국처럼 추천서로 교사를 만들 수 있다면 꼭 추천하고 싶은 학생이다. "제가 갈 거예요." 기다렸던 답이어서 매우 기뻤다. 그리고 수업이 계속 진행될 수 있어서 다행이었다.

"지원 양, 정말 고마워요. 우리 지원 양은 아주 훌륭한 결정을 내렸어요. 그 결정이 쉽지는 않을 거고 나중에 후회할지도 몰라요. 혹 결혼을 하지 않고 평생을 아이들과 살아갈 생각은 없어요? 여러분, 너무 멋있지 않나요?" 그건 아니라며 학생들이 여기저기서 아우성이다. "어쨌든, 우리 모두 지원 양의 용기에 박수 쳐 줍시다."

교실이 다시 활력을 찾았다.

"그런데 여러분, 아세요? 요사이 농어촌의 아이들은 어떨까요? 농어촌에서는 단순히 농사를 짓고 거기에는 가난한 학부모들이 살고 있나요? 농어촌은 그냥 지리적으로 도시에서 먼 지역일까요? 또 교통이 불편하고 갈 데가 없을까요? 아마 아닐 겁니다. 요사이 농어촌의 아이들은 우리가 생각하는 그런 아이들이 아니에요. 농어촌 지역에 가면 요사이 만날 수 있는 아이들, 우리의 도움이 더 필요한 아이들, 이런 아이들을 교실에서 만나고 가르쳐야 할 거예요. 이런 아이들은 누구일까요?"

답이 나오지 않는다. "여러분, 동남아시아에서 온 어머니를 두고 있는 한국 아이들이 누군가요? 생각나나요?" 여기저기서 '완득이', '러브 인 아시아', '야, 몇 일 전에 진주에서 외국 사람 만난 적 있다', '다문화 아동' 등 웅성거리는 소리가 들린다.

"맞아요. 여러분, 다문화 아동들이랍니다. 이미 우리나라 초등학교에 4만 명이 있어요. 그리고 경남에는 2020년이 되면 도시를 제외한 시골 지역에는 한 반의 절반을 다문화 가정 아동이 차지할 거라는 보고서도 있어요. 여러분, 진주에서 가까운 합천 시골에 한번 가보세요. 다문화 아동이 한 교실에 다섯 명 넘게 있어요. 그 마을 전체가 다문화 가족들로 이루어져 있대요. 더 이상 외국 이야기가 아니랍니다. 진주 지역의 학교에도 한 반에 한두 명씩 그런 아이들이 있어요. 그 아이들은 모두 한국인이고, 우리 아이들이에요. 바로 그 아이들이 여러분이 시골에 가면 가르쳐야 할 아이들이에요. 누그든 예외는 없어요. 어떤 시골에는 다문화 아동이 우리 일반 한국인 아동보다 더 많기도 해요. 한국 아이들이지만 문화적으로 다르고 그 외에도 많이 달라요. 그런데 여러분은 이주민이거나 다문화 아동은 아니잖아요. 평생을 그냥 일반 한국인으로 살아왔잖아요. 그러면 여러분은 이 아이들을 어떻게 가르칠 건가요?"

갑자기 소란스러워진다. '아, 큰일이다'. '어떻게 가르치지?' '베트남 말을 해야 하나?' '지난번에 태국 여행 다녀왔는데' 등 여기저기서 여러 말이 쏟아져 나온다.

"여러분, 오늘 수업 주제가 '한국 교사의 삶과 그들의 세계'였어요. 그런데 이제 한국 교사의 중요한 가르침의 세계는 과거와는 달라졌어요. 한국 아이들을 가르치는 것이 아니라 한국 아이들과 다문화 아이들을 한 교실에 놓고 같이 가르쳐야 해요. 그리고 가까운 시일 내에 도시 지역 학교에서도 다문화 아동이 여러분의 학생이 될 거예요. 지난번에 서울 이태원에서 어떤 외국인을 만났어요. 학생이었는데 파란 눈에 금발이었어요. 그런데 한국말을 너무 잘하는 거예요. 그래서 내가 '학생은 어디 사람이에요'라고 영어로 물었는데, 세상에. 그 학생은 한국말로 자신은 한국 사람이라고 말했어요. 그래서 내 친구가 어떻게 한국 사람이냐고 다시 물었어요. 약간 놀리는 식으로 말이죠. 그런데 그 학생이 화가 났는지, 자신은 진짜 한국 사람이라고 대답하면서 화를 냈어요. 이제 외모로 누가 한국인인지 아닌지 구분하는 때는 곧 사라질 거예요. 미국에서 살고 있는 여러 가지 피부색을 가진 사람들이 모두 자신을 미국 사람이라고 생각하는 것처럼 말이죠.

그러면 교사로서 여러분은 매우 어려운 결정을 하게 될 거예요. 이 아이들이 교실에 앉아 있는데 어떻게 가르쳐야 할 것인가 생각할 겁니다. 그 아이에게 적합한 수업을 하면서 가르치든지, 아니면 있든 없든, 알아듣든, 알아듣지 못하든 상관없이 자기 방식대로 수업을 하든지 말이죠. 그리고 여러분은 의식을 하면 다행이지만 날마다 고민해야 할 새로운 일이 생길 거예요. 이 아이들을 어떻게 가르칠 것인가? 나와 다른 피부색, 나와 약간 다른 말투와 억양, 중국에 대하여 내가 가지고 있는 지식과 다른 지식을 가진 조선족 아이들을 어떻게 가르쳐야 할까요? 6.25 때 우리에게는 적대국이었지만 그들에게는 동맹국이었지요. 무엇보다 교육자로서 우리가 알아야 하는 중요한 사실이 있어요 그들은 한국 사회에서 마음의 상처를 받아 온 어린 양들이란 거예요. 그리고 그 아이들과 부모들은 여러분에게 교육과 지도에 있어서 평등과 인권, 권리와 차별 금지 등을 요구할 겁니다."

잘 가르치기 그리고 차별하지 않기: 좋은 교사의 두 가지 조건

"선생님이 수업을 마치기 전에 조금만 더 이야기할게요. 아마 여러분은 왜 내가 다문화 교육을 강조할까 의아해할 겁니다. 그리고 '그래 요사이 다 그 이야기 하니까'라고 생각할 거예요. 그럴 수 있겠죠. 하지만 모든 교육학자나 교육연구자들이 다문화 교육을 찬성하는 것은 아니에요. 어떤 교육학자는 좋아하고 어떤 교육학자는 싫어해요. 그것 역시 본능적일 거라는 생각을 해요. 그리고 그러한 판단은 주로 자신의 개인적 경험에 기초하여 일어나는 것 같아요. 선생님은 다문화 교육의 필요성을 인정하는 사람이에요. 그리고 그러한 생각은 철저히 선생님의 개인적 경험에 근거하여 만들어졌어요. 물론 토니 모리슨의 <가장 푸른 눈동자>나 <재즈> 작품 또는 많은 문학 작품을 읽은 것이 도움이 되기는 하였지만요.

1990년이었어요. 나는 그때 미국으로 유학을 가서 5년간 박사 공부를 하였답니다. 그때 전공 공부를 제외하고 내가 가장 크게 배운 것은 바로 문화와 차별, 인종 문제였어요. 그 전에는 한국인으로 한국에서 살았기 때문에 피부색이나 인종, 차별을 경험할 수도 없었고 그럴 필요도 없었어요. 그냥 조용하고 착하고 공부 잘한다는 말을 듣는 보통 학생이었어요. 그런데 미국에서는 공부를 잘하든 잘 못하든 상관없이 나 자신이 황인종 또는 한국인으로 분류되고 평가되는 것을 경험하였어요. 그래서 다른 사람들은 미국에 더 머무르기를 간절히 원했지만 나는 하루 빨리 한국에 가고 싶어했어요. 영어 쓰는 것도 싫었고 지나가다 몸이 살짝 스치기만 해도 죄 지은 것처럼 'Excuse me'를 해야 하는 것도 매우 피곤하였어요.

그리고 '어떤 선생님이 가장 좋은 선생님일까'에 대한 나의 생각을 크게 바꾼 것은 바로 미국 대학원 수업에서의 실제 경험이었습니다. 그 수업에서 대부분의 동양 학생들은 교실의 한 공간에 무리 지어 앉아 있었어요. 모두 다 알려지는 것이 두려운 것처럼 말이죠. 그런데 내가 놀랍게 생각한 것은 한 학기 수업 내내 교수님이 우리가 앉아 있는 자리를 쳐다보지도 않고 우리에게 질문도 안 한다는 점이었어요. 아마 우리가 부끄러워할 것 같아서 그랬을 수도 있겠죠. 하지만 교육학을 공부하는 사람으로서 그 교수님의 수업 방식이 매우 마음에 들지 않았어요. 우리 동양 학생들은 물리적으로 그 공간에 존재하고 있었지만 심리적으로는 존재하지 않았던 것 같아요.

더 기가 막힌 수업이 생각나네요. 총이 필요하다는 생각이 들 정도였어요. 손을 들고 질문을 하였는데 외국인인 내가 영어를 얼마나 잘하였겠어요. 발음이 엉망이고 우리는 거의 인토네이션이 없잖아요. 내 질문이 끝나지도 않았는데 그 교수님은 듣지도 않은 채 다른 곳으로 고개를 돌려 버리대요. 그리고 다른 백인 학생에게 질문하라고 하였어요. 순식간에 일어난 일이었어요. 지금은 그 교수님에게 그날 아침에 안 좋은 일이 있었을지도 모른다고 생각하지만 그땐 무척 당황스러웠어요. 얼굴이 빨개지면서 수치스러웠어요. 어딘가 숨어 버리고 싶었어요. 내가 누군가로부터 환영을 받지 못한 사람이라는 생각이 들었어요. 그리고 '내가 수업을 방해하고 있구나' '교수님이 그렇게 생각하고 있구나' 하는 생각이 들었어요. '나는 교수님이 바라는 좋은 학생이 아니구나' 하는 생각까지요. 그리고 내가 쓴 영어가 얼마나 형편없었던 것인지 후회하였어요. 조금 더 잘 말하였어야 했는데…….

그리고 그 다음 이런 마음이 들었어요. 반항심이요. 그럼 나 보고 어쩌라고. 내가 선택한 모국어도 아니고, 내가 선택한 음식도 아니고, 내가 선택한 피부색도 아닌데. 그날 사건 이후 한 학기 동안 나는 그냥 수업에 조용히 있었던 것 같아요. 그리고 그 학기 이후 나는 어떤 교수, 어떤 교사가 정말로 좋은 강사인가에 대하여 생각해 보기 시작하였어요. 교실에 단 한 명이라도 내 말을 잘 이해 못하고, 말을 잘 못하고, 나의 문화와 다른 문화에서 태어나 자란 학생이 있다면, 9명을 선택하는 대신에 1명을 무시해야 하는지. 그래서 처음으로 문화적으로, 언어적으로, 발달적으로 다른 특성을 가진 학습자를 위하여 교실 수업에서 좋은 교사란 배려하고, 약자의 참여를 고취시키고, 격려하고, 상호작용하도록 수업 활동을 하는 그런 선생님이 되어야 한다는 생각을 갖게 되었어요.

다행히 그 당시 나이가 서른이 넘어서 정서적으로 큰 충격을 받지는 않았던 것 같아요. 만약에 그 경험을 한 학생이 어린 9살이라고 생각해 보세요. 미래의 삶에 심리적으로 큰 영향을 끼쳤을 거예요. 그래도 대부분의 교수님들은 나에게 참 잘해 주었어요. 그래서 이렇게 공부를 잘 끝내고 훌륭한 학자로 성장하였네요. 그러한 교수님들 중에 가장 기억에 남는 교수님이 있어요. 내가 진정으로 존경하였던 선생님이랍니다. 그분은 나에게 항상 이런 말을 해주었어요. 'Yougn Chun, 너는 왜 그렇게 궁금한 것이 많고 왜 그렇게 질문이 많니? 참으로 탐구적이구나. 영어는 문제가 되지 않으니 궁금한 것이 있으면 언제든지 질문하거라. 물론 네가 이상한 영어로 나에게 질문을 할 때는 이해가 되지 않기도 하지만 그 단어들 속에서 네가 무엇을 말하려고 하는지 이해하려고 노력하고, 그렇게 노력하면 충분히 너의 생각을 알 수 있단다. 영어는 문제되지 않으니 걱정하지 말고 말하거라. 진정으로 너에게 문제가 될 수 있는 것은 네가 한국 사회와 학교에서 배운 그 사고방식이란다. 창의적으로 생각하려고 하는 것. 그것이 가장 중요하다. 그리고 네가 얼마나 대단한 사람인가를 항상 생각하거라. Young Chun, 만약에 내가 한국에 가서 한국어로 박사논문을 써야 한다면 나는 그렇게 못할 것이다. 그런데 너는 모국어도 아닌 영어로 박사학위 논문을 쓰려고 하지 않느냐. 참으로 장하다.'

여러분, 정말 훌륭한 교수님이라는 생각이 들죠? 그럼 오늘 수업의 마지막 내용으로 당부해야 할 말을 할게요. 아마 가까운 미래에, 여러분이 선생님으로 가르치게 될 많은 초등학교와 중학교, 고등학교 학생들에게 이런 미국 선생님과 같은 분이 되었으면 좋겠어요. 미국이 좋은 점은 그래도 학교나 대학에는 차별하지 않으려고 노력하고 최선을 다하는 교육자들이 있다는 점이에요. 이와 같은 선생님이 우리나라에도 많아야 한다는 생각이 들어요. 지리산 자락의 초등학교에서, 경남 진주의 공단거리에서, 안산의 세계거리 지역에서 말이죠. 그리고 이러한 선생님이 되기 위해 여러분은 어떤 생각을 하고 어떤 노력을 하고 어떤 준비를 해야 할까요? 단순히, '너희들을 사랑한다'는 그 말 한마디로 충분할까요?"

나는 나와 다른 아이들에게 어떻게 얼마나 다가갈 수 있을까?

이러한 나의 당부를 대변이나 하듯 요사이 한국 사회와 학교 그리고 다양한 조직들에서 다문화 교육의 필요성이 강조되고 있다. 다행이라는 생각이 든다. TV 방송에서는 공익광고를 제작하여 다문화 가정과 아동에게 따뜻한 시선과 손길을 건넬 것을 이야기하고, 여러 교양 프로그램에서 다문화 가정 부모와 아이들의 적응 어려움이나 요구들이 무엇인지를 우리 국민들에게 알리려고 노력한다. '다문화 가정 지원센터'라는 팻말이 걸린 사무실을 거리에서도 쉽게 볼 수 있는 등 여러 가지 방법으로 다문화 가정의 생존과 복지 증진에 힘쓰는 것 같다. 그리고 이러한 인식의 변화와 복지 증진의 구체적 작업의 핵심에는 대한민국이 있고 교육부와 문화관광부, 여성가족부가 있다.

세상이 달라졌는지, 다문화 교육과 관련된 지원금과 연구가 넘쳐나고 있다. 우리가 배웠던 사회통합의 메시지(민족순혈주의) 대신에 국제화와 다문화와 공존의 메시지가 사회의 새로운 슬로건이 되고 있다. 10여 년 만에 참으로 많이 달라졌다는 생각이 든다. 그리고 가까운 시기에 아이들의 외모, 머리 색깔, 피부색 등이 더욱 다양해질 것이고 거리는 더욱 이색적인 인종과 문화로 바뀌어 갈 것이다. 그리고 그러한 복합적 민족 사회에서 누가 주인이고 누가 손님인지 구분되지는 않을 것이다. 한국인이라는 정체성 속에서 모두 다른 표정과 가치, 전통, 생활습관을 실천하고 존중하고 공유할 뿐이다. 이미 서울의 종로에서는 중국인들을 쉽게 볼 수 있고 여기저기 중국어가 들린다. 동대문에는 러시아 상인들이 가득하고 신촌에는 일본 관광객이 넘쳐 난다.

그러면 '이러한 다문화/다민족 사회로 진입하고 있는 우리 사회에서 다양한 문화적 정체성과 전통을 가지고 있는 아이들을 어떻게 가르쳐야 할까?'라는 질문이 교육연구자로서 당연히 묻게 되는 첫 번째 질문이 된다. 나와 문화적으로 다르고, 언어적으로 다르고, 자신을 사회적 약자라고 생각하는 아이들을 잘 가르치는 방법 말이다. 그런데 우리는 서구 사회나 미국과 달리 이 아동들을 잘 가르칠 수 있는 역사적 환경과 작업이 오랫동안 이루어진 것이 아니고 이제부터 시작이다. 무엇에 의존해야 할지 모른다. 그리고 프랑스나 영국, 캐나다와 미국처럼 다문화 교육을 위한 최상의 교사로, 이민족의 전통을 가진 사람(예를 들면 베트남 어머니 슬하에서 한국인으로 성장하여 한국 교사가 된 사람)을 교사로 두고 있지도 않다. 대부분의 학교 교사들은 이 아이들에 대하여 모르며 이 아이들이 경험하고 기억하는 모국의 문화와 생활방식에 대해서도 문외한이다. 아무리 이해하려고 해도 좋은 교사로서 부족한 것이 너무 많다. 어떻게 가르쳐야 할까?

용감하고 무모하게:
네 교사의 이야기

학교 교육과 수업 지도 방법에 대하여 나와 같은 고민을 한 네 명의 교사가 있었다. "교실에서 그리고 수업에서 이 아이들을 어떻게 잘 가르칠 수 있을까"라는 질문의 답을 찾기 위하여 실제로 약 1년간을 다문화 아동과 대화하고 가르치면서 실천적 노력을 기울인 젊은 교사들이다. 이들은 자신의 경험과 시행착오에 기초하여 초기 한국 다문화 교육의 역사에 길이 남을 실제적 교수법 지식을 처음으로 개념화하고 이론화하고자 하였다. 그리고 그 이론화를 서구의 책들이나 자료, 논문에서 찾으려고 하지 않고 실제 다문화 아동과의 대화와 수업, 멘토링의 경험을 통하여 구현하고자 하였다. 왜냐하면, 서구의 책 내용이나 해결책은 너무 추상적이고 일반적이라서 수업에 바로 적용하기가 어렵고 배경이나 조건이 크게 달라서 그대로 수용하기가 어려웠기 때문이다. 그래서 직접 자신이 선정한 다문화 아동 한 명을 대상으로 멘토링을 하는 과정 속에서 이들에게 도움이 되는 수업 지도 방법이나 전략을 규명하고자 하였다. 그리고 그 방법과 전략의 실제 이야기가 바로 이 책의 전체 내용이자 줄거리이다. 이 책에서는 각 교사가 일선에서 다문화 아동을 지도하면서 경험한 다양한 시행착오와 성공한 지도 방법을 연구자 개인의 목소리로 설명하고 있다. 즉, 다문화 아동 가르치기 경험에 대한 자서전적 기록인 셈이다.

이 책의 기술과 해석의 남다른 특별성은 한국 다문화 교육의 역사 속에서 이정표 역할을 한다. 또한 이 책의 앞부분에서 필자가 줄곧 강조하였던 메시지, '다문화 아동을 교실 수업에서 어떻게 잘 가르칠 것인가'라는 우리나라 교사들의 새로운 과제이자 딜레마를 해결하기 위하여 그 첫 번째 실천적 아이디어를 얻을 수 있는 귀중한 경험적 자료가 될 것이다. 왜냐하면, 국내의 다문화 교육의 주류 연구들이 대부분 서구 이론들의 재생산이나 소개에 그치고 있거나 아니면 실증주의 교육연구자들의 인과관계나 통계연구 접근에 치중한 나머지 실제적인 교실 수업의 변화와 방법적 탐구에는 큰 변화가 없기 때문이다. 아울러 학교에서의 다문화 교육이 실제 교사 수업에서의 구체적인 수업 전략이나 수업 기술에 대한 변화 연구들과는 거리가 멀고, 프로그램 개발, 인식 전환, 자존감 증진 프로그램 등으로 진행되고 있기 때문이다. 다문화 교육과 관련된 다양한 실천 작업 중에서도 실제로 아동이 가장 도움을 받아야 하는 수업 내에서의 교사의 수업 방법과 전략에 대한 연구나 교사 연수, 전문성 발달 프로그램 등은 거의 제공되지 않고 있다. 즉, 소문은 무성하지만, 정작 활용할 것이 없다. 이야기나 자료는 주위에 넘쳐 나지만 교실 수업에서 태국 출신의 아이나 일본 출신의 아이, 베트남 출신의 아이가 학급 평균을 따라가지 못할 때, 이 아동들을 배려한 수업을 하여야 할 때, 어떻게 수업을 새롭고 다르게 할 것인지에 대한 실제적이고 경험적인 지식이 전무한 상태이다. 우리는 무책임하게 교사 개인의 전문성과 인간성에 호소하고 있을 뿐이다.

이에 이 책에 소개한 네 교사의 선구자적이고 그러나 시행착오적인 교실 수업 변화 작업은 이 분야의 실제적인 도움을 얻고자 하는 다문화 교육 분야의 교사들과 넓게는 우리나라의 모든 교사들에게 여러 가지 점에서 시사하는 바가 크다고 생각한다. 그러한 점에서 네 교사가 학교와 수업에서 어떤 작업을 어떻게 올바르게 하였고, 다르게 하였고, 과하게 하였고, 아니면 잘못하였는지에 대해 교수법 효과에 입각한 평가 잣대를 적용하지 않기를 바란다. 대신에 다문화 아동에 대한 사전지식이 없는 상태에서 한국인이라는 이방인 교사로서 또 다른 문화적 이방인인 한국 다문화 아동을 잘 가르치기 위해 어떤 교육적 노력을 탐구하고 경주하려고 하였는지 그들의 교육연구자적 태도를 인정하고 칭찬해 주기를 바란다.

그리하여 이 책에 소개된 이들의 지적 탐구의 기록과 노력이 '한국 다문화 아동 공부 가르치기'라는 새로운 한국적 수업 주제에 대한 보다 많은 탐구와 이론화, 반성과 효과적인 연구 지식의 창출로 이어지는 학구적 계기가 마련될 수 있기를 바란다. 즉, 자신의 학교와 교실 수업에서 다문화 아동을 가르치면서 갖게 된 여러 가지 고민, 경험, 반성적 지식을 일선 교사의 목소리와 경험을 통하여 다룬 전문서적이 더 많이 출판되기를 바란다. 그렇게 될 때, 우리 사회가 요구하고 기다려온 "다문화적 교수 역량을 가진 일선 교사"가 출현하고 그들이 다음 세대의 교육을 책임질 수 있을 것이다.

다문화 아동 그리고 교사의 새로운 자아의 조망

그러나 진정으로 이 힘든 실천 작업을 하면서 연구 책임자로서 네 명의 일선 교사에게 가장 중요하게 기대하였던 연구 결과는 다문화 아동의 성적 향상도 아니고 학교 현장에 대한 비평도 아니었다. 그것은 바로 한 인간으로서 자신의 주관성에 대한 적극적인 반성과 비평이었다. 즉, 자신이 좋은 가르침의 기법으로 믿어 왔던 것, 효과적이라고 배워 왔던 것, 효과적일 것이라고 기대했던 것을 끊임없이 의심하고 비평하여 새로운 자아와 정체성의 발달을 꾀하는 것이었다. 즉 연구 책임자로서 내가 원하였던 이 현장 작업의 근본적인 변화는 "일선 교사로서 내가 아이들을 바라보는 데, 가르치는 데, 대화하는 데, 세상을 바라보는 데 가지고 있는 정체성의 근본이 과연 옳은 것인지, 아니면 잘못된 신념에 기초하여 나를 잘못된 생각과 행동으로 이끌고 있지는 않은지를 스스로 해체할 수 있게 하는 것이었다. 다 자란 20대 후반의 초임 교사에게 그리고 오랫동안 현장에서 한국인 교사로 살아온 교사에게 무엇이 어떻게 잘못되었다고 지시할 수도 없고 가르쳐 준다고 해도 변화하지 않는다. 우리는 모두 옳다고 믿는 굳건한 신념의 벽 안에서 자신을 바라보고 타인을 바라보고 자신의 삶을 좋고 가치 있는 것으로 생각하면서 살고 있다. 그리고 그러한 신념의 잘못된 습관을 변화시키고 바로잡는 것은 자신의 주관성에 대한 의심과 해체이며, 이를 통하여 무엇이 어떻게 달라져야 할 것인지에 대한 구체적인 의지를 가지게 될 것이다.

그러한 점에서 네 교사의 자서전적 이야기에는 자신이 한 인간으로서, 교사로서 어떤 신념을 가지고 있었고 그러한 신념이 새로운 교육 대상인 다문화 아동과의 문화적 조우를 통하여 어떻게 달라지고 영향을 받고 변화하였는지를 보여주고자 하였다. 따라서 여러분이 이 책을 진지하게 읽는다면 이 책의 가장 중요한 목적은 바로 '교사로서 나에 대하여 알고 있는 것은 무엇인지, 그리고 변화하는 자아로서 자신이 어떻게 달라질 수 있는지'를 반성적으로 탐구하는 것임을 알 수 있을 것이다. 그리고 그러한 해체적 탐구가 바로 지난 2년 동안 경남의 여러 학교에서 네 명의 연구자와 필자가 이 연구 작업을 통하여 구현하고자 하였던 가장 귀중한 주제이기도 하다.

02

마오와 민영 선생님의 이야기

"선생님은 참 좋은 선생님이에요."

(마오가 그린 민영 선생님의 모습. 2011)

"다문화사회로의 흐름은 이미 거역할 수 없는 세계적인 현상이 됐다. 소수민족 집단과 주류집단의 학업 성취도 수준은 차이가 날 수밖에 없다. 한국과 같이 교육열이 높은 사회에서는 그 격차가 더 벌어지게 될 것이다. 소수 민족 집단의 아이들이 언어 장벽을 극복하고 학업 성취도 격차를 줄여나가고 함께 어울릴 수 있도록 다문화교육을 더욱 강조해야 한다."

— Banks, J. A. 2009

I 특별한 만남

첫 경험

나는 경남의 한 소도시에서 근무하고 있는 4년차 교사이다. 나는 신규발령을 받았던 학교와 정든 이별을 하고 옮겨온 두 번째 학교에서 6학년과 다문화 지역 중심학교 업무를 맡게 되었다. 당시 6학년은 전국적으로 국가수준 학업 성취도 평가를 치르고 그 결과에 따라 시도별로 1등부터 꼴등까지 순위를 매겨 '00시(도) 1등'이란 타이틀을 붙이는가 하면, 교육청 내에서도 학교별로 줄을 세워 성적이 우수한 학교와 성적이 뒤처지는 학교를 구별 짓는 분위기가 형성되고 있었다. 이런 흐름에 편승하여 전국 모든 학교의 6학년 담임 교사들은 국가수준 학업 성취도 평가에서 우수한 성적을 거두기 위해 학습 지도에 온 몸을 불사르고 있었다. 우리 학교 또한 예외는 아니었다. 특히 전년도 성적이 저조해 관리자 두 분이 특별히 6학년 담임 교사들을 교장실로 불러들여 성적 향상을 위해 매진해줄 것을 당부 또 당부하는 바람에 좋은 성적을 거두어야 한다는 우리들의 의무감과 그로 인한 긴장상태는 하늘을 찌르고 있었다.

이렇게 한쪽 어깨에 무거운 짐을 짊어진 상태에서 다문화 지역 중심학교 업무는 나의 다른 한쪽 어깨마저 짓누르고 있었다. 사실 나에게 다문화는 매우 생소한 단어였다. 3년 동안 담임을 하는 동안 다문화 학생을 맡아본 경험이 전무할 뿐만 아니라 심지어 전교생을 통틀어 다문화 학생은 학년당 한 명도 없거나 고작 한두 명에 불과해 마주칠 일도 거의 없었다. 다문화 학생을 한 번도 만나보지 않은 나에게 다문화 업무라니, 그것도 모자라 우리 지역 다문화 학생을 관리하고 지원하는 중심학교 역할을 내가 추진해야 한다니……. 아직 저경력 교사인 나에게 지나치게 부담스러운 업무였다. 하지만 어찌하랴. 나에겐 이미 정해진 업무분담을 뒤집어엎을 만한 힘이 없는 걸. 이미 업무분담은 이루어졌고 경험 삼아 해보자란 마음으로 그렇게 다문화에 대한 나의 첫 경험이 시작되었다.

비록 학교에서 다문화 가정 아동들을 가르치고 만나보지는 않았지만 '러브인아시아'와 같은 텔레비전 프로그램을 보며 다문화 하면 떠오르는 나의 솔직한 첫 느낌은 우리와는 다른 특수한 케이스, 지원이 필요한 사람들, 어떤 사연이 있길래, (안쓰럽다) 뭐 이 정도라고 할 수 있겠다. 한마디로 색안경을 끼고 그들을 바라보고 있었다. 핑계 같지만 사실 모든 사람들이 그렇지 않을까?

다문화 업무를 맡고 나서 각 학교의 다문화 학생 현황을 파악하며 예상보다 다문화 학생의 수가 많음에 적잖이 놀랐다. 특히 우리 지역은 바다에 인접해 있어 어업에 종사하는 사람들이 주를 이루는데 그 분야가

돈이 된다는 말은 이젠 흘러간 옛 이야기임을 증명해주듯 다른 지역에 비해 저소득 취약계층이 많았다. 그런 이유로 결혼 이주자와 가정을 꾸린 남성이 늘어나면서 다문화 가정이 점점 늘어나고 있는 실정이었다. 다문화는 더 이상 먼 나라 이웃나라 이야기가 아니었던 것이다. 오히려 다문화 아동을 한 번도 만나보지 못했던 내가 우물 안 개구리였다.

다문화 업무 담당자로서 내가 처음으로 한 일은 교무실에 비치해둔 전교생 명부를 한 장 한 장 넘기며 어머니 혹은 아버지의 이름이 특이한 학생을 골라내는 일이었다. 물론 담임 선생님들께 메신저를 보내 각 반에 다문화 아동을 파악해달란 부탁을 했지만 학기 초라 쏟아지는 쪽지 속에 내 쪽지를 보지 못하고 넘긴 선생님이 많았기 때문에 내가 직접 확인하는 것이 빠르고 정확할 것 같아서였다. 명부를 일일이 뒤지고 담임 선생님들께 확인하기를 몇 차례, 최종적으로 재학 중인 다문화 학생은 43학급 1,300여 명의 학생 중 다섯 명인 것으로 파악되었다. 우리 학교는 지역 내에서 학군이 좋은 편에 속했기 때문인지 규모가 큰 데 비해 다문화 학생의 수는 극소수에 해당했다.

생각보다 적은 수에 의욕이 불타올랐다. '다섯 가정? 이 정도면 내가 충분히 케어할 수 있겠어! 그들에게 필요한 것이 무엇일까?' 자신감과 함께 드는 생각은 그들에게 정말 도움이 되는 지원을 해주어야겠다는 마음이었다. 그런 생각과 함께 시작한 일은 다문화 가정을 방문하는 일이었다. 가정방문이라는 것 자체가 처음인 나에게, 특히 담임 교사도 아니면서 아이에 대해 어떤 기본 정보도 없이 방문을 하는 것이 매우 부담스럽고 긴장되는 일이었다. 그래서 담임 교사와 동행을 하고 싶었지만 "아기가 있어 방과후에는 어렵겠어요." "제가 꼭 가야 하나요?" "특별히 할 이야기도 없는데…….”라며 하나같이 회피하는 선생님들을 대상으로 협조를 얻는 것이 좀처럼 쉽지 않았다. 이 과정에서 담임 교사들은 다문화 가정 아이들을 특별하게 생각하시도 않았고 관심도 없는 듯 했다. 자기가 맡은 학급에서 특이한 타이틀을 가지고 있는 학생의 가정이 어떠한지 궁금하고 관심을 갖는 건 당연한 거 아닌가? 너무나도 무관심한 담임 선생님에게 섭섭하기도 했지만 다른 한편으로 관심이 없다는 건 그 아이가 보통 아이와 다를 바 없이 평범하거나 매우 잘 하고 있기 때문이 아닐까 하는 생각도 들었다.

반신반의의 마음을 가지고 다섯 가정을 하나하나 만나보았다. 전화로 가정방문의 의도를 전하고 일시를 약속하고 직접 대면을 한 어머니들은 하나같이 호의적이었다. 자기 나라의 말투와 억양이 우리말에 배어 나오긴 했지만 의사소통이 불가할 정도는 아니었고 학교가 자기들에게 관심을 가지고 있다는 사실에 매우 반가워하고 기뻐하셨다. 그들과의 만남은 우리와 다른 뭔가 특별한 것이 있을 것이란 나의 호기심을 불식시키고 그들도 똑같이 사람을 그리워하고 사람의 호의에 고마워할 줄 아는 사람임을 느끼게 한 만남이었다.

그 중 특히 마오네 가정에서 어머니와 가장 진솔한 이야기를 나눌 수 있었다.

결혼 이주 여성으로서 한국에서 산다는 것, 후회, 설움

문을 열며 반갑게 인사를 하며 맞이해 주는 마오 어머니는 매우 참하고 인상이 선한 필리핀 이주 여성이었다. 정부에서 제공하는 아파트에 마련한 그들의 보금자리는 약 17평으로 거실 1개, 방 2개의 구조를 지녔지만 네 가족이 살기엔 조금은 좁은 공간이었다. 현관에서 몇 발자국을 옮겨 거실에 어머니와 나 두 명이 앉으니 거실이 꽉 차는 듯 했다.

가정방문을 서두른 터라 아이러니하게도 나는 마오가 어떻게 생겼는지 성격은 어떠한지 전혀 모른 상태였다. 그래서 마오의 집에 가면 마오를 만날 수 있을 거란 약간의 기대를 했지만 마오는 학원에 가고 마오 밑으로 하나 있다는 동생 마희도 어린이집에서 아직 돌아오지 않아 얼굴을 볼 수가 없었다. 집에 혼자 계셨던 까닭에 내부가 어두컴컴했지만 제법 정돈이 잘 되어 있고 꽤 쾌적한 환경이 유지되고 있음을 느낄 수 있었다. 약간의 어색함을 뒤로하고 근황에 대한 물음을 시작으로 어머니는 한국으로 오게 된 계기, 한국에서의 삶, 가족에 대한 이야기를 조금씩 풀어놓기 시작했다.

필리핀에서 대형마트 부지점장으로 근무하던 그녀(릴리안)는 언니(마오 이모)의 권유로 더 큰 돈을 벌러 큰 꿈을 안고 한국으로 이주했다. 언니가 있는 시골 지역의 마트에 취직해 일을 하면서 소개로 만난 남자와 국제 결혼을 하게 되었고 마오와 여동생 마희를 낳았다. 비록 네 식구가 겨우 누울 수 있는 좁고 열악한 환경이었지만 의지할 수 있는 언니가 있어서 고향에 대한 그리움이 그리 크지 않았다.

그러던 어느 날 집에 도둑이 들었다. 난장판이 된 방을 보며 그녀와 그녀의 남편은 이사를 가기로 마음을 먹었고 그로부터 얼마 후 마오네는 이 지역으로 이사를 했다. 여기로 오고 나서 많은 것이 변했다. 운이 좋게 국가에서 임대를 해주는 아파트에 들어오게 되면서 한 차례 이사를 더 했고 마오도 초등학교에 입학하여 어느덧 3학년이 되었다. 하지만 좋지 않은 변화도 일어났다. 한국이라는 낯선 환경과 기후에서 꿋꿋하게 버텨

온 그녀가 결핵에 걸린 것이다. 약을 꾸준히 복용해 완치 판정은 받았으나 기관지염으로 이어져 지속적으로 병원을 다니며 또다시 약을 복용해야만 했다. 이로 인해 그녀는 앓아누워 지내는 시간이 길었다. 그러다 보니 취직을 하기도 어려웠고 주위에 아는 사람들도 없어서 아이들을 학교와 어린이집에 보낸 후에는 말 한마디 하지 않는 날도 여러 날 있었다. 이러한 악순환이 반복되며 마오 어머니는 한국이라는 이국 땅에서 점점 더 소외받는 사람이 되어가고 있었다.

엎친 데 덮친 격으로 남편 또한 얼마 지나지 않아 공사장에서 일을 하다 다리를 다쳐 몸이 매우 불편한 상태가 되었다. 그럼에도 불구하고 가정의 생계를 이어나가기 위해 불편한 몸을 끌고 일을 구하러 나가지만 벌이가 많지 않아 아이들 밥을 못 해주고 라면이나 다른 것으로 끼니를 해결할 때가 많다며 근심 걱정으로 표정이 매우 어두웠다. 그녀는 그 동안 감춰두고 그 어디에도 풀어 놓을 수 없었던 자신의 속마음을 한탄하듯 처음 보는 나에게 쏟아냈다. 끝끝내 북받쳐 오르는 현실의 어려움에 대한 슬픔과 필리핀에 계신 부모님에 대한 그리움이 서러움으로 밀려드는 듯 눈물을 보이고야 말았다. 그리고 필리핀에서 계속 살았다면 대형마트 지점장이 되었을 것이라며 '한국' 이주에 대한 자신의 선택을 후회하는 듯 했다.

지금까지 만났던 다문화 가정의 결혼 이주 여성 어머니들은 어떠한 종류든 직업을 가지며 같은 처지의 사람들이나 심지어는 시댁 식구들과 지속적으로 관계를 맺으며 한국 사회에서 나름대로 적응의 방법을 찾아나가고 있었다. 하지만 마오 어머니는 사회생활을 전혀 하지 않고 고립된 생활을 하고 있었다. 병원 다니기, 집안 살림, 아이들 돌보기가 그녀가 하는 전부였다. 좀 더 적극적이지 못한 그녀의 성격이 못내 아쉬우면서도 내가 이 가정을 위해 할 수 있는 일이 있는지, 도움을 줄 수 있는 방법이 무엇인지 고민하게 되고 도와줘야만 할 것 같은 연민이 강하게 들었다.

마오는 우리 학교의 유명 인사

그로부터 얼마 후 드디어 마오를 만날 수 있었다. 마오의 첫 인상은 나에겐 큰 충격이었다. 문 너머 작은 종이를 움켜쥐고 경계심이 가득한 두 눈으로 나를 쳐다보고 있는 아이는 분명 마오였다. 단번에 마오라는 것을 알아챌 정도로 그 아이의 모습은 우리와 달랐다. 혼혈인에 가까운, 좀 더 솔직히 표현하자면 필리핀 사람이라고 하는 것이 알맞은 표현이었다. 까만 피부에 굵은 웨이브의 머리카락, 동그란 큰 눈은 안타까울 만큼 필리핀 남자 어린아이 그 자체였다.

"네가 마오니? 이리 들어오렴." 아는 척을 하며 미소로 맞아주자 쑥스러운 표정으로 멋쩍게 웃으며 교실로 들어섰다. 순간 조용했던 교실이 수군대는 소리로 소란스러워졌다. "어? 남마오다! 에헤헤헤." 마당발이자 개구쟁이인 우리 반 지호는 비웃음 섞인 목소리로 마오에게 아는 척을 했다. '어라! 애들이 마오를 알고 있어? 그런데, 이 반응은 뭐지?'

예상치도 못했던 반 아이들의 반응에 매서운 시선을 보내자 모두들 입을 꾹 다물었지만 이 아이를 신기한 듯 바라보는 시선까지 거두게 할 수는 없었다.

다문화 가정방문 후 그들을 위한 첫 행사로 다문화 가족과 담임 교사가 함께하는 등반 프로그램을 계획했다. 다문화 아동이 있는 학급 담임 선생님들에게 프로그램의 취지를 알리고 다문화 학생과 함께 참여해 달라는 부탁을 했더니 마오 가족이 참여하겠다는 희망서를 가지고 온 것이었다. 그 날 만날 것을 약속하고 마오를 돌려보냈다. 이렇게 마오와의 첫 만남이 시작되었다.

마오는 이미 우리 학교 안에서 유명 인사였다. 이국적인 외모로 어딜 가나 눈에 띄기 때문에 우리 반 아이들을 비롯하여 전교생이 마오를 알고 있을 정도였다. “엄마, 아빠가 외국인이에요?”, “필리핀 사람이에요, 한국 사람이에요?”, “재 다문화죠?”, “좀 불쌍하다” 마오가 돌아간 후 호기심 많은 우리 반 아이들은 끊임없이 나에게 질문을 했고 또 안쓰러움을 표현하는 학생도 있었다.

우리 학교의 여러 명의 다문화 아동 중 외모로 단번에 다문화 아동임을 알 수 있는 아이는 마오가 유일했다. 마오를 처음 본 나는 그야말로 멘붕상태에 빠졌다. 우리와 너무나도 다른 겉모습에 충격을 받았고 그 아이에 대한 셀 수 없는 걱정으로 혼란스럽기 시작한 것이다. 그래서였을까. 마오에게 특히 더 애착이 갔다. 아니 동정이라고 하는 것이 좀 더 솔직하겠다. 마오를 다르게 바라보는 사람들의 시선, 그 아이의 모습을 충격적으로 바라보는 나의 태도로 말미암아 다른 다문화 아동보다 마오를 좀 더 특별하게 관심 가지고 도와줘야겠다는 의지가 생겼다.

원더우먼의 한계

마오네 가정방문을 하고 아이를 직접 만난 뒤, 내 마음은 매우 불편해졌다. 마오네의 어려운 경제 상황과 어머니의 어려움을 알게 되었는데 가정의 문제 해결을 위해 내가 도움을 줘야 하는 것인가? 그렇지 않다면 누가 도움을 주고 해결해줄 수 있는 걸까? 난 단지 ‘안됐군요’, ‘저런’ 등의 위로

나 공감만 하면 되는 것인가? 그렇지 않다면 직접 발 벗고 이 가정의 행복을 위해 해결방법을 찾아줘야만 하는가? 마치 내가 원더우먼이 되어 도와줄 것처럼, 도와줄 수 있을 것처럼 의욕이 불타올랐다가 무엇을 어떻게 도와줄 수 있을지 본격적인 고민에 빠지자 사그라드는 거품처럼 자신감이 작아지기 시작했다.

혼자 며칠을 고민하다 동료 선생님들께 이러한 나의 생각을 털어놓았다. 하지만 다들 그저 '안됐네', '무엇 하러 한국에 왔을까' 안쓰러움을 나타내기만 할 뿐 대안을 제시하거나 나의 이런 갈등을 함께 고민해 주는 선생님은 없었다. 그 때 경력이 많은 한 분의 선생님이 이런 말씀을 던졌다.

> "정 선생이 고민하는 게 우리 교사의 한계가 아닌가 싶어. 다문화 가정도 그렇고 빈곤으로 인해 아동들이 방임되는 가정도 그렇고 우리가 가정의 어느 선까지 개입을 하면 좋을지 고민되는 부분이지. 모른 척 놔두는 것은 방관이 되고 그렇다고 개입을 하자니 우리가 도움을 줄 수 있는 부분에도 한계가 있고 말이야. 그래서 대개는 상담센터나 도움을 줄 수 있는 기관에 요청을 해서 책임을 넘겨 버리는 경우가 많지. 하지만 실제적으로 내가 해결하지 못했다는 생각에 매우 찝찝하고 마음이 불편하지. 모든 교사가 그럴 거야. 마오의 가정에 크게 도움을 주고 싶은 정 선생의 마음은 이해하지만 아이가 눈에 띄게 문제를 일으키는 것이 아니라면 학교와 사회에 잘 적응할 수 있게 우리가 할 수 있는 역할 안에서 도움을 주는 게 어때?"

그랬다. 교사의 역할에는 분명 한계가 있었다. 결혼 이주 여성이 한국에 잘 적응할 수 있도록 도와주고 가정의 어려운 경제적 상황을 해결해

줄 수 있는 것은 교사인 내가 할 수 있는 선을 넘어서는 일이었다. 그러한 문제는 다문화지원센터나 주민센터와 같은 기관의 도움이 필요한 일이었다.

선생님의 말을 듣고 마오에게 도움이 될 수 있는 것에 대해 고민을 하기 시작했다. 문득 가정방문 때 어머니와의 대화 중 마오에게 바라는 점에 대해 질문을 했던 것과 그에 대한 다소 충격적이었던 대답이 떠올랐다.

유치원생 마오의 의사소통 수단, 영어

연구자 : 어머니는 마오가 어떻게 자라길 바라세요?

어머니 : 음, 내가 아프다 보니까 집안일 잘 도와주고, 지금처럼……. 지금 설거지도 하고 밥도 하거든요. 그리고 학교 공부도 잘했으면 좋겠어요. 집에 오면 공부를 너무 안 해요.

연구자 : 마오 성적은 어떤가요?

어머니 : 성적도 너무 안 좋아요. 학교 들어가기 전에 영어로만 내가 말했더니 한글을 하나도 모르고 입학을 했어요.

한국 땅에서 영어가 의사소통의 수단이었다? 이 말은 그 당시 아주 큰 충격으로 다가왔다. 한국말이 익숙하지 않았던 그녀는 영어로 자녀와 대화를 하고 한국말을 가르칠 생각을 하지 않았던 것이다. 아무리 한국어가 익숙하지 않아도 그렇지 도대체 무슨 생각으로 그랬을까? 자녀 교육에 대한 관심은 전혀 없었던 걸까? 어머니의 의도가 매우 궁금했었는데……. 내가 이처럼 어마어마한 사실을 깜빡 잊고 있었다니! 이 생각에 미치니 마오와의 첫 만남에서 마오의 말, 표정, 행동 하나하나를 유심히 살펴보지 못했던 것이 후회스러웠다. 한국말은 잘 배운 건지, 누가 언제 가르쳐 준 건지, 지금은 잘하는지 궁금했다. 특히 처음 학교에 입학하여 한국말을 알아듣지도 구사하지도 못하는 마오가 느꼈을 혼란이 어떠했을지, 자신과 다른 언어를 사용하는 사람들을 보며 어떤 생각을 했을지 걱정이 되었다. 아동의 발달에 어머니의 역할이 지대한 영향을 미친다는 사실이 새삼 피부로 느껴졌다.

드디어 내가 할 수 있는 일을 찾은 것 같았다. 내가 마오에게 도움을 줄 수 있는 건 한국말을 가르쳐 주고 부족한 과목에 대한 보충지도를 해 주는 것이 아닐까? 그래! 결심했어. 국어를 가르쳐 주는 거야!

학교에서 추진한 다양한 다문화 행사로 마오와 자주 만나게 되면서 가까워질 수 있었다. 초등학교 입학 후에야 한국말을 사용해 듣고 말하는 방법을 배웠다는 어머니의 말만 듣고 한국어가 많이 서툴 것이라 판단했던 것과 달리 마오는 한국말을 꽤 잘했다. 아이들의 습득 속도가 빠른 것은 알고 있었지만 하고 싶은 말을 재잘재잘 잘도 하는 마오를 보며 신통하고 기특했다. 초등학교 입학 전까지 분명 한국말을 하지 못했다고 했는데 한국말을 배우는 과정이 어땠을지, 어떻게 이 정도의 변화를 보이게 된 건지 궁금했다. 그래서 마오의 입을 통해 직접 들어보기로 마음먹었다.

연구자 : 마오는 한글을 언제부터 배웠어요?
마오 : 희망 초등학교 들어가서부터요.
연구자 : 학교 다니기 전에 집에서 엄마가 가르쳐 주거나 어린이집이나 유치원에서 배우지는 않았나요?
마오 : 가르쳐 줬는데 잘 못 알아들었어요. 기억이 안 나요.

여기까지는 자녀교육에 매우 관심 없는 부모 밑에서 자란 아이 혹은 불우한 가정형편으로 인해 교육적 혜택을 받지 못한 환경에서 자란 소수의 아이들과 다를 바 없는 이야기이다. 하지만 앞에서 언급했듯이 마오에게는 분명 남들과는 다른 특이한 점이 있다.

연구자 : 초등학교에 들어가고 나서부터 한글을 배웠으면 그 전에는 읽고 쓰는 건 못했겠네?
마오 : 네. 영어만 썼어요.
연구자 : 응?
마오 : 초등학교 들어가기 전까지 영어만 썼어요.
연구자 : 그러면 한국말을 아예 사용하지 않았니?
마오 : 네. 엄마가 영어로만 말했어요.
연구자 : 집에서 전혀 한국말을 쓰지 않았어요?
마오 : 네.
연구자 : 그러면 다른 사람들이 하는 말은?
마오 : 못 알아들었어요.
연구자 : 영어로 말하는 것은 알아들었어요?
마오 : 네.
연구자 : 영어로 말하기, 듣기, 읽기, 쓰기는 됐어?
마오 : 아니오. 말하고 들을 줄만 알았어요.
연구자 : 한글은 학교 들어가서 처음 배운 거에요?
마오 : 유치원에서 배우긴 했는데 못 알아들었어요.
연구자 : 그러면 초등학교에 들어가서 담임 선생님이 하시는 말씀은 어떻게 알아들었어요?
마오 : 못 알아들었어요. 그래서 선생님이 저 맨날 남겨서 공부시켰어요.

연구자 : 언제부터 한국말을 알아듣기 시작했어요?
마오　: 1학년 2학기쯤부터요.
연구자 : 한국말을 쓰기 시작한 것은 언제부터에요?
마오　: 2학년 때 쯤 되어서야 썼어요.

마오는 한국에서 태어나 살아가고 있지만 초등학교에 입학하기 전까지 영어만 듣고 말할 수 있는 한국 문화에 전혀 동화되지 않은 외국인이었다. 이렇게 자라게 된 배경에는 자녀교육에 전혀 관심이 없는 한국인 아버지와 문화적 배경이 다른 필리핀 어머니의 영향이 가장 컸다. 특히 마오 어머니는 한국말에 서투른 필리핀 사람이었고 일정한 직업이 없었던 아버지는 전국 방방곡곡을 떠돌며 건축업 현장의 일용직으로 돈벌이를 하러 다녔기 때문에 마오가 어떻게 자라는지 관심을 갖지 않았다. 이러한 환경에서 늘 마오와 단 둘이 시간을 보냈던 마오 어머니는 자신에게 편한 방법으로 아이에게 말을 가르쳐 주고 대화를 시도하면서 어머니의 모국어인 '영어'를 배우게 된 것이다.

시간이 흘러 영어만 듣고 말을 할 수 있는 마오가 초등학교에 입학을 하게 되었다. 한국어로 의사소통이 전혀 이루어지지 않는 것을 깨달은 선생님은 입학 후 한 달이 지난 4월부터 마오를 방과 후에 따로 남겨 한글을 가르치기 시작했다. 국어 수업은 물론이며 다른 과목까지 알아듣지 못하는 마오를 위해 선생님이 내린 결단이었다. 유아용 한글공부 교재를 활용하여 'ㄱ'부터 시작한 방과 후 한글공부는 1학년이 끝날 때까지 진행되었다. 다른 친구들은 모두 집에 가는데 자신만 학교에 남아 텅 빈 교실에서 공부를 하는 기분이 유쾌할 리가 없었다. 한국말도 못하고 나머지 공부까지 하는 마오를 바라보는 친구들의 시선 또한 마오를 힘들고 외롭게 했다. 그래도 희망 초등학교 선생님 덕분에 이렇게 한글을 쓸 수 있어서 마오와 마오 어머니는 매우 감사하고 기뻐했다. 나 또한 그 이야기를 전해듣고 마오의 상태를 놓치지 않고 끝까지 한글 습득에 노력을 기울여 주신 마오의 1, 2학년 때 담임 선생님께 속으로 얼마나 감사했는지……. 마오가 그대로 방치되어 있었다면 지금 아이는 나와 이렇게 대화하는 것도 불가능했겠지.

보충학습을 위한 첫 걸음, 과목 선정

그렇다면 지금 마오에게 가장 어려운 과목은 무엇일까? 여느 아이들과 마찬가지로 마오 역시 수학을 제일 어려운 과목으로 손꼽았다. 계산하는 것이 어렵고 복잡한 것이 이유였다. 국어는 재밌다고 했다. 국어가 재밌다? 예상을 빗나간 대답이었다. 마오가 국어를 어려워하고 내가 그 국어 공부를 잘 가르쳐서 마오로 하여금 우리나라에 대한 자긍심을 갖고 한국인이라는 것을 자랑스러워하게끔 만드는 것이 다문화 담당 교사로서 할 수 있는 나의 책임이자 의무라고 생각했는데, 이건 뭐 혼자 북 치고 장구 치고 노래하고 나팔 분 격이었다. 혼란스러운 마음을 다잡고 겉으로 보이는 것과는 다른 무엇인가 결핍된 부분이 있을 것이라 생각하고 마오의 담임 선생님께 면담을 요청했다.

면담의 목적은 마오의 학습 수준이 어느 정도인가를 파악하는 것이었다. 3학년의 마오는 초등학교 입학 후 2년에 걸친 1, 2학년 담임 선생님들의 한글 지도와 가정에서 한국어만 사용하기로 한 어머니의 노력으로 일상생활을 하는 데 필요한 듣기, 말하기와 같은 의사소통 능력은 양호한 상태였다. 상대방의 말을 듣고 이해하는 것이 가능했고 자신의 생각을 말로 표현하는 데 큰 무리는 없는 듯 보였다. 그러나 학습 활동을 하는 데 갖추어야 할 기본적인 읽기, 쓰기 능력은 3학년의 보통 또래 아이에 못 미치는 수준이었으며 특히 생각을 글로 표현하는 능력은 초등학교 1학년 수준에 불과했다.

담임 : 글을 읽고 이해하고 자기의 생각을 글로 나타내는 것이 능숙하지 않아서 문장을 써도 문장을 맞게 쓰는 게 아니라 뭔가 어긋난다든지…… 맞춤법도 좀…… 근데 제가 읽어보면 뜻 전달은 되지만 3학년 수준에 맞게 문장을 완성하는 것은 부족해서…….

연구자 : 아직 3학년 수준 정도는 아니라는 말씀이시죠?

담임 : 네. 그리고 수학은 수를 가지고 하는 것은 이제 해결을 하는데, 응용을 한다든지 문장제 해결한다든지 그런 걸 못 하구요.

마오의 학업 성적은 수학을 제외한 모든 과목에서 반 평균보다 점수가 낮았다. 평소 생활에서 듣고 말하는 데에는 문제가 없으나 국어 수업 시간에 교과서에 나오는 이야기를 읽고 그 내용을 이해하는 데 어려움을 겪었다. 이 때문에 내용 확인 질문에 다소 엉뚱한 대답을 하거나 질문을 이해조차 하지 못할 때가 많았다. 또한 자신의 의견을 표현하는 글쓰기를 할 때 맞춤법에서 오류를 많이 범하고 어법에 맞지 않게 쓰는 경우가 많아 쓴 글의 내용을 파악하기 힘든 상태였다.

가정에서 학습이 전혀 이루어지지 않는 마오는 암기 과목인 사회과와 과학과에서도 낮은 학업 성취를 보였다. 수업 시간에 옆 친구와 장난을

친다거나 산만하지는 않지만 집중력이 매우 낮아 교사의 설명을 귀담아 듣지 않을 때가 대부분이며 자신만의 생각에 빠져있는 모습을 종종 볼 수 있었다. 이는 도구 교과로써의 국어과 학습 능력이 충분히 뒷받침되지 않기 때문에 나타나는 현상이라 생각되었다.

반면 수학과는 논리적인 사고력과 수리력이 뛰어나지는 않지만 3학년 평균 수준을 지니고 있어 본인의 노력 여하에 따라 점수가 높거나 조금 떨어지는 양상을 보였다. 또래의 아이들과 마찬가지로 문장제를 해결하는 데 곤란을 느끼고 응용이 필요한 문제를 어려워했다.

담임 선생님의 말씀으로 미루어 짐작해 보아 마오의 수학 학습 능력은 그리 우려할 만한 수준이 아니었고 오히려 흥미는 있지만 실제 사용 능력이 떨어지는 국어 과목의 보충학습이 더욱 필요했다. 이렇게 해서 모든 과목의 가장 기본이 되면서 앞으로의 학습에 필수적인 밑거름이 되는 국어를 보충학습 과목으로 선정했다.

II 길고도 짧은 여정

출발점 진단

마오에게는 학교에서 만날 때와는 다르게 자신의 집에서 선생님을 만나는 것이 매우 새롭고 신기한 경험이었다. 선생님인 내가 자기 집에 찾아왔다는 사실이 신기하면서도 기분이 좋은지 터져 나오는 기쁨과 웃음을 감출 수 없는 듯 시종일관 웃음 가득한 표정을 띠고 있었다. 반면 어머니는 마지 못해 허락은 했지만 선생님이 집으로 찾아오는 것이 불편한 듯 했다. '만약 나였다면 선생님이 직접 집에까지 와서 우리 아이의 공부를 가르쳐 주는데 저런 표정을 하고 있었을까?'하는 생각을 했을 정도로 마오 어머니의 표정은 나까지 불편해지고 눈치를 보게 만들었다.

마오와 공부할 책상에는 교과서 두 권이 나란히 놓여 있었다. 이미 한 차례의 만남을 통해 국어 공부를 하기로 약속을 했고 학교에서 배우는 국어 교과서를 들고 오기로 했는데 나와의 만남을 기다린 듯 했다. 나와의 공부를 기대했다는 생각에 마오와 함께 할 시간이 긍정적일 것 같은 에너지가 샘솟기 시작했다.

2학기가 시작된 지 얼마 되지 않았기 때문에 책은 거의 새 것이었지만 교과서 앞 부분은 배운 내용임에도 불구하고 채워져 있지 않은 빈칸들이 제법 많았다. 그것을 통해 마오가 수업 시간에 어떤 모습을 하고 있을지 어느 정도 상상이 되었다. 담임 선생님의 말에 의하면 발표를 하고 싶어하고 활동에 적극성을 보이긴 하지만 질문의 내용에 엉뚱하게 대답을 하거나 핵심을 놓치는 경우가 많다고 했는데 그 말이 어느 정도 와 닿았다.

우선 마오의 국어 실력이 어느 정도 되는지 진단이 필요했다. 국어를 가르치기로 했지만 막상 무슨 내용을 어디서부터 어떻게 가르쳐야 할지 내용과 방법적인 측면 모든 것에 대해 고민이 되었다. 한글을 모르는 것도 아니고 그렇다고 과목 특성상 수학처럼 단계가 명확하게 구분되어 있는 것도 아니어서 매우 난감했다. 그리고 열심히 가르치고 배운다 하더라도 눈에 띄게 성적의 변화가 있을지에 대한 확신도 없었다. 괜히 국어를 선택했나 조금 후회가 되기도 했다. 하지만 모든 학습의 근원인 국어를 제대로 잡지 않는다면 마오가 발전하기 힘들 것이란 생각은 확고했다. 말은 꽤 잘하지만 쓰고 읽고 이해하는 능력이 어느 수준인지 매우 궁금했다.

먼저 받아쓰기를 실시했다. 받아쓰기를 해보자고 하니 1, 2학년 때는 많이 했지만 3학년이 되어서는 학교에서 한 번도 하지 않았다며 유치하다는 듯 실소를 날렸다. 그런 자신감 있는 마오의 모습에 '내가 마오의 실력을 좀 우습게 봤나?', '수준을 너무 낮게 생각했나?' 하는 순간적으로 좀 당황스런 마음이 들었다. 그렇지만 학교의 수업 시간에 모든 것을 다 알고 있는 것 같은 눈빛과 대답을 해도 막상 시험을 치러보면 마치 나의 뒤통수를 치듯 수업 시간의 내용을 거의 이해하지 못하고 점수가 매우 낮게 나오는 학생들을 많이 경험해 보았기 때문에 마오의 그런 자신만만한 태도에 속아 넘어가서는 안 된다고 생각했다.

2학기 읽기 교과서 첫 단원에 나오는 지문 속 문장을 이용해 10문제를 불러 주었다. '와! 이럴 수가!!!!' 나는 한 글자 한 글자 정성들여 정자체로 써내려 가는 마오의 모습에 깜짝 놀라고야 말았다. 글씨도 의외로 예쁘게 잘 쓸뿐더러 1학년 때까지 한글을 몰랐던 아이가 맞나 싶을 정도로 능숙하게 받아쓰기를 하고 있었기 때문이다. 중간 중간 맞춤법이 틀린 내용도 많이 있었고 특히 띄어쓰기는 전혀 신경 쓰지 않았지만 예상과는 달리 쓰기 자체만 보았을 땐 여느 3학년과 똑같을 정도로 보통의 수준을 가지고 있었다. 하지만 불러주는 내용을 한 번 만에 못 알아듣고 적어도 세 번은 들려줘야 할 정도로 집중력이 약했다. 아직은 속도가 빠른 한국말을 듣고 이해하는 능력이 부족한 것 같았다.

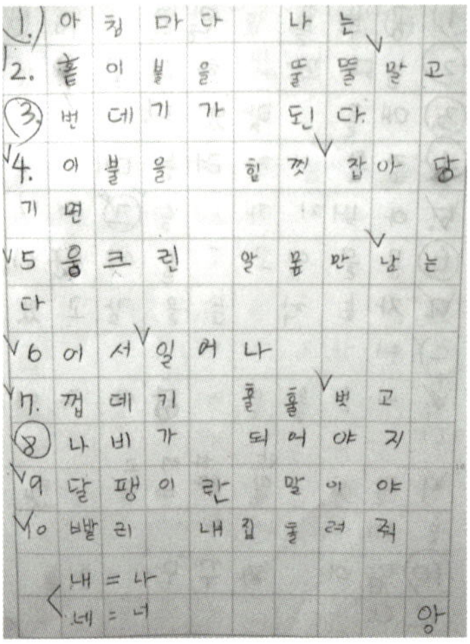

받아쓰기의 결과는 30점이었다. 첫 시간이지만 평가는 냉정하게! 맞춤법뿐만 아니라 띄어쓰기에 오류를 보인 것까지 깐깐하게 채점을 했다. 받아쓰기를 시작할 때의 자신만만하던 마오는 낮은 점수에 부끄러워하며 얼굴이 붉어졌다. 하지만 점수보다 중요한 것은 마오가 앞으로 나와 함께 공부를 열심히 하면 점수가 오를 것이라는 확신과 할 수 있다는 자신감을 심어주고 각오를 다지는 일이었다. 그것이 첫 시간에 마오에게 심어 주고자 한 목표였다. 이대로 마오의 쓰기 실력만 확인한 채 넘어가 버리면 분명 마오는 다음 공부 시간이 두려워질 수도 있을 것 같았다. 그래서 의도적으로 긍정적인 피드백을 해주기 시작했다.

틀린 문제를 분석해 보니 듣기 오류를 보인 문제가 반을 차지하고 있었다. 예를 들어 'ㅇ' 을 'ㅁ' 으로 쓰거나 '달팽이란'을 '달팽이럼'으로 쓰는 것처럼 전혀 엉뚱한 단어를 써둔 오답이 많았다. 오류의 패턴으로 보았을 때 분명 들려주는 말에 집중하지 않고 대충 들리는 대로 쓴 것임에 틀림없었다. 이뿐만 아니라 띄어쓰기와 맞춤법 오류도 보였지만 크게 우려할 만한 정도는 아니었다. 마오도 자신의 실수에 대해 연신 머리를 치며 '아~' 와 같은 안타까움의 탄식과 '아깝다!'라는 말을 연발했다. "몰라서 틀렸다기보단 실수가 좀 많았던 것 같아. 다음엔 선생님의 말에 조금 더 귀 기울여서 정확히 듣고 쓰는 노력을 한다면 훨씬 좋은 결과가 있을 거야.”라는 의견을 넌지시 제시했더니 다음에는 실수하지 않아야겠다는 생각을 한 것 같았다. 잃었던 미소가 조금씩 되돌아오고 있었다.

받아쓰기를 통해 지도에 대한 기대감이 생겼다. 일단은 국어 기본기가 어느 정도 다져져 있으니 어디서부터 가르쳐야 할지 고민했던 막막함이 조금은 해소되었고 1학년, 2학년 담임 선생님들의 한국어 지도가 아주 효과가 있었던 것으로 보아 마오의 이해력도 그리 나쁘지 않은 것으로 생각되었기 때문이다. 이 같은 결론을 바탕으로 매 시간 나와의 공부를 시작하기 전 꾸준한 받아쓰기 연습을 통해 마오가 보인 오류를 줄여나가는 것으로 첫 번째 방향을 정했다.

두 번째로 학교에서 배운 내용을 얼마나 이해하고 있는지를 확인하는 단원평가를 실시했다. 단원평가에는 3학년 학생들의 수준과 비교하여 마오의 학습정도를 가늠할 수 있도록 교수학습센터 아이스크림에서 제공하는 보통 난이도의 단원평가 자료를 이용했다. 받아쓰기에 혼신의 힘을 다했는지 마오는 매우 지쳐있는 상태였다. 힘들어하는 마오를 보며 ‘단원평가는 다음 시간에 할까?’ 하는 약간의 흔들림이 있었지만 첫 날부터 흐지부지한 모습을 보이면 마오가 나와 공부하는 시간을 만만하게 볼 것 같은 생각이 들었다. 그래서 처음 계획했던 대로 집중력이 떨어져 가는 아이를 붙들고 할 수 있다고! 조금만 더 집중해 보자고! 격려 아닌 강요를 해가며 문제를 풀도록 했다. 지나고 보니 그러한 나의 행동은 지나친 욕심에서 비롯되었던 것 같다. 어쨌든 결국 단원평가를 끝까지 풀지는 못했다. 더 이상 앉아 있는 것이 괴로워서 한 문제를 10분 넘게 붙들고 멍하게 있는 아이에게 채찍을 가할 수는 없었다.

단원평가를 통해서는 문제에 제시된 지문을 정확하게 읽을 수 있는지, 읽고 내용을 어느 정도까지 이해하는지, 정답률이 어느 정도 되는지를 알아보고자 했다. 평가지에 제시된 지문을 읽는 능력은 매우 우수했다. 글을 읽는 태도에 자신감이 넘쳤고 한 글자씩 또박또박 아주 정확하게 잘 읽었다. 하지만 그 다음이 문제였다. 읽은 것을 이해하는 능력은 매우 미흡했다. 잘 읽지만 읽은 내용에 대한 이해는 한 번에 하지 못했다. 그래서 한 번 읽고 두 번 읽고 세 번은 읽어야 문제를 해결하는 시늉을 하는 정도였고 아주 기본적인 내용 확인 유형을 제외하고는 생각이 필요한 문제 유형이나 함축된 의미를 파악하는 문제의 유형을 해결하는 데 어려움을 느꼈다.

이와 같은 진단을 통해 받아쓰기와 더불어 교육과정과 연계성에 중점을 두고 보충지도를 하기로 계획했다. 마오의 기초 문해 능력은 학습을 할 수 있을 정도의 수준이 뒷받침되기 때문에 듣기, 말하기, 쓰기 교과서와 읽기 교과서를 바탕으로 단원 및 차시 목표는 그대로 살려두되 지문과 내용을 쉽게 재구성하여 지도하기로 마음먹었다.

1시간 30분에 걸친 국어 과목에 대한 진단이 끝나고 다음 시간부터는 본격적으로 국어 공부에 돌입하기로 했다. 문제를 풀며 엉덩이를 들썩들썩 몸을 배배 꼬기는 했지만 꽤 즐겁고 보람이 있었는지 표정이 매우 밝았다.

"선생님, 다음 시간에는 받아쓰기 꼭 100점 받을게요!"

마오의 끝인사가 귓가에 맴돌았다. 이렇게 공부에 대한 기대와 할 수 있다는 자신감만 있다면 이미 마오는 학력 향상을 위한 한 걸음을 내딛은 것이 아닐까?

시작이 반, 받아쓰기

국어 학습 능력 향상을 목적으로 한 마오와의 만남은 2011년 8월을 시작으로 2012년 2월까지 약 7개월의 기간 동안 총 25회에 걸쳐 이루어졌다. 중간평가와 기말평가를 치르는 시점을 기준으로 하여 중간평가 전을 1차, 중간평가 후를 2차로 나누어 공부를 진행했다. 중간평가 전후로 나누어 진행한 이유는 중간, 기말평가 결과로 얻어낸 점수를 바탕으로 그 과정을 반성하고 보완하는 기회로 삼으려는 의도 때문이었다.

1차 공부를 시작하면서 중간평가까지 3주의 시간이 남아 있었다. 비록 시간이 짧긴 했지만 나는 3주를 잘 활용하여 좋은 성과를 거두길 원했다. 나와의 공부가 효과가 있다는 것을 단기간에 확인해 보고 싶은 생각도 있었지만 그보다 더 큰 이유는 마오에게 조금만 노력하면 할 수 있다는 자신감을 심어주고 싶었기 때문이다. 우선은 중간평가 범위에 해당하는 1, 2, 3단원을 마오의 수준에 맞게 3주에 걸쳐 가르치고 받아쓰기는 띄어쓰기와 맞춤법 교정을 위해 공부 시작 초반에 실시했다.

받아쓰기를 위한 문제는 교과서 이야기를 활용해 지문에 나오는 문장을 두세 어절씩 잘라서 출제했다. 어휘력이 약한 마오에게 생소한 단어와 동사의 변형이 있거나 모음과 합쳐지며 발음이 달리되어 마오에게 혼란을 줄 수 있는 어절을 위주로 출제했다. 받아쓰기는 마오의 띄어쓰기와 맞춤법을 익히기 위한 목적으로 실시한 것이기 때문에 받아쓰기를 하기 전 읽기 교과서를 반드시 세 번 이상씩 읽도록 지도했다. 눈으로 문장을 보면서 소리 내어 읽는 과정을 반복하는 것이 맞춤법을 지켜 쓰는 데 도움이 될 것이라 생각했기 때문이다. 안타깝게도 받아쓰기를 실시하기 전 세 번을 읽도록 한 것은 거의 지켜지지 않았다. 마오에게 숙제로 내줬지만 매번 해오지 않았고 그렇다고 수업시간에 읽도록 하는 것은 받아쓰기에 시간을 너무 많이 쓰게 되므로 어쩔 수 없이 학교에서 배웠던 기억을 더듬어 받아쓰기를 하는 방향으로 진행되었다.

받아쓰기를 진행할수록 모음과 받침을 부정확하게 사용하고 있음이 명확하게 드러났다. 우선 모음 사용에 대한 보충지도가 필요했다. 나와 너를 뜻하는 '내'와 '네'를 헷갈려 한다든지 '(그림을) 그리거나'와 같은 단어를 '그리그나'로 쓰는 등 모음을 사용하는 것이 정확하지 않았다.

보통 글을 쓰거나 다른 사람의 말을 받아 적을 때 모음이 헷갈릴 경우 입 모양에 주의하여 말하는 사람의 입모양을 지켜보거나 직접 발음을 해보면 어떤 모음을 사용했는지 쉽게 판단할 수 있다. 그리하여 'ㅏ'부터 'ㅣ'까지의 단모음 순서대로 함께 읽어보며 교사의 입 모양을 살펴보도록 하면서 헷갈릴 만한 소리를 입 모양을 보고 구분하는 능력을 향상시키도록 했다. 교사의 입 모양을 보며 마오도 직접 큰 소리를 내며 입 모양을 크게 변형시켜 가며 학습을 하는 것은 매우 효과적이었다. 'ㅏ'부터 'ㅣ'까지 단모음을 계속해서 입으로 말해보고 모음이 틀린 문제를 위주로 하여 다시 발음해 보도록 함으로써 왜 오답인지 스스로 생각해 보도록 했다. 이러한 과정을 반복하니 모음의 오류가 다소 줄었다. 하지만 '베짱이', '게으름뱅이'와 같이 'ㅐ'와 'ㅔ'와 같이 입 모양으로 거의 구분할 수 없는 모음은 나와의 공부가 끝날 때까지 반복해서 오답을 보였다. 이는 어쩔 수 없이 머릿속에 기억하고 있어야 하는 단어였다. 그렇게 오답을 보인 단어들은 결국 반복하는 방법밖에 없었다. 마오로 하여금 틀린 단어는 열 번씩 적도록 해서 암기하도록 했다. 그리고 그 다음 시간에 다시 한 번 확인하는 방법으로 반복하여 학습을 했다.

받침은 그 말이 나타내는 의미를 생각하며 적도록 했다. 그 예로 '당기고'를 '담기고'라고 적은 것에 대해 가까이 오게 하는 행동을 취하며 '이러한 행동은 당기는 것일까, 담기는 것일까?' 틀리게 적은 것과 비교해서 생각해 보도록 했다. 하지만 이러한 방식의 지도는 어휘력이 부족한 마오에게 너무나도 어려운 방법이었다. 그래서 잘못된 받침 사용의 이유와 정답을 알려주고 모음의 오류 지도 방법과 같이 여러 번 써보는 방법으로 올바른 어휘 사용이 숙달되도록 했다.

받아쓰기가 진행될수록 한 문제당 문장 길이가 길어지고 난이도가 높은 단어를 위주로 했기 때문에 점수가 날이 갈수록 높아지거나 많이 향상된 모습을 보이지는 않았다. 같은 실수를 계속 반복하는 모습도 보였다. 그래서 받아쓰기를 통한 어휘력 신장의 효과성에 대해 의문이 들었던 것은 사실이다. 무엇이 잘못된 것인지 더 효과적인 방법은 없는지, 피드백은 어떻게 해주어야 할지 지도를 해 나가면서 처음 방법을 고수하지 않고 끊임없이 고민에 고민을 거듭하며 조금씩 방법을 변형시켰다. 처음에는 받아쓰기 후 바로 틀린 문제를 체크하고 왜 틀렸는지 이유를 알려주면서 오류를 짚어 주었지만 나중에는 틀린 문제를 알려주고 문장을 다시 읽어 주면서 수정할 시간을 따로 만들어 주었다. 그랬더니 제법 몇 문제는 맞게 고쳐 내었다. 마오가 받아쓰기에 집중하지 못해 틀리는 문제가 많이 있음을 확인할 수 있었다. 하지만 결국에는 언어의 특성상 계속 반복하여 단어를 보고 읽고 하는 방법만이 어휘력을 신장시킬 수 있는 가장 적절한 방법이었다.

시, 머릿속에서 그림 그리기

교과서 지도를 어떻게 하면 좋을까? 진지하게 고민을 해보았다. 마오는 다문화 가정의 전형적인 모습으로 어머니의 영향을 받아 학력이 매우 뒤처진 경우였다. 다행히 초등학교 1, 2 학년 담임 선생님의 관심으로 한글은 겨우 뗐지만 선생님의 손길은 안타깝게도 여기까지였다. 3학년 담임 선생님은 한글을 안다는 이유로 여느 부진아들과 같이 대수롭지 않게 여기고 계셨다. 사실 3학년에서는 일반적으로 학력차가 두드러지게 나타나지 않는다. 그렇기 때문에 주로 방과후에 이루어지는 부진아 지도 또한 거의 이루어지지 않지만 이 상태로 두었다가는 학년이 올라갈수록 누적된 부진으로 인해 손 쓸 수 없는 상황에 이르게 될 것은 분명했다.

마오를 부진의 늪에서 벗어나게 해주기 위해선 나름의 전략이 필요했다. 부진아 지도에 관한 책을 비롯해 다문화 아동 지도를 위한 책도 찾아보고 논문도 찾아보았지만 마오와 같은 유형은 찾아보기 힘들었다. 그래서 일단은 교과서 지도를 해보기로 했다. 마오의 이해력도 궁금하고 한두 시간 수업을 해본 후 방향을 정해 보기로 마음먹었다.

이미 학교에서 배운 내용이기 때문에 어느 정도는 이해할 것이라 생각하고 첫 단원을 살펴보았다. 첫 단원은 시와 독서 감상문의 특징을 파악하는 제재로 구성되어 있었다. 시는 단어나 문장에 담긴 속뜻을 파악해야 할 뿐만 아니라 화자의 숨겨진 의도나 주제를 찾아낼 수 있어야 하는 고난이도의 글이다. 특히 시를 쓰는 사람의 정서와 심리, 문화를 반영하고 있기 때문에 저학년 학생들이 시의 내용을 정확히 이해하는 것은 매우 힘든 일이다. 마오와 같이 외국인 어머니의 영향으로 우리나라의 문화와 정서에 길들여지지 않은 다문화 아동의 경우라면 시는 특히 더 어렵게 느껴질 것이 분명했다. 마오가 과연 시의 내용을 이해할 수 있을까? 첫 단원부터 큰 난관에 부딪힌 기분이었다.

교과서에 제시된 시의 내용은 아침에 잠자리에서 일어나기 싫어하는 아이가 이불을 돌돌 말아 마치 번데기와 같은 모습으로 이부자리에서 나오지 않고 어머니와 갈등을 일으키는 내용으로 그 아이의 마음이 매우 잘 드러난 시였다. 이불을 돌돌 말아 마치 번데기의 형상을 하고 있는 모습을 '번데기가 되었다'로 비유하는 등 초등학교 3학년 아이의 아침 일상을 담아 비교적 쉽게 이해할 수 있고 공감할 수 있는 내용이었다. 하지만 마오는 단어가 의미하는 것과 전체 내용을 파악하는 데 어려움을 겪었다. 번데기가 된다는 것을 말 그대로 주인공이 번데기로 변해 버렸다고 생각했다. 만화 속에서나 일어날 법한 가상 세계를 현실과 구분하지 못하는 현상이었다. 인지 발달이 초등학교 3학년 수준에 도달하지 못한 걸까? 아직 3학년 교과서의 내용을 이해하는 데 어려움을 겪는 인지적 수준의 아이에게 이런 방식의 지도가 효과가 있을지 고민이 되었다. 1학년 교과서를 가지고 지도해야 하나? 아니 그건 수준이 너무 낮아. 그럼 2학년 교과서? 혼자 짧은 찰나의 시간동안 여러 가지 생각이 교차했다. 그런데 곰곰히 생각해 보니 마오가 시의 특성을 파악하지 못했기 때문에 그렇게 받아들였을 수도 있겠다는 생각이 들었다. 그래서 '시'의 특성을 이해시켜 주고자 했다. 마오와 함께 다양한 시 몇 종류를 살펴보며 시는 대체적으로 짧고 간단하다는 점에 초점을 맞추었다. '짧고 간단하기 때문에 글을 쓰는 사람의 생각이 겉으로 드러나 있을까?' 라고 물음을 던지며 글을 쓴 사람이 전달하고 싶은 내용은 단어 속에 함축되어 있음을 깨닫도록 했다. 더 나아가 시에 표현된 단어는 숨겨진 뜻이 있으며 보이는 의미 그대로를 해석해서는 안 된다는 것을 언급하고 시의 내용을 마오의 상황과 관련 짓고자 했다.

하지만 마오의 경험은 이 시의 내용과는 좀 달랐다. 그래서 어쩔 수 없이 나의 의도대로 시나리오를 만들어 아침 시간을 함께 상상하기 시작했다. 아침에 마오는 엄마의 '일어나!'라는 말에 눈을 뜬다. 하지만 포근한 이불 속에서 일어나기가 싫어 이불에서 한참을 부비적거린다. 그런데 엄마의 '일어나!'라는 외침이 다시 한 번 들린다. 마오는 아직 잠에서 깨지 않은 것처럼 이불 속으로 몸을 푹 숨긴다. '이때! 이불 속으로 몸을 푹 숨긴 모습은 마치 무엇과 같을까? 이 시에 나온 표현 중에 무엇과 가장 비슷한 모습일까?' 라고 물으니 '번데기'라는 답변이 나왔다. '그래 그거야!' 차근차근 상황을 묘사하니 이해가 된다는 듯 밝은 표정을 지었다. 비로소 시의 내용과 단어의 숨겨진 의미를 이해할 수 있었다.

나는 '훌륭한 교사란 고기를 잡아주는 것이 아니라 고기 잡는 법을 가르쳐 주는 사람이다.'라는 신념으로 평소 학생들에게 스스로 공부하도록 많이 강조하는 편이지만 마오에게만큼은 고기 잡는 법이 아닌 직접 잡을 수 있도록 낚싯대를 옆에서 거들어 주는 사람이 되어야겠다는 생각이 들었다. 이런 과정을 겪다 보면 언젠간 마오가 스스로 고기를 잡아 보겠다고 말할 날이 오지 않을까? 아주 천천히, 상황을 그림과 같이 떠올리도록 상세하게 묘사하여 지도하자! 마오 지도 방법에 대한 첫 번째 팁을 얻게 되었다.

이야기, 마오의 말로 풀어내기

착한 할아버지가 이상한 샘물을 조금 마셔서 젊어졌고 욕심쟁이 할아버지가 욕심을 많이 부려 이상한 샘물을 너무 많이 마셔서 아기가 된 '이상한 샘물' 이야기는 마오의 수준에 딱 맞았다. 교과서에 제시된 이 이야기는 원인과 결과를 가르치기 위해 제시된 텍스트였다. 원인과 결과. '어떻게 생각하면 간단하고 어떻게 생각하면 귀납과 연역적 사고가 필요한 내용인데 마오가 이해할 수 있을까?' 란 생각에 우려가 되었다. 우선 원인과 결과라는 용어를 알려주기 전에 이야기를 들려주고는 마오의 말로 이야기를 간단하게 말해 보도록 했다. 처음에 어떻게 말해야 할지 몰라 멀뚱멀뚱 쳐다보며 머뭇거리기에 예를 들어 표현해 주었다. 착한 할아버지는 이상한 샘물을 마셔서~, 나쁜 할아버지는 이상한 샘물을 마셔서~ 이런 식으로 결과만 말해 보도록 했더니 아주 실감나게 '착한 할아버지는 이상한 샘물을 마셔서 젊어졌고 욕심쟁이 할아버지는 이상한 샘물을 너무 많이 마셔서 응애응애 아기가 되었어요.' 라고 대답했다. '응애응애'라는 표현도 넣으며 나름대로 결과를 재미있게 표현했다. 이것을 다시 한 번 마오 말로 처음부터 끝까지 표현하도록 한 후 두 개의 내용을 끊어서 착한 할아버지와 욕심쟁이 할아버지에게 일어난 일을 각각 한 문장으로 표현하도록 했다. 짧고 간단한 내용이라 문장을 만드는 것부터 그것을 통해 앞에 일어난 일이 원인, 그것으로 뒤에 벌어진 일이 결과란 개념을 정리하는 것까지 수월하게 정리가 되었다. 더 나아가 그 사이에 연결하는 표현을 '그래서', '왜냐하면'을 사용하여 문장을 잇는 내용까지 익힐 수 있었다. 이렇게 마오는 간단한 이야기의 원인과 결과를 아주 잘 나타내었다. 하지만 긴 글에서 어떤 일의 원인이 무엇인지, 원인에 대한 결과가 무엇인지 물어보면 답을 하지 못했다. 긴 글을 읽고 많은 내용이 마오의 머릿속에서 체계적으로 정리가 되지 않고 순서가 뒤죽박

죽이 되는 모양이었다. 그래서 무엇보다 글에서 전체적인 내용을 파악하는 힘을 기르는 것이 우선적으로 필요하겠다는 생각이 들었다. 그 힘을 기르기 위해 필요한 것은 줄거리를 만들 수 있는 능력, 즉 간추리기를 할 수 있는 능력이었다.

글의 흐름, 생각나는 대로 나열하여 연결하기

글을 읽고 이해한 것을 바탕으로 중요한 사건을 연결하여 줄거리를 정리하고 중심생각을 파악하는 것은 국어과에서 핵심이 되는 활동이다. 마오의 경우 글을 읽고 나서도 무슨 내용이었는지 기억하지 못하고 줄거리와 중심생각을 정리하는 데 어려움을 느꼈다. 아직 읽고 이해하는 심도 있는 읽기 능력이 길러지지 않았기 때문에 일어나는 현상이라 생각했다. 줄거리와 중심생각을 표현할 수 있는 힘이 길러진다면 읽기 능력이 그만큼 향상될 것이라 판단했다. 줄거리와 중심생각을 파악하기 위해서는 이야기의 흐름을 정리할 수 있어야 했다. 이야기의 흐름을 정리할 수 있으면 그것을 연결해 내어 줄거리를 만들 수 있고 궁극적으로는 글에서 전달하고자 하는 중심생각이 무엇인지 파악할 수 있는 힘이 길러진다고 판단했다. 이와 더불어 읽은 글을 더 많이 기억할 수 있는 힘도 길러질 것이라 생각했다. 어떻게 하면 줄거리와 중심생각을 정리하는 힘이 길러질까 고민해 보았다. 간단한 이야기를 통해 짧은 문장을 만들어 봄으로써 이를 연결하여 줄거리를 만들고 중심생각을 알아보는 활동을 반복하는 것이 마오에게 도움이 되리라 생각했다. 일반 공책보단 색깔이 있는 작은 종이를 이용해 기억나는 문장을 종이 한 장에 하나씩 써서 이것을 연결하여 붙이면서 내용을 정리하도록 계획을 세웠다.

교과서에는 '손톱 깨물기'라는 간단한 이야기가 제시되어 있었다. 이 이야기를 읽고 흐름을 정리해 보고자 했다. 먼저 마오와 지문을 소리 내어 읽었다. 음독은 집중력과 기억력을 높이고 읽기 능력을 향상시키는 데 도움이 되는 방법이기 때문에 프로그램 초반에는 모든 글을 소리 내어 읽도록 지도했다. 다 읽은 후 한 문장을 적을 수 있는 크기의 종이를 6장을 주며 기억나는 내용을 한 문장씩 적도록 했다. 마오가 적은 내용은 이랬다.

> 엄마가 크레파스를 사주겠다고 했다. 지원이는 손톱 깨물기가 습관이다. 친구에게 뚱뚱하다고 놀림을 받는다. 지원이와 병관이가 크레파스를 선물로 받는다. 병관이가 엄마한테 혼난다.

마오가 쓴 여러 개의 문장 중 내용상 크게 중요하지 않은 부분도 있었고 종이의 개수가 제한되어 있어서인지 내용이 자세하게 나오지 않았다. 그래서 종이를 몇 장 더 주면서 덜 중요한 내용도 우선은 허용하여 인정해 주고 더 다양하고 깊이 있게 사고할 수 있도록 유도했다. 그렇게 완성한 문장을 순서에 맞추어 연결시켜 보았더니 다음과 같은 줄거리가 완성되었다.

> 친구에게 뚱뚱하다고 놀림을 받는다—그래서 손톱 깨물기가 습관이 되었다—엄마는 지원이의 습관을 고치기 위해 크레파스를 사주겠다고 했다—그 모습을 본 병관이가 손톱을 깨물다가 엄마한테 혼났다—손톱 깨물기 버릇을 고친 지원이와 병관이가 크레파스를 선물로 받았다.

이러한 방식으로 글을 읽고 난 후 중요한 문장을 몇 가지 적고 순서에 맞춰 연결시키면 이야기의 흐름대로 글을 정리할 수 있다는 것을 알게 되자 마오는 줄거리를 말하거나 쓰는 것이 어려운 일이 아님을 알게 되었다는 듯 고개를 끄덕였다.

작은 종이에 기억나는 내용을 적으면서 이어 붙이는 활동에서 마오는 확실히 재미를 느낀 것 같았다. 또 다른 이야기를 가지고 하자면서 나를 졸라댔다. 아무래도 정적인 것보다는 손을 조금이라도 움직이면서 하는 활동적인 것이 마오에게는 더 재미있으면서 의미 있는 학습으로 기억되는 것 같았다.

내용을 간추리는 연습이 반복되면서 처음에는 내용을 다 읽고 생각나는 대로 문장을 적어 보도록 했지만 언제까지 이렇게 시간의 순서를 생각하지 않고 적게 할 수는 없었다. 중요한 내용을 파악할 수 있는 힘이 조금씩 길러질 때 쯤 이야기에 나오는 순서에 맞게 중요한 문장을 적어 보도록 했다. 순서에 맞게 적으라는 요구가 하나 더 추가되자 조금 혼란스러워했지만 마찬가지로 반복적인 연습을 통해 조금씩 숙달되어 갔다. 내용을 읽고 중요한 문장을 한 개씩 종이에 적으며 이어 붙이는 활동을 통해 마오는 글의 내용을 간추리면서 줄거리를 만들 수 있는 힘이 조금씩 길러졌다.

독서, 국어 능력 향상의 밑거름

마오네를 처음 방문해서 조금 이상했던 점은 아이가 둘이나 있는 집임에도 불구하고 동화책이나 읽을거리의 책들이 하나도 눈에 띄지 않았다는 점이다. 어머니께 여쭈어 보니 아이들이 책을 읽지도 않고 사줄 돈이 없어서 그렇다는 대답이 돌아왔다. 마오 나이대는 조금씩 독서의 재미에 빠져들며 독서 습관을 길러야 할 시기이고 마오의 동생 역시 한글 공부를 시작하면서 책을 접하기 시작해야 할 나이인데도 집에 읽을 책이 없는 것이 상식적으로 이해되지 않았다.

나는 국어 학습에 중요한 영향을 미치는 요인 중의 하나는 학습자가 가진 배경지식이라 생각한다. 배경지식이 활성화되면 국어 학습에 긍정적인 영향을 미친다. 특히 마오의 경우 늘 바쁜 아버지와 한국 사회에 적응하지 못하고 활동 반경이 제한적인 어머니 사이에서 또래 아이들에 비해 상대적으로 여러 가지 경험을 해보지 못했다. 그렇기 때문에 마오에게 다양한 배경지식을 쌓게 해주는 방법은 독서가 가장 효과적이라 보았다.

이렇게 아이에게 독서가 절대적으로 필요한 상황에서 마오네 집에 읽을 책이 한 권도 없다는 사실은 어머니와 아버지가 자녀 교육에 대한 무관심이 여실히 드러나는 장면이었다. 받아쓰기, 교과서 지도와 더불어 저학년 수준에 맞는 책을 선정하여 독서를 하고 내용에 대해 묻고 답하는 과정이 필요했다.

독서를 시키기 위해 마오에게 좋은 책을 골라 주고자 했다. 그래서 하루 날을 잡아 방과 후에 나의 교실에 들르도록 하여 함께 학교 도서관으로 향했다. 도서관에 가자마자 마오가 고른 책은 『Why?』라는 만화책이었다. 과학 지식을 아이들이 읽기 쉽게 만화로 풀어낸 책이었는데 만화이기 때문에 순간 '안돼!'라는 거부의 반응이 나왔다. 그렇지만 내가 골라주는 책을 이 아이가 열심히 읽을 것이란 확신이 서지 않았다. 양질의 책을 선별해 주는 것도 중요했지만 그에 앞서 마오가 책에 대한 흥미와 관심 그리고 습관을 기르도록 하는 것이 우선이었다. 그래서 흔쾌히 'OK!'를 외쳤다. 단 다음 주 선생님과 만나는 시간까지 다 읽고 줄거리를 이야기해 주도록 약속했다. 다음의 만남까지 한껏 기대를 했다. 『Why?』를 읽어 본 적은 없지만 우리 반 학생들 중에는 이 책에 흠뻑 빠져서 시리즈 전체를 정독할 정도로 열혈 팬인 친구가 많기 때문이었다. 마오 또한 이 책의 매력에 빠져서 독서의 재미를 느끼겠지 하는 행복한 생각에 빠져 마오를 만났다. 그러나 그건 나의 아주 큰 오만이자 착각이었다. 마오는 한 쪽도 책을 읽어오지 않았다. 책을 전혀 읽지 않았던 아이에게 일주일 만에 한 권의 책을 읽어 오라고 한 것이 잘못이었다. 학교와 집에서 혼자 책을 읽는 것부터가 아이에게는 매우 익숙하지 않은 경험이었고 힘든 일이었다. 쉽게 되는 게 하나도 없다는 생각에 마오가 조금은 원망스러웠다. 마오에게 시간을 다시 주었다. 일주일 동안 다 읽어 오겠노라 약속을 했지만 그 다음 주에도 마오는 읽지 않았다. 다시 시간을 주었지만 아주 조금, 또 그 이후에도 또 조금……. 이러한 과정을 계속 반복했다. 읽었다고도 할 수 없을 정도로 적은 양이었지만 읽은 내용에 대해서는 묻고 답하는 활동을 꼭 실시했다. 가끔 엉뚱한 내용을 답할 때도 있었지만 워낙 읽은 내용이 적어서 그런지 대체적으로 양호하게 내용에 관해 응답할 수 있었다.

하지만 이대로는 독서를 통해 국어 학습 능력은커녕 독서 습관을 기르기조차 어려웠다. 아무래도 공부하는 시간 중 일부를 독서 시간으로 만들어야 할 것 같았다. 이와 같은 이유로 수업 시간 10분 전부터는 독서 시간을 가지게 되었다. 책을 8분 동안 읽고 나머지 2분 동안은 읽은 내용에 대해 묻고 답하는 시간과 읽은 후 느낌을 말해 보도록 했다. 이 활동을 시작할 초기에는 8분의 시간이 어쩜 그렇게 길게 느껴졌는지 모른다. 하고 싶은 말이 어쩜 그렇게 많은지, 한 줄 읽고 그 날 자신에게 일어난 신변잡기적인 이야기들을 늘어놓고, 집중시켜 다시 읽도록 하면 다시 한두 줄 읽다가 옆에 있는 동생에게 괜한 장난을 거는 등 산만한 행동을 반복적으로 해댔다. 그러나 시간이 갈수록 마오의 집중력은 조금씩 늘어났다. 책을 읽다가 나에게 말을 거는 내용도 책의 내용과 관련된 의문이나 자기 경험을 이야기하는 등 수준이 한층 업그레이드되었다. 이렇게 마오는 『Why?』 두 권과 『어린왕자』를 나와 함께 완독했다. 독서 활동을 진행하는 기간이 좀 더 길었다면 더 다양한 책을 접해볼 수 있었겠지만 마오가 책을 읽고 이해하는 속도가 빠르지 않았기 때문에 아쉽게도 이 활동은 여기에는 끝나 버렸다. 그렇지만 분명한 것은 책에 대한 애착은 형성되었다는 점이었다. 공부 시간이 끝나가면 마오는 기다렸다는 듯이 "우리 책 읽어요!"라며 책을 펼쳤고 내용에 대해 조잘조잘 이야기하는 모습에서 조금씩 책을 좋아하게 되었음을 알 수 있었다. 그리고 담임 선생님과의 마지막 면담을 통해서도 마오의 독서 습관이 향상되었음을 알게 되었다. 학교에서도 책을 읽는지 궁금하여 쉬는 시간이나 아침활동 시간에 독서하는 모습을 본 적이 있느냐고 여쭈어 보았더니, 평소 아침활동 시간에 다른 친구들이 놀이하는 것을 흘끔흘끔 보며 근처에서 맴돌더니 어느 때부터인가 교실의 학급 문고에 있는 책을 빼내어 보더라는 것이었다. 비록 마오의 독서 자세가 대충 종이를 넘기는 시늉만 한 것인지 집중해서 내용을 읽은 것인지 독서의 깊이를 확인할 수는 없었지만 매우 희망적인 답변이었다.

궁극적으로 독서를 통해 마오에게 큰 변화가 생겼다. 초기 학습활동을 진행할 때는 읽기에 제시된 지문을 늘 소리 내어 읽은 후 문제를 풀었다. 그렇지 않으면 집중력이 금방 흐트러졌고 읽은 내용을 쉽게 이해하지 못했다. 그런데 이렇게 소리 내어 읽는 음독이 묵독으로 변화되기 시작한 것이다. 소리가 속으로 들어가면서 눈으로 읽고 머릿속으로 이해하는 속도가 조금씩 빨라지기 시작했다. 이것은 분명 국어 학습 능력에 큰 도움이 되는 변화일 것이란 기대감이 들었다.

자신감, 과유불급

1차 공부활동에서는 교과서에 제시된 내용을 적극적으로 활용했다. 교과서를 재구성해야 할 정도로 지문 내용이 복잡하지도 않았을뿐더러 이미 학교에서 배운 내용을 복습하는 과정이었기 때문에 마오의 반응은 매우 적극적이었고 자신감이 넘쳤다. 설명하는 내용마다 알아들었다는 표정과 끄덕임, 확신에 찬 대답은 나로 하여금 마오가 습득력이 매우 뛰어난 학생이라는 인식을 갖게끔 했다. 하지만 내용 학습 후 형성평가를 치러보면 반응했던 만큼의 결과를 얻지 못했다. 이런 과정이 되풀이되며 두 차례의 학습이 진행되었고 중간평가를 치르게 되었다. 매우 자신 있는 태도로 80점 이상을 받아 오겠노라 다짐하던 마오는 반 평균 점수 77.58에 60점이라는 실망스런 점수를 거두었다. 담임 선생님께서는 학급에서 마오의 국어 점수가 가장 낮으며 아직까지는 수업시간에 태도의 변화가 크게 보이지 않는다고 하셨다. 본인도 매우 의기소침해졌으며 비록 단기간이었지만 지금까지 준비했던 학교 시험 중에서 제일 열심히 공부를 했음에도 불구하고 성적이 기대했던 점수에 훨씬 미치지 못해 나와의 공부를 더 이상 하고 싶지 않은 모습이었다. 이대로 진행하다가는 자칫 학습된 무기력에 빠질 가능성이 보였으며 성적 또한 제자리에 머무를 것 같았다.

나 또한 실망스런 마음을 감출 수가 없었다. 마오의 호언장담도 있었거니와 내가 가르친 내용과 방법에 대한 어느 정도의 자신감이 있었다. 하지만 결과는 나를 비웃기라도 하듯 형편없었다. 바로 시험지 분석에 들어갔다. 총 20문제 중에 8문제를 틀렸지만 정확하게는 맞춤법 오류를 담임 선생님께서 허용하여 채점해 주신 것까지 오답으로 보면 10문제를 틀린 것으로 확인되었다. 그 중 세 문제는 모두 원인과 결과에 관한 문제였다. 아직 '원인과 결과' 용어의 뜻을 정확히 파악하지 못하고 있었고 그 두 문장을 자연스럽게 연결하려면 그 사이에 접속어가 들어가야 하는 것을 이해하는 것은 아직 마오에게는 어려운 내용이었다. 또한 글에 나타난 사건에서 원인에 해당하는 일과 그것으로 일어난 결과를 연관 지어 찾는 것을 힘들어했다. 마오가 이해하기에는 글이 길고 비록 교과서에 나와 있지만 마오의 흥미를 끌지 않는 내용이라 지문부터 쉽게 재구성하는 작업이 필요했다.

그래서 2차 공부활동에서는 교과서에 제시된 개념을 마오가 알기 쉬운 텍스트로 재구성하여 이해시키는 것으로 계획을 수정했다. 또한 받아쓰기를 꾸준하게 하고 있지만 맞춤법 향상에 눈에 띄는 변화가 없어 기본형과 관련하여 지도하기로 했다. 3학년 교육과정에 사전을 찾는 내용이 있으므로 그 단원과 연관시켜 맞춤법 실력의 향상도 꾀하고 교육과정의 목표도 달성하는 일석이조의 효과를 누리고자 했다.

초심으로 돌아가기

공부가 거듭될수록 마오의 태도도 조금씩 나태해졌다. 처음의 긴장감과 달리 지루하고 집중력을 잃어가는 모습을 보였다. 마오가 관심을 잃어가는 가장 큰 요인은 교과서에 나오는 이야기들과 해결해야 하는 내용 중 마오의 일상생활과 연결되는 것이 거의 없다는 점이었다. 마오의 삶과는 너무나 동떨어진 학습이었다. 관심을 가질 만한 것은 아동의 행동 반경

(학교·학원·가정에서 일어나는 일)과 관련된 내용들인데 지금 배우는 것들은 왜 배워야 하는지도 모르는 재미없고 관심 없는 것들뿐이었다. 국어 학습에 있어서 학생의 흥미를 끌고 관심을 유도하는 것이 프로그램의 성공을 좌우할 수 있는 열쇠라 생각하여 학습을 시작하기 전에 왜 그 내용을 공부해야 하는지 학생의 일상생활 속에서의 삶과 연결하고자 했다. 그리하여 학생의 학습의욕을 다지고 공부 내용에 대한 집중을 통해 공부가 계속 진행될 수 있도록 했다.

2차 공부는 1차 공부에 비해 텍스트 수준을 낮추어 쉽고 재미있게 배우는 데 중점을 두었으며 교수 자료로는 전래동화나 그림 자료를 많이 활용했다.

마오의 취약점 중의 하나가 어휘력의 부족이었다. 한국말을 잘 하지 못하는 어머니와 발음이 어눌한 아버지의 영향으로 마오가 사용하는 단어뿐만 아니라 가족 간 오가는 대화에 한계가 있었을 것이다. 또한 한국어를 공부해야 하는 결혼 이주 여성의 가정이라면 국어사전은 반드시 구비해야 할 필수품임에도 불구하고 마오의 집에는 국어사전이 없었다. 얼마나 열악한 환경에서 마오의 어머니가 한국어를 익히며 살아왔는지, 마오가 성장했는지를 알 수 있었다. 게다가 독서를 즐겨야 할 나이에 책과의 단절도 마오의 어휘력이 초등학교 1학년 수준을 벗어날 수 없었던 또 하나의 원인이 되었을 것이다.

교과서에 나오는 단어 중 마오에게 생소한 단어의 뜻을 파악하기 위해서는 사전을 찾아보는 것이 의미를 정확하게 이해할 수 있는 가장 좋은 방법이라 생각했다. 3학년 교육과정에는 국어사전에서 낱말의 뜻을 찾는 방법에 대한 내용이 제시되어 있었다. 국어사전에서 낱말의 뜻을 찾기 위해서는 자음과 모음의 배열 순서와 낱말의 짜임을 알고 있어야 했다. 당연히 마오는 국어사전을 이용하여 단어를 찾는 방법을 모르고 있었다. 찾아본 경험도 없을뿐더러 자음과 모음의 배열 순서를 정확히 알지 못했기 때문이었다. 그래서 먼저 사전에 낱말이 실리는 순서인 자음과 모음의 배열 순서를 어느 정도로 알고 있는지 확인해 보았다. 순서에 맞게 적어 보도록 했더니 자음은 꽤 정확하고 순서에 맞게 적어내려 갔지만 거센소리 ㅊ, ㅋ, ㅌ, ㅍ, ㅎ 부분에서 조금 헤매는 경향을 보였고 모음은 첫소리 ㅏ부터 순서를 기억하지 못했다. 이런 마오의 상태에 따라 자음과 모음의 순서를 익히기 위해 순서대로 배열하는 연습을 시작했다. 된소리와 겹받침, 겹모음도 가르쳐야 했지만 그것은 기본적인 자음과 모음을 모두 익힌 후에 추가 학습하는 것으로 미루어 두었다. 거센소리의 자음 학습은 마오가 기억하기 쉽게 재미난 표현을 만들어 첫소리만 외우도록 하면서 기역부터 히읗까지 반복해서 적도록 했다. 막연히 외우는 것보다 어려워하는 부분에 재밌는 말을 만들어 외우도록 함으로써 좀 더 쉽고 재미있게 기억하도록 도와주었다. 모음은 ㅏ ㅓ ㅗ ㅜ ㅡ ㅣ 배열을 알려주고 그 사이에 획을 하나씩 덧붙인 모음을 한 가지씩 더 넣으면 되는 것으로 지도했다. 이러한 방법으로 익숙해질 때까지 반복해서 써보고 손에 익은 후에는 말로써 아, 야, 어, 여, 오, 요, 우, 유, 으, 이가 자동화되도록 연습시켰다.

자음과 모음의 배열을 학습하고 난 후에는 의미가 있는 한 글자 단어를 이용하여 글자의 구조를 파악하기 시작했다. '강'이라는 소리는 'ㄱ', 'ㅏ', 'ㅇ'으로 쪼갤 수 있고 각각을 첫소리, 가운뎃소리, 끝소리라고 한다고 지도했다. 그리고 순서대로 사전에서 찾아보도록 했다. 배열을 알고 나서도 국어사전을 찾는 데 다소 시간이 걸렸지만 조금씩 찾아가는 재미를 느끼는 것 같았다. 다행스럽게도 사전을 직접 찾아서 뜻을 알아본 단어는 잘 잊어버리지 않았다.

이렇게 글자 구성의 원리를 알고 분석하는 과정은 매우 힘들고 어려웠지만 국어 학습에 있어 가장 바탕이 되어야 할 과정이고 더불어 받아쓰기와도 연계될 수 있는 부분이었기 때문에 본 내용의 학습에 심혈을 기울였다. 한 글자 단어를 찾아보는 활동에서 더 나아가 국어사전에서 직접 낱말을 찾아보는 학습으로 이어졌다. 마오가 가장 좋아하는 '태권도' 단어를 찾도록 했더니 ㄱ 부분을 펼쳐 한참 살펴보다가 다시 뒤로 넘겨 ㄷ을 펼쳐서 조금 뒤적거리다가 사전을 덮고 한참 생각하더니 그제야 ㅌ으로 넘어가 태권도를 찾기 시작했다. 태권도를 국어사전에서 찾은 시간은 그로부터 10분이 경과한 후였다. 아직 제대로 이해하지 못했음이 분명했다. 그래서 앞서 가르쳐 주었던 단어 쪼개는 방법을 다시 설명했다. '태'는 첫소리가 'ㅌ'이고 가운뎃소리가 'ㅐ'로 이루어진 글자이며 '권'은 첫소리가 'ㄱ', 가운뎃소리가 'ㅝ', 끝소리가 'ㄴ' 으로 이루어져 있다. 태를 찾기 위해선 먼저 첫소리인 'ㅌ'을 찾고, 가운뎃소리인 'ㅐ'를 붙여 '태'가 있는 곳을 찾아가야 한다. 이어서 둘째 글자인 '권'을 붙여서 찾는 방법으로 '태권도' 글자의 짜임을 파악해서 찾을 수 있도록 했다. 앞선 시도에서보다 찾는 속도가 훨씬 빨라졌고 다른 글자에도 적용하여 여러 단어를 찾아보았다.

국어사전을 찾는 학습을 받아쓰기와 연계시키기 위해선 동사와 같이 글자의 모양이 변하는 낱말을 찾는 연습도 필요했다. 모양이 변하는 낱말의 경우 글자의 모양이 변하는 부분과 변하지 않는 부분을 구분하여 '-다'를 붙인 기본형을 만들어 찾아야 한다. 모양이 바뀌는 낱말은 뜻은 같지만 낱말 형태가 여러 개이기 때문에 모두 국어사전에 실을 수 없어 사전에는 기본형만 실려 있다는 설명을 한 후 예문을 제시해 주었다. '토끼가 깡충깡충 가고 거북이가 힘들게 가니 사슴도 폴짝폴짝 가버려서 기린도 가면서 슬퍼했어요.'의 문장에서 뜻은 같지만 모양이 다른 낱말을 모두 찾도록 해 '가고', '가니', '가버려서', '가면서'를 찾아내었다. 여기에서 변하지 않는 부분과 변하는 부분을 나누어 보도록 하고 변하지 않는 부분인 '가'에 '-다'를 붙이도록 하여 기본형을 찾아내는 과정을 반복하여 연습했다.

이렇게 교과서 지문을 읽으며 모르는 단어가 나올 때마다 사전을 찾아보는 방식이 효율적이지는 않지만 정확성과 어휘력 향상에서는 높은 효과를 거둘 수 있었다. 이러한 활동은 자기 주도적 학습 능력을 기르고 정보 습득에 도움을 주는 필수적이고 중요한 학습과정이었다. 물론 앞뒤 문맥을 통해서도 뜻을 유추할 수 있지만 마오의 경우에는 목표가 단순히 뜻을 이해하는 데 그치는 것이 아니었다. 국어사전을 이용해 뜻을 찾는 활동을 통해 짧은 어휘력 실력을 향상시키는 데 도움이 되고 읽기를 더욱 효과적으로 할 수 있는 성공적인 전략이었다.

단어, 여러 가지 뜻이 담겨 있어요

3학년에서는 '밤', '눈'과 같은 비교적 쉬운 명사에서 더 나아가 '버리다', '모으다' 와 같은 동사가 지닌 여러 가지 뜻을 알아보도록 하고 있다. 교과서에서는 '버리다', '모으다' 의 표현이 서로 다른 뜻으로 사용된 몇 가지 문장을 제시해 두고 그 낱말이 어떤 뜻으로 사용되었는지 알고 이를 활용하여 문장을 만들어 보는 활동이 제시되어 있다. 하지만 교육과정 상의 목표에 제시된 낱말, '지니고 있다'는 표현이 무슨 뜻인지 이해하지도 못하는 마오에게 구체적인 낱말이 어떤 뜻을 가지고 있는지 알아보라는 것은 지나치게 높은 수준의 학습이었다.

> "우리가 쓰는 한국어에는 수천 가지의 낱말이 있어요. 마오가 알고 있는 낱말은 몇 개라고 생각해요? (100개) 그래요. 마오와 같은 초등학생 친구들이 아는 낱말은 100개~300개 정도 될 거에요. 그런데 어른이 되어서도 수천 가지의 낱말을 모두 외우고 알게 될까요? 선생님 같은 어른도 많아야 700개~800개 정도의 낱말밖에 알고 있지 않아요. 모든 사물의 이름이 다 다르면 우리가 그 이름을 모두 알 수 있을까요? (어려울 것 같아요.) 그래서 한 가지 말에 여러 가지 뜻이 담긴 거예요. 한 가지 낱말에 여러 가지 뜻이 담겨 있으면 우리가 엄청 많은 낱말을 외우지 않아도 되고 몇 가지 단어만으로도 여러 가지 상황에서 사용할 수 있는 좋은 점이 있답니다."

'낱말의 여러 가지 뜻 알기'의 필요성을 이야기해준 시도는 학습에 대한 관심을 끄는 데 매우 효과적이었다. 이어서 쉬운 단어부터 예를 들어 설명했다. 배, 사과, 밤, 굴을 설명하자 마오는 하나의 단어에 여러 가지 뜻이 담겨 있는 것에 대한 의미를 점점 이해하기 시작했다. 하지만 아직까지 마오는 교과서에 제시된 동사형 낱말의 여러 가지 의미를 파악하는 데는 어려움이 있었다. 다양한 예문을 접하고 독서를 통해 감각적으로 낱말의 뜻을 파악하는 힘을 길러야 할 필요가 있었다.

문장, 종류가 많아요

5단원에서는 문장의 종류를 묻는 문장, 풀이하는 문장, 권유하는 문장, 시키는 문장, 감탄하는 문장 5가지로 구분하는 방법을 학습한다. 구분하는 방법으로는 문장의 끝말을 살펴보거나 문장의 끝에 붙어있는 문장 부호를 살펴보거나 말하는 이가 전하고자 하는 뜻을 생각하여 구분하는 수준으로 가르친다. 마오은 이 단원의 학습도 상당히 어려워했다. 우리가 사용하는 언어에는 어감이라는 것이 있는데 한국어가 유창하지 않은 외국인에게 대화 혹은 글에서 어감을 파악하여 의사소통하기는 굉장히 어려운 일이다. 마오 어머니 역시 겨우 한국어를 익혀가는 단계에서 자녀에게 의도나 느낌을 말에 담아 전달하는 것이 상당히 부족했다. 가정에서 언어적 영향을 크게 받는 사실을 감안했을 때 마오는 상대적으로 우리말에서 어감을 파악하여 의도를 알아채는 것이 어려울 수밖에 없었다. 이러한 이유에서 종류를 구분하기 애매한 문장들을 파악하는 데에 어려움을 느끼고 오류를 보이는 것이었다.

교과서에 등장하는 예문은 높은 수준이 아니고 끝말이 일정한 형태로 끝나거나 문장 부호를 확인하면 종류를 파악할 수 있는 문장이 대부분이었다. 그래서 첫 번째로는 문장의 끝에 붙어있는 문장 부호를 살펴보고 두 번째로 문장의 끝말을 살펴보거나 구분되지 않을 경우 무슨 뜻으로 이야기하는 건지를 생각해 보도록 했다. '?'가 붙어 있으면 묻는 문장, '!'가 붙어 있으면 감탄하는 문장으로 알려주고 '.'가 붙어있는 문장에서는 끝말을 확인하여 '-자'로 끝나면 권유하는 문장, '-라'로 끝나면 시키는 문장, '-다'로 끝나면 풀이하는 문장으로 지도했다. 하지만 다섯 가지 종류를 마오가 기억하기에는 너무 양이 많았는지 연습 문제 중 한 가지도 제대로 연결하지 못했고 근본적으로 '묻는, 풀이하는, 권유하는, 시키는, 감탄하는'의 의미를 정확히 알지 못하는 것 같았다. 그래서 다섯 가지 문장

❖ 이야기 속에서 문장의 종류 찾기

< 공주를 구한 삼 형제 >

풀이하는 문장

옛날 옛적, 어느 나라 임금님에게 외동딸이 있었습니다. 그런데 어느 날, 임금님이 사랑하는 공주가 덜컥 병에 걸려 자리에 눕고 말았습니다. 하루가 지나고 이틀이 지나고 사흘이 지나도 공주의 병은 낫지 않았습니다.

"어허, 이를 어쩐담?" 묻는 문장

임금님은 무척 걱정을 하였습니다. 나라 안에 있는 유명한 의사란 의사는 다 불러 치료하였지만 아무 소용이 없었습니다. 이웃 나라의 유명한 의사까지도 불러 왔지만 공주의 병은 낫지 않았습니다. 날이 갈수록 공주의 병은 점점 깊어만 갔습니다. 임금님은 생각 끝에 궁궐 앞에 글을 써 붙였습니다.

공주가 큰 병에 걸렸다. 공주의 병을 고쳐 주는 사람은 사위로 삼을 것이다. 그리고 훗날 이 나라를 물려주겠다. -임금-

그때, 어느 시골 마을에 삼 형제가 살고 있었습니다. 삼 형제는 각각 신기한 보물을 가지고 있었습니다. 첫째가 가진 보물은 아무리 먼 곳이라도 가까이 볼 수 있는 마법 망원경이었고, 둘째가 가진 보물은 하늘을 빨리 날 수 있는 마법 양탄자이었습니다. 그리고 막내가 가진 보물은 어떤 병이라도 낫게 할 수 있는 마법 사과이었습니다.

그러던 어느 날이었습니다.

"어라, 저게 뭘까?" 묻는 문장

마법 망원경으로 먼 곳을 살펴보던 첫째가 궁궐 앞에 붙은 글을 보게 되었습니다.

"얘들아, 이리 와 봐." 시키는 문장

"왜 그래, 형?" 묻는 문장

첫째가 부르자, 두 동생이 다가왔습니다.

"잘 들어봐. 공주님이 병에 걸리셨대. 가, 가 만...... 그런데 공주님의 병을 고쳐주는 사람은 사위로 삼고, 또 훗날 나라도 물려주신대."

첫째가 하는 말을 듣고 동생들이 말하였습니다.

"큰형, 우리가 가서 공주님의 병을 고쳐 드리자." 권유하는 문장

"좋아. 둘째야, 빨리 떠날 준비를 하자." 권유하는 문장

"알았어, 형."

삼 형제는 둘째가 준비한 마법 양탄자를 타고 궁궐로 날아갔습니다.

"막내야, 이제 네가 나설 차례야."

막내는 어깨에 멘 가방에서 마법 사과를 꺼냈습니다. 그러고는 공주에게 먹였습니다.

그러자 신기하게도 병은 씻은 듯이 나았습니다.

"오, 공주야! 네 병이 정말 다 나은 게냐?" 묻는 문장

"네, 아바마마."

"오, 이렇게 기쁠 수가!" 감탄을 나타내는 문장

임금님은 삼형제를 위하여 큰 잔치를 베풀어주었습니다.

"자, 이제 약속한 대로 우리 예쁜 공주의 신랑감을 골라야겠소. 그런데 신랑감이 셋이니 이를 어쩐담?" 묻는 문장

임금님이 걱정을 하면서 옆에 서 있던 신하들에게 어떻게 하면 좋을지 물어보았습니다.

의 종류가 의미하는 것이 무엇인지 개념을 정확히 알려주는 것부터 다시 시작했다. 묻는 문장은 궁금한 것을 직접 물을 때, 풀이하는 문장은 어떤 사실을 설명할 때, 권유하는 문장은 어떤 일을 같이 하자고 할 때, 시키는 문장은 다른 사람에게 명령할 때, 감탄하는 문장은 기쁘거나 슬프거나 놀라운 일과 같이 느낌을 말할 때 사용하는 문장이라고 설명했다. 그러고 나서 3학년 1학기 읽기 교과서에 나오는 '공주를 구한 삼형제' 이야기를 이용하여 문장의 종류를 구분해 보았다. 이미 학습하여 내용을 알고 있는 이야기를 활용하니 학습에 자신감을 주고 흥미를 유발하는 데 도움이 되었다. 또한 단순 문장보다 이야기 흐름을 통해 종류를 찾는 활동을 통해 문장의 어감도 느낄 수 있어서 마오가 더 쉽게 학습할 수 있었다.

어려운 개념, 전래동화로 익히기

국어과 교육과정에 제시된 내용을 학습하기 위해서는 텍스트가 도구로 활용된다. 그러나 마오에게 텍스트는 도구를 넘어서 하나의 학습해야 할 대상으로 여겨진다. 그렇기 때문에 교육과정 목표를 도달하기 위해 마오가 잘 알고 있는 텍스트를 활용한다면 목표 달성이 더 쉬울 것이라 판단했다. 그래서 나는 마오가 잘 알고 있는 동화를 활용했다. 처음에는 책을 읽지 않는 마오가 <흥부와 놀부>, <콩쥐와 팥쥐>와 같은 전래동화를 잘 알고 있을까 하는 의문도 들었다. 그런데 기쁘게도 기본적인 전래동화의 내용은 학교에서 선생님을 통해 접하여 알게 된 것들도 있고 텔레비전의 만화 등을 통해 접해본 것들도 있어서 기억을 상기시켜 주기만 하면 떠올리는 것은 시간문제였다.

마오가 가장 어려워한 원인과 결과를 지도한 방법을 간단하게 언급

❖ 그림을 통한 난개념 익히기

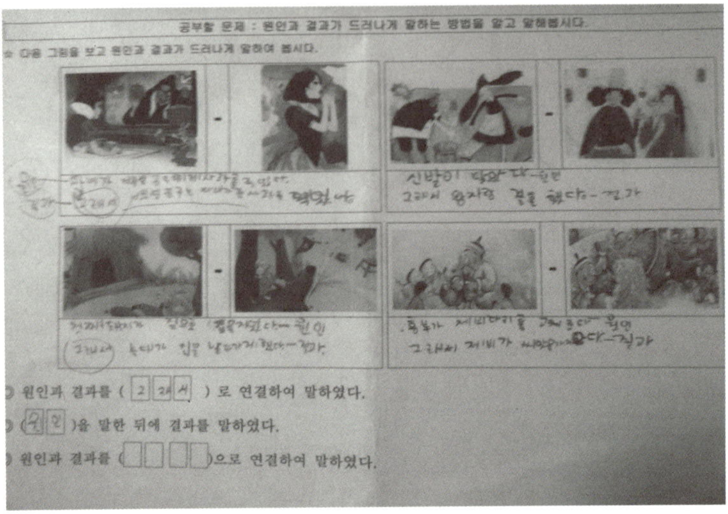

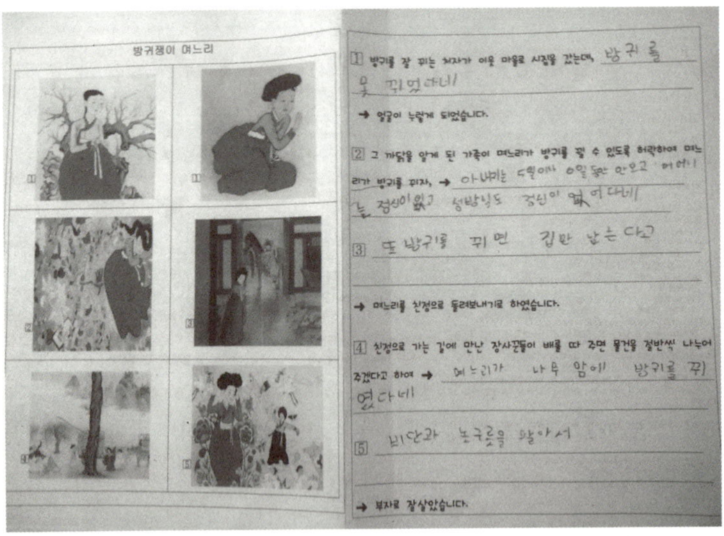

하자면 <백설 공주>, <신데렐라>, <아기돼지 삼형제>, <흥부와 놀부> 동화 속에서 원인과 결과로 나타낼 수 있는 부분을 그림으로 제시했는데, 예를 들면 첫 번째 장면은 백설 공주에게 사과를 주는 마녀의 모습을, 두 번째 장면은 그 사과를 먹는 백설 공주의 모습을 통해 '마녀가 백설 공주에게 사과를 주어서 백설 공주가 사과를 먹었다.'라는 자연스러운 문장을 완성하는 것이다. 그리고 그것을 두 문장으로 만들었을 때 자연스럽게 연결시키기 위해 사용되는 접속사의 종류도 알아보았다. 이 과정을 거치며 이야기 속에서 인과관계를 파악하고 찾아낼 수 있는 힘을 기르고 '그래서'나 '왜냐하면' 과 같은 단어로 문장이 연결됨을 알도록 했다.

이와 같은 동화 텍스트를 이용한 학습은 원인과 결과의 개념을 익히고 접속사로 연결해 보는 활동뿐만 아니라 내용 간추리기, 줄거리 만들기와 같은 내용을 학생에게 더 친근하고 학습에 쉽게 접근할 수 있는 하나의 방법이 되었다.

III 소중한 경험, 그 긴 여운

다가가라, 그들에게 당신이 필요하다

교실에는 모두 다른 가정환경과 배경을 지닌 서른 명의 학생들이 있다. 이렇게 다양한 개성과 특성을 지닌 아이들을 한 교실에서 같은 내용과 같은 방법으로 지도하기란 여간 어려운 일이 아니다.

하지만 어쩔 수 없는 숙명인 마냥 교사인 우리는 이렇게 열악한 여건 속에서 학생들을 교육하고 있다. 이런 환경에서 학생들을 가르치다 보면 사실 서른 명의 아이들 중 말을 잘 듣는 모범적인 아이나 얌전하고 문제를 일으키지 않는 평범한 아이들을 선호하고 예쁘게 여긴다. 공부를 못 해 부진에 속하거나 폭력적이거나 어울리지 못하는 성격 탓에 교우 관계가 좋지 않은 아이들 혹은 교사들의 손길이 한 번 더 가야 하는 특별한 아이들은 극단적으로 말하면 교사들의 경계대상 1호이다. 물론 이런 부류의 학생들을 제대로 교육해 긍정적인 변화가 보였을 때 교사들의 보람과 성취감은 이루 말할 수 없이 높아지지만 그 무모한 도전은 가능한 한 피하고 싶다.

마오와 같은 다문화 학생 또한 교사에게는 분명 참 곤란한 학생 중의 한명일 것이다. 학습 지도, 친구들과의 관계 형성, 학부모와의 교감 어느 부분 하나 쉬운 것 없이 교사를 시험에 들게 하는 학생이다. 만약 마오와 같은 다문화 학생을 지금처럼 개인적으로 만난 것이 아니라 우리 반에 속해 있는 학급 학생과 담임 교사로 만났더라면 난 정말 많은 고민에 빠졌을 것이다. 먼저 생김새부터가 우리와 다른 마오의 모습에 충격을 받았을 것이고, 우리 반 아이들이 자신과는 다른 생김새에 거부감을 느끼는 모습에 교우관계를 어떻게 맺도록 도울지 혼란스러워했을 것이다. 또한 수업 시간에 질문에 벗어나 전혀 다른 대답을 하는, 즉 내 말을 알아듣지 못하고 발표 의욕만 앞선 마오의 모습에 대책 없음을 느꼈을 것이다. 한마디로 총체적 난국인 이 상황을 어떻게 헤쳐 나가면 좋을지 매우 난감해했을 나의 모습이 선명하게 보인다. 처음엔 왜 하필 우리 반일까 하는 불분명한 대상에 대한 원망, 그 다음에는 내 나름의 해결방안 모색을 위한 애씀, 그러다가 마오가 내 뜻을 잘 따라오면 성공으로, 그렇지 않으면 포기하는 상황이 발생했겠지…….

이런 측면에서 보면 경험이란 것은 소중한 재산이 된다. 마오와 일대일로 만나면서 얻게 된 가장 큰 수확은 다문화 학생에 대한 막연한 두려움, 그들은 우리와 다른 뭔가가 있을 것이란 특별함에 대한 선입견이 큰 착각과 무지에서 온 것이란 걸 깨닫게 되었다는 것이다. 물론 우리와 다른 점은 있었다. 우리나라의 교육 문화에 대해 무지하고, 마오의 부족한 학습 능력은 여느 아이들과는 조금 다른 원인으로부터 비롯된다는 점은 분명 존재한다. 하지만 이런 차이가 그 아이의 특성을 설명해 주는 하나의 보충 자료가 될 뿐이지 더 이상 내가 그 아동을 지도하는 데 장애가 되는 것은 아니란 점이다.

다문화 학생을 경험하지 못했던 처음의 나처럼 다문화 아동을 어떻게 지도하면 좋을지, 그들을 어떻게 바라보면 좋을지에 대해 고민하고 있는 교사가 분명 있을 것이다. 그들에게 해주고 싶은 말은 부딪혀 보라는 것이다. 겁먹지 말고 일단은 한번 경험을 해보라. 단, 그들에 대해 어떠한 선입견과 거부감도 갖지 말고 서른 명의 아이들 중 개성 있는 한 명의 아동이라 생각하고 그들을 대하라. 그러면 다문화라는 그들의 배경보다는 나를 향해 간절한 도움의 손길을 원하고 있는 아동의 모습을 발견할 수 있을 것이다.

마오와 만났던 초기가 생각난다. 난 이 아이에게서 우리나라 순혈인과 다른 학업적인 특징을 찾으려 엄청 애를 썼다. '분명 다문화적 특징이 있을 것이야.' 라며 계속 이 아이를 다른 시선으로 바라보았다. 그 과정에서 마오에게는 부모님의 영향으로 인한 언어 지체에서 오는 학습 능력

결핍이란 문제가 있는 것으로 밝혀졌다. 그렇다면 이 아이는 일반 부진 학생과 어떤 다른 점이 있고 학습 전략은 어떻게 접근해야 할 것인가가 그 다음의 화두였다. 난 계속 이 아이만의 어떤 학습 전략을 찾으려 노력했던 것 같다. 부진 아동의 지도 방식과 다른 지도 전략을 찾기 위해 기존의 부진아 지도 방법들을 다 뒤로한 채 새로운 것을 탐색했다.

_______ (2011. 10. 20. 성찰저널)

> 마오를 가르치는 시간은 학교에서 2시간, 3시간을 지도한 것만큼이나 에너지 소모가 많이 된다. 왜 그럴까? 되돌아보건대 이 아이의 학습과정을 보면서 난 계속 다문화적 특징을 찾기 위해 노력하는 것 같다. 그리고 마오와 같은 다문화 아동들에게만 적용할 수 있는 전략이 있을 것이라 그게 뭘까를 계속 고민한다. 다문화 아동들에게만 적용할 수 있는 전략. 이런 게 과연 있을까? 사실 지금까지 내가 마오에게 적용한 방법에는 특별한 것이 없다. 수준이 낮은 아동들에게도 사용해봄직한 것들이다. 어떤 방법이 마오에게 맞는 걸까? 마오를 가르치기 위해 다문화 아동의 학습 능력 향상을 위한 다양한 참고서적을 찾아보았다. 하지만 그것들도 역시 어떻게 보면 부진 아동들을 가르치는 내용과 방법 같은 느낌이 든다.

이러한 고민의 과정 속에서 스스로 결론을 내리게 된 것은 결국 마오 역시 부진 아동 중 한 학생이라는 점이었다. 단 부진 아동에도 여러 부류가 있듯이 이제는 부진 아동의 여러 가지 부류 중 한 부류로서 다문화 아동이 큰 범주로 들어가야 한다는 점이다. '다문화 아동 가르치기 전략 ≠ 부진 아동 가르치기 전략'이 아니라 '부진 아동 가르치기 전략 ⊃ 다문화 아동 가르치기 전략'과 같은 관계가 성립되어야 함을 느끼게 되었다.

하지만 다문화 아동들은 언어적인 면과 우리나라의 문화 등 다양한 경험의 부재와 같은 공통 분모의 결핍이 존재한다. 이런 부분에서만큼은 분명 우리는 일반 부진 아동과 다른 전략으로 다문화 아동을 지도해야 한다. 이와 같은 생각을 얻어내기까지 많은 시간이 소요되었다. 이 시간은 분명 헛되지 않은 소중한 경험일 것이다. 다른 다문화 아동을 나의 학급 아이로, 또 어디에선가 만나게 될 때 조금 더 그 아이에게 필요한 것이 무엇이고 어떤 도움을 줘야 할지 또 다른 시간을 낭비하지 않게 하는 발판이 될 것이다.

그들의 문제가 무엇이고 어떤 것을 채워줘야 하는지를 식별할 수 있는 힘. 그것이 바로 우리가 가져야 할 능력이고 우리가 가진 전문성을 발휘하는 방법인 것이다. 가끔 일반인들은 '선생은 나도 할 수 있겠다.'라는 말로 교사들을 도발한다. 그만큼 어떤 전문직보다 쉽게 넘보는 자리란 얘기다. 하지만 점점 다양한 문화가 교실 속에 들어오고 급변하는 현 시대에 자라고 있는 아이들에게 이러한 변화를 잘 전달하고 사회를 바라보는 현명한 눈을 길러주는 데 있어 우리 교사들의 몫이 더 커지고 있으며 역할이 더 중요해지고 있음은 분명하다.

차갑게 얼어붙은 마음, 관계 맺음이 답이다

마오와의 공부 시간은 저녁식사를 하기 전 18시에서 19시에 늘 이루어졌다. 마오와 만났던 주된 계절이 여름, 가을이었기 때문에 바로 집 앞에 놀이터가 있던 마오의 집에서는 늘 놀이터에서 노는 아이들의 소리로 시끌벅적했다. 그런 소리가 들릴 때면 마오는 공부 중에도 모든 관심이 놀이

터로 향했다. '밖에 놀고 있는 애들 누구인지 알아요?'라는 질문부터 '재밌겠다' '나도 나가서 놀고싶다'라는 바람을 표현했다. 하지만 그 아이들은 마오와 개인적 친분이 있는 것도 아니었고 같이 놀아본 적도 없는 아이들이었다. 친구도 아닌데 왜 놀고 싶다고 하는 걸까? 공부가 하기 싫고 집중이 잘 안 되는구나 하는 생각에 마오를 부여잡고 공부하던 학습지를 가리키며 집중 또 집중할 것을 요구했다.

얼마 지나지 않아 또 한 번은 마오가 나에게 이런 말을 툭 던졌다. "저도 운동장 나가서 축구하고 싶어요." "학교 친구들과 점심시간에 축구하지 않아?" "하는데요. 전 안 끼워줘요." 끼워주지 않는다는 말에는 마오의 모든 감정이 담겨있는 듯 했다. 친구들에 대한 원망, 섭섭함, 혼자인 것에 대한 외로움, 친구가 있으면 좋겠다는 마오의 바람까지…….

그 순간 난 망치로 머리를 세게 얻어맞은 듯한 충격을 받았다. 사실 초등학교 3학년 시기에 가장 즐겁고 신나는 것은 친구들과 함께하는 시간, 놀이를 하는 시간이다. 물론 요즘 아이들은 학원에 다니느라 예전만큼 방과 후 시간을 노는 시간으로 사용하지는 않지만 그래도 어떻게든 또래 관계를 맺어 틈틈이 시간을 함께 보낸다. 하지만 마오는 학교에서도 학원에서도 심지어 가정에 돌아와서도 외톨이였던 것이다. 마오는 가족 그 이외의 사람들과는 전혀 소통하고 있지 않았다. 그 넓은 운동장에 수많은 아이들이 우글거리며 축구를 하고 뛰어다니며 노는 동안 교실에서 혹은 운동장 한 켠에서 그 아이들을 바라보는 마오의 눈빛은 어떠했을까? 마음은 어땠을까? 풍요 속의 빈곤의 감정에 그 아이의 마음은 점점 얼어붙고 있었는지 모른다.

지금까지 마오의 학습적인 부분에만 열과 성을 다했지 마오가 진짜

원하고 간절히 바라는 것이 무엇인지 깊이 고민해 보지 않았음을 느낀 순간이었다. 어찌 보면 마오의 학습적인 부분보다 이 아이가 자기의 고민을 털어놓을 수 있는 관계를 맺고 이 곳 사람들 속에서 거리낌 없이 어울리는 순간 그 아이의 외모와 어머니의 출신은 더 이상 그 아이의 발목을 붙잡지도 꼬리표처럼 따라다니는 일도 없을지 모른다. 마오의 가족들이 한국이라는 사회에서 구성원의 일부라고 느끼는 순간 어쩌면 이 모든 문제는 자연스럽게 해결될지도 모른다. 그렇게 느끼게 하는 것은 바로 여기에 함께 어울려 살고 있는 한국 사람들과의 관계 맺음이었다.

내가 지금까지 했던 마오의 학력 향상을 위한 가르치기 역시 궁극적인 목적은 한국 사회에서 잘 적응하며 살아가게 하기 위함이지 않은가. 학력적인 부분만 충족된다고 해서 모든 것이 해결되는 것이 아니라는 점은 내가 이 과정 속에서 얻은 또 하나의 훌륭한 교훈이었다.

마오의 학습 지도뿐만 아니라 마오에게 관계를 맺어주기 위해 난 부단히 노력했다. 가장 먼저 시도한 것은 다문화 지역 중심학교의 담당자라는 직책을 이용하여 또래 다문화 아동 간의 관계 맺음이었다. 사실 이것이 끼리끼리 놀게 한다는 비난을 피할 수 없을지도 모르지만 마오에게도 친구가 생겼다는 생각을 갖게 해준 것은 그 아이에게 큰 위로이자 자신감이 되었다. 그들에게 2주에 한 번씩은 서로를 만날 수 있는 기회를 제공해 주었다. 산 오르기나 학교 근처 체험학습장에 함께 가서 오감을 느끼는 체험학습을 하는 형태로 함께 부딪히며 친해질 수 있는 시간 속에서 마오는 매우 행복해했고 진심으로 기뻐했다. 그리고 담임 교사와 학급 친구들과 함께할 수 있는 프로그램에 참여하면서 자기가 주인공이라는 감정 역시 느끼게 해주었다.

이러한 관계 맺음을 통해 마오는 또 한 차례 성장해 나갔다. 어리광을 부리며 자기 것에 대한 소유욕이 강했던 아이가 타인에게 양보할 줄도 알고 베풀 줄도 아는 아이로 조금씩 변화하기 시작했다. 물론 '우리 마오가 달라졌어요.' 라고 할 만큼의 큰 변화는 아니었지만 마오의 마음속에 안정, 행복이라는 단어가 조금씩 들어오는 중이었음은 확실했다.

(2011. 12. 22. 마오의 일기)

오늘은 다문화 선생님, 2학년 때 선생님, 광이 형아, 수아 누나, 현수랑 뮤지컬을 보러 갔다. 다른 학교 애들도 많았다. 큰 버스를 타고 갔다. 버스를 타고 가면서 간식도 먹고 점심은 맛있는 고기도 먹었다. 현수가 마이쭈를 또 먹고 싶다 해서 내 꺼를 줬다. 나도 먹고 싶었지만 동생에게 주니까 선생님이 칭찬했다. 좋았다. 광이 형아랑 현수랑 노는 게 재밌었다. 뮤지컬 보는 데서 뛰어다녀서 선생님한테 혼났다. 더 놀고 싶었지만 선생님이 하지말라 해서 말씀을 들었다. 형아랑 동생이랑 놀러나온 건 처음이었다. 정말정말 기분이 좋았다. 날아갈 것 같았다. 다음에 또 놀러 갔으면 좋겠다.

이러한 교과외적인 부분에서의 도움 역시 다문화 아동들이 마음을 열고 적극적인 생활을 할 수 있는 계기로 작용할 것이다. 이것이 더 나아가 학습 능력의 향상으로도 이어질 수 있는 작은 시작이 될 것임에 틀림없다.

마오 이야기

나에게 필요한 것은 관심이었다. 공부든 일상이든, 학교생활이든, 집에서의 생활이든 나의 소소한 일상에 대해 이야기를 나눌 수 있는 사람, 나의 말을 들어줄 수 있는 사람이 필요했다. 나는 누구보다 강렬하게 한국 사람이라는 것을 다른 사람에게 인정받기를 바랐다. 이는 나의 겉모습이 여느 한국 사람과 다르다는 것을 나 스스로도 느끼고 있기 때문이다. 이 때문에 내가 한국 사람이라는 것을 다른 사람에게 표현하고 싶고 그렇게 봐주길 바라는 마음에 더 씩씩하게 낯선 사람에게 말도 걸고 어울리고 싶어하는 것이었을지도 모른다. 하지만 어느 순간 나의 마음 속에는 한국에서는 자신은 더 이상 어울릴 수 없는 사람이라는 생각이 자리잡기 시작했다. 친구들에게 다가가도 그들은 더 멀어지고 길에서 모르는 사람들이 나의 모습을 보며 수군거리는 모습에서 이들은 나를 한국인으로 인정해 주지 않을 거라는 불신이 생긴다. 그래서 나는 조금씩 필리핀이라는 나라에 관심이 가기 시작한다. 한국에서 불행해하는 엄마를 위해 그리고 나를 그들과 같은 사람으로 받아들여 주지 않을까 하는 희망에…….

그랬던 나에게 관심을 가지는 사람이 나타났다. 그 분은 학교에서 일어났던 일, 즐거웠던 일, 관심 있는 것들에 대해 진지하게 들어준다. 참 기쁘다. 공부에는 별로 관심이 없지만 이 사람과 함께 있는 것이 즐겁고 내 이야기를 잘 들어줘서 공부도 참을 만하다. 그 선생님은 공부를 열심히 하면 학교생활도 더 잘할 수 있다고 한다. 그 말은 선생님도 친구들도 나에게 관심을 가져줄지도 모른다는 뜻이겠지?

얼마 전부터 필리핀을 그리워하는 엄마를 보면서 나는 커서 비행기 조종사가 되어 엄마를 필리핀에 데려다줘야겠다는 생각을 했다. 비행기를 운전하려면 어떤 사람이 되어야 할까 고민을 했는데 선생님이 길을 알려줬다. 공군사관학교나 항공대학교 같은 곳에 가야 한다고 했다. 그러기 위해서는 공부를 열심히 해야 한다고 했다. 그 이야기를 들으니 정말 정말 공부를 열심히 해야겠다는 마음이 불끈불끈 솟는다. 왜 공부를 해야만 하는지 이제 이유를 알 것 같다. 아! 내가 운전하는 비행기에 우리 엄마가 타고 그토록 원하는 필리핀에 가는 상상만 해도 정말 기쁘다.

공부가 나에게는 아직 많이 어렵다. 그렇지만 선생님과 공부를 하다 보니 조금씩 재미있어지고 이해도 잘 되는 것 같다. 1학년 때 다른 친구들이 모두 집에 가고 혼자 남아서 한글 공부를 할 때 혼자 남는 게 너무 싫었지만 다 배우고 나니 뿌듯했었다. 그 때처럼 지금은 힘들지만 나중에는 분명히 잘 할 수 있을 거란 믿음이 생긴다.

03

아랑이와 현우 선생님의 이야기

"지금은 아파트 1층에 살고 있는데 이런 주택에 살고 싶어요. 태국에 있는 외할머니 집 근처에 집이 있는데 2층짜리이고 마당도 있고 그래요. 그래서 좋아요. 지금은 엄마를 일주일에 한 번밖에 못 보지만 나중에 같이 살게 되면 이런 집에서 살고 싶어요."

(부모님과 살고 싶은 집. 아랑이가 찍은 사진. 2011. 6. 28)

"다문화교육은 효과적인 교실 수업과 학교 환경을 만들기 위해 학생들의 문화적 배경을 활용하는 교육 전략이다. 다문화 교육은 학교라는 무대 속에서 학생들에게 문화, 다원성, 평등, 사회 정의, 민주주의 개념을 확장시킨다."

— D. M. Gollnick, & P. C. Chinn, Multicultural education in a pluralistic society. (Upper Saddle River, NJ; Person, 2006); Ibid., p. 31.

I 함께 달리기

"샘, 공부 왜 해요?"

아랑이와 공부를 하면서 한참 설명을 하던 나에게 갑자기 아랑이가 던진 말이다. 마음이 아팠다. 아랑이의 한 마디는 우리 반에서 공부를 못하는 민서의 한 마디와는 왠지 다른 느낌이었다. 아랑이가 이런 회의감을 가지게 된 이유는 무엇일까?

'가르치는 내 노력이 부족한 탓이겠지…….' 오늘도 나 자신을 채찍질하며 스스로를 위로해 본다.

아랑이는 친구들 사이에서도 나름 까칠한 아이로 통한다. 남자인 친구들과 말싸움을 해도 절대로 지지 않으며 놀리는 친구들이 있으면 끝까지 달려든다. 아랑이의 불만에는 공부도 포함된다. 공부하고는 담을 쌓았다고 해도 과언이 아니다. 국어 책만 보면 모르는 단어가 많아 한숨만 쉰다. 이런 탓에 책상에 앉아서 하는 공부는 항상 뒷전이었다. 더

군다나 이제 6학년인 사춘기 여학생이다. 공부보다 다른 것에 관심이 더 많다. 그러니 내가 가르치려고 하는 것이 귀에 잘 들어올 리가 없었을 것이다.

유독 아랑이가 공부를 멀리하는 데에는 보통 아이들과는 다른 아랑이만의 이유가 있다. 태국에서 오신 어머니 때문에 어렸을 때 한국어를 제대로 배우지 못했다. 나 역시 신규교사를 이제 막 벗어나 아이들을 가르치는 데 한참 의욕을 가지고 있던 교사지만 아직 베테랑 교사는 아니었다. 정말 아이들을 잘 이해하고, 가르치는 기술도 뛰어났다고 생각하진 않는다. 하지만 나의 노력으로 아랑이를 가르치며 변화를 주고 싶었다. 내가 할 수 있는 가르치는 일을 아랑이에게 보다 적극적으로 해주며 다르지만 '같게' 만들어 주고 싶었다.

나는 이제 32살이 된 6년차 교사이다. 경남의 농촌지역인 이 곳 산빛군에 처음 발령을 받은 이후로 한 번도 학교를 옮기지 않고 근무하고 있다. 지금까지의 모든 교직생활의 경험이 이 곳, 산빛초등학교에 쌓여있다. 교직생활에 들어온 후 처음 맡게 된 우리 반 아이들을 생각해 보면 '더 많이 준비하고, 더 열정을 가지고 가르칠 걸……' 하는 아쉬움이 남는다. 자유로운 대학생활을 꿈꾸며 공부만 해왔던 나에게 대학은 해방구와 같았다. 교사가 된 후 내가 가르칠 아이들을 위한 준비라는 명목하에 동아리 활동이나 여행을 많이 다녔다. 평생 가르치는 일을 하며 살 생각에 대학생들이 흔히 하는 과외 아르바이트도 해보지 않았다. 또한 초임교사의 마음이 다 그렇듯, 처음 맡은 우리 반 아이들에게 한없이 주고 싶은 마음에 원하는 것을 다 들어주다 보니 통제를 잘 못할 때도 많았고, 가르치는 방법이 능숙하지 못해 수업을 마치고 나 자신을 질책하기도 했다. 아직도 부족한 점이 많지만 점점 나아지고 있다고 믿었고 동료 선생님과의 대화에서 얻은 교육적 경험의 노하우와 아이들을 직접 가르치며 갖게 된 여러 고민에 대한 노력으로 이제는 어느 정도 자신감을 가질 수 있게 되었다. 4년차가 되던 해, 배움에 대한 열망이 생겨 진주교육대학원에 진학한 후 교육과정과 수업에 대해 좀 더 배우게 되었고 교사로서 시야를 넓힐 수 있었다. 특히 김영천 교수님을 통해 질적연구 방법들을 공부하며 참여관찰, 심층면담을 경험해 보니 아이들을 깊이 있게 바라보고 이해하는 연구의 중요성을 알게 되었다.

다문화 아동의 학업 성취도 향상을 위한 연구를 시작하면서 의욕적으로 준비해 나갔다. 학교의 다문화 교육 업무를 자청해서 맡기도 하고 다문화 가정과 아동에 대한 기본적인 이해를 위해 연수에 참여하기도 했다. 면담을 위한 자료나 가르치는 과정에서 필요한 교구들을 준비했다. 하지만 정작 준비를 하면 할수록 기대감보다는 두려움이 앞섰다. 이런 물리적인 자료나 환경보다 다문화 아동에 대한 나의 생각, 관점, 다문화 아동과의 적은 경험 및 그 아이들을 가르치는 나의 태도가 더 큰 고민으로 다가왔기 때문이다. 사실 다문화 아동을 가르치기 위한 마음의 준비는 너무나 부족했다. 교실에서 다문화 아동을 한 번도 만나본 적이 없었고 학교에서 지나가다가 이야기를 해본 적도 없었다. 소위 다문화 아동이 겪는 어려움이라는 것들이 나에게 와닿지 않았다. 책이나 기사를 통해서만 봤지 실제로 경험해본 적이 없었다. 다문화 아동이 겪는 어려움에 대한 공감의 부재는 '과연 내가 잘 가르칠 수 있을가' 하는 불안함으로 이어졌지만 '할 수 있다'는 신념을 가지고 다문화 아동과 한 해를 시작했다.

그러나 아랑이를 직접 만나보니 이런 고민은 현실이 되었다. 사전에 알게 된 점도 있지만 정말 아랑이는 공부에는 관심이 없었으며 나의 가르치고자 하는 마음도 제대로 전달하기 힘들어 보였다. 이런 아랑이와의 공부는 많은 시행착오와 실패의 연속이었다. 나와 공부하는 시간을 빼먹기도 하고 과제를 제때 해오지 않고 투덜대는 등의 일로 속을 썩이곤 했다. 6학년인 아랑이에게 공부는 포기할 수밖에 없는 대상이었다. 어렸을 적 부족했던 한국어 실력이 학년이 올라갈수록 점점 누적되면서 공부에 대한 흥미를 잃어가는 것처럼 보였다. 나는 반 아이들을 가르칠 때와는 다른 고민을 하게 되었다.

물론 어려움만 있었던 것은 아니다. 아랑이를 가르치며 지낸 시간 동안 비록 성적이 크게 올랐다고 할 수는 없지만 긍정적인 변화를 발견할 수 있었고 다문화 아동을 처음 가르쳤던 나 자신에게도 의미 있는 시간이었다. 출발선은 달랐지만 순수한 아랑이와 서툴지만 열정과 관심으로 아랑이를 지도했던 나의 지난 1년간의 이야기를 풀어 보고자 한다.

공부와 담을 쌓은 아이

아랑이는 농촌지역인 산빛군에 있는 산빛초등학교에 다니는 12살의 6학년 여학생이다. 보통의 키에 피부는 까만 편이며 눈이 크고 입술이 두터워 동남아시아 혼혈아의 느낌이 나는 편이다. 또래 친구들과 비교했을 때 짙은 눈동자와 피부색 때문에 자세히 보면 다문화 가정의 아이임을 쉽게 알아볼 수 있다. 때문에 작년 담임 선생님은 반에서 '깜둥이'라고 불리거나 손바닥과 손등 색이 다르다고 놀림을 받았다고 말씀하셨다. 남자아이들에게 지기 싫어하고 활발한 성격 탓에 다투기도 했다. 하지만 아랑이는 친구들에게 놀림만 받고 있지는 않았다. 이제 학교에서도 고학년이고 자존감이 높아져서인지 몰라도 친구들의 놀림에 신경 쓰지 않고 잘 어울려 지내는 것처럼 보였다. 또한 농촌지역이라 그런지 반 다문화 아동들이 제법 있어 친구들도 심하게 놀리는 편은 아니었고 쉬는 시간이면 잡기놀이도 하고 즐겁게 지내고 있었다.

태국인 어머니와 한국인 아버지 사이에서 태어난 아랑이는 인천에서 살다가 초등학교 2학년 때 아버지의 고향인 산빛군에 내려와 아버지와 살고 있다. 어머니는 전주에서 직장을 다니고 있어서 주말에 가끔 내려오신다. 어머니에게 배운 태국어로 기본적인 의사소통은 할 수 있을 정도이며, 한국어를 제대로 배우지 못한 어머니와는 태국어와 한국어를 섞어 대화를 하곤 한다. 아랑이의 어머니와 통화를 했을 때 한국어에 능숙하지 못해 학업이나 가정생활에 대해 제대로 상담하기가 어려웠다. 아랑이는 방학 동안에 어머니와 함께 태국에 있는 할머니댁에서 생활하는 일이 자연스럽다. 현재는 아버지의 고향인 산빛군에서 아버지의 친척들과 함께 지내고 있다.

아랑이의 일상은 보통의 6학년 아이들과 크게 다르지 않았다. 학교를 마치고 집에 가면 주로 혼자 TV를 보거나 휴대폰을 가지고 놀며 시간을 보냈다. 아랑이의 관심사는 주로 TV속 가수나 연예인이며 여느 6학년 아이들이 가지는 공부에 대한 스트레스 역시 많이 받고 있었다. 다만, 어머니가 멀리 계셔서 혼자 있는 시간이 많다는 점과 부모님이 학습에 대한 관심이 적었고 아랑이의 공부 습관에 대해 신경을 써 주실 수 없는 환경에 놓여 있다는 점은 다른 아이들과 달랐다. 한편, 산빛초등학교는 시골 농촌지역이지만 읍내에 있는 학교로서 교육에 대한 부모님들의 관심도가 높은 편이며 자발적으로 공부에 흥미를 가진 학생은 적으나 어느 정도 공부에 대한 의욕과 경쟁심을 가지고 있는 학생이 많은 편인데 아랑이의 공부에 대한 관심도는 다른 아이들에 비해 매우 낮아 크게 놀랐다. 학교를 마치고 가는 학원이라곤 합기도 도장이 유일했다. 어렸을 때 놀림을 받기 싫어 다니기 시작한 운동은 부모님이 적극 지원해 주고 아랑이도 좋아해서 다니고 있다. 하지만 합기도는 아랑이의 장래희망이나 부모가 원하는 직업과는 관련이 없었으며, 공부에 관해서는 학교에 많은 부분을 의지하고 있었다.

아랑이는 학원에서 공부를 해본 적이 없다. 가정방문 학습지도 하지 않으며 문제집을 푸는 것도 학교에서 주는 것 이외에는 하지 않았다. 산빛초등학교 6학년 학생들은 거의 대부분 사교육을 받고 있는데, 이는 중학교에 올라갈 것에 대비하여 선행학습을 하기 위함이다. 국영수에 관련된 학원을 여러 곳 다니는 학생이 많고, 학원에 가지 않더라도 방문학습지로 공부하거나 문제집을 사서 풀곤 한다. 아랑이의 성적은 반 아이들과 비교했을 때, 현저히 낮은 편이며 한국어 의사소통 능력도 생활하는 데에는 충분하나 어휘 자체가 어려운 6학년 수업 내용을 이해하기에는 턱없이 부족했다. 대부분의 학생들은 주로 부모의 영향으로 사교육을 경험하기도 하는데, 멀리 떨어져 사는 어머니와 바쁜 직장 생활 및 생활고에 시달리는 아버지를 둔 아랑이는 이런 부분에 있어 지원받지 못하고 있었다. 아랑이 역시 계속되는 학습 부진의 누적으로 인해 공부에 대한 자신감이 떨어져 있을 뿐만 아니라 학습 활동에도 적극적으로 참여하려고 하지 않아 지도하는 데 매우 힘이 들었다.

따라가기 힘든 6학년 과목들

쉬는 시간에 아랑이는 활발하고 주도적인 데 반해, 수업 시간에 아랑이는 소심하고 수동적이며 조용한 아이이다. 다른 아이들처럼 장난을 치거나 이야기를 하지도 않는다. 조용히 앉아 수업을 듣는 것 같지만 자세히 들여다보면 수업 내용을 거의 따라가지 못하고 있다. 책에 낙서를 하거나 공상을 하며 40분의 시간을 보내고 있는 듯 보였다. 문제를 풀면 틀리는 게 반이다.

아랑이의 과거 담임 선생님들은 아랑이가 학습적인 부분에서 많이 부족하다고 한결같이 이야기했다. 반 친구들과 생활하는 데는 별다른 어려움이 없지만 수업 시간에 집중하지 않는 시간이 많다고 했다. 국어나 수학, 사회 같은 주요 과목들에서 선생님의 설명을 귀담아 듣지 않으며 발표도 거의 하지 않는다고 했다.

(과거 담임 선생님과의 면담 자료)

> 아랑이는 교실에서 수업내용을 거의 따라오지 못해요. 특히 수학문제를 풀 때는 기초적인 문제만 풀고 어려운 거는 풀려고 시도도 하지 않죠. 국어 시험도 반에서 거의 하위권이라 보시면 됩니다. 이제 중학교 올라가는데 걱정입니다.

아랑이는 특히 국어와 수학에서 6학년의 학습 수준을 제대로 따라가지 못하고 그 때문에 학습에 대한 흥미 또한 부족하다고 했다. 형성평가나 학습지 등을 풀 때 성의 없이 풀거나 답을 쓰지 못하는 경우가 많고, 이유를 물어보면 어렵다고만 이야기한다고 했다. 학습 활동에 소극적일 수밖에 없는 이유이다.

6학년을 시작하며 치른 기초학력 진단평가의 성적을 살펴보면 아랑이의 국어, 수학 학습 정도를 잘 알 수 있다.

6학년 기초학력 진단평가 결과

	국어	수학	영어	석차
기초학력 진단평가(3.8)	44	42	89	29/31

아랑이는 반에서 최하위권의 성적을 받고 있다. 전 과목 성적이 평균에 비해 낮은 편이다. 특히 국어과목은 또래 친구들과 비교하여 가장 낮은 점수를 받고 있다. 아랑이는 교과서에 나오는 단어 가운데 뜻을 모르는 것이 많아서 글의 전체적인 내용이 제대로 파악되지 않는데 문제를 푸는 건 더욱 어려운 일이었던 것이다. 문장제가 많은 고학년 수학 수업을 따라가기에 아랑이의 문제에 대한 독해력은 상당히 부족했다. 이 때문에 문장으로 된 수학 문제는 풀려는 시도조차 하지 않았다. 고학년 국어 수업은 일상생활에서 사용하는 단어 이외에도 풍부한 독서를 바탕으로 문맥적인 의미를 찾아보고 내용을 이해하고 적용하는 학습이 주로 이루어지는데 이는 아랑이가 쫓아가기엔 어려운 일이다.

수업이 끝나면, 한 시간 더 공부를 하러 저학년 교실로 간다. 학교에서 국가수준 학업 성취도 평가에 대비하여 학습 수준이 낮은 학생들을 모아 보충수업반을 운영했는데 아랑이를 포함하여 3명의 학생이 저학년 담임 선생님과 부족한 부분에 대해 공부를 한다. 아랑이는 얌전한 교실 수업 시간과 달리 보충수업 시간에는 계속 딴청을 부리고 노골적으로 집에 가려고 하며 선생님의 애를 먹인다고 한다.

_________ (아랑이의 방과 후 보충학습 지도 선생님과의 면담 자료)

아랑이가 오는 보충수업 시간이 되면 걱정부터 앞서요. 설명을 하거나 문제를 내주고 풀라고 하면 계속 수업과 관계없는 이야기를 하고 집에 가고 싶어하고…… 세 명을 데리고 수업을 하는데 아랑이 때문에 다른 친구들도 영향을 받는지 영 집중을 못하죠.

보충학습 지도 선생님에게 아랑이는 정말 가르치기 힘든 상대였다. 교실에서는 수업에 집중하지 않아도 잘 표시가 나지 않지만 보충수업에서는 선생님과 바로 마주하기 때문에 공부하는 걸 피할 수가 없기 때문이다. 아랑이에게 공부는 어떻게든 피하고 싶은 존재이다.

교육 지원의 여력이 부족한 가족들

아랑이는 아버지와 단 둘이 학교 근처의 작은 아파트에 살고 있으며 어머니는 다른 지역에서 직장생활을 하고 있어 일주일에 한 번 만나고 있다. 아버지는 폐식용유를 재가공하여 바이오연료를 만드는 공장에서 일하신다. 월급은 200만원 정도이며 나이에 비해 높지 않은 월급을 받고 있었다. 또한 산빛군에 내려와 살게 된 지 그리 오래되지 않았고, 전문직이 아닌 단순 노동직업의 특성상 장기적으로 큰 소득을 기대하기 어려운 상태이다. 아랑이의 아버지는 고등학교 졸업 후 군대에 다녀온 후부터 직장생활을 했다고 한다. 그 뒤 결혼을 해서 가정을 꾸려 살던 중, 원양선을 5년 정도 타며 여러 나라들을 다녔는데 이 때문에 전 부인과 이혼을 하게 되었다고 한다. 슬하에 자식이 두 명 있었는데 첫째 아들은 이혼으로 인해 중학교 때 방황을 하여 집안을 힘들게 만들었고 당시 방황하는 아들에 대해 학교의 조치가 방관적이었다고 생각하여 학교교육에 대한 실망감도 가지고 있었다. 이는 아버지가 아랑이의 교육에 어느 정도의 관심은 있지만 적극적인 지원 및 도움을 주는 데 소극적 태도를 가지고 있는 원인이기도 했다. 아랑이의 첫째 오빠는 현재 20대 후반으로 서울에서 직장에 다니며 생활하고 있다. 아랑이는 언니, 오빠와 가끔 연락을 주고받으며 안부를 전하기도 하고 언니, 오빠 역시 멀리 살지만 동생인 아랑이를 곧잘 챙겨 준다고 했다.

아버지는 어머니와 산빛군에 있는 통일교 교회의 결혼제도를 통해 만나게 되었다. 아랑이의 어머니와 아버지의 나이차는 20살 이상이다. 결혼 이후, 서울 인근의 수원에서 생활하다가 아랑이가 초등학교 2학년 때 아버지의 고향인 이 곳에 자리를 잡게 되었다. 2학년 때 전학을 오게 된 계기는 학교에서 친구들의 놀림이 심해서 옮겨온 이유가 크다고 했다. 자세하게 물어보기 어려운 부분이 있어 놀림을 받았던 구체적인 상황이나 그 당시 아랑이의 모습 등에 대해서 질문을 하지 않았다. 아마도 피부가 까맣고 언어 능력도 부족해서 놀림을 받지 않았을까 하는 짐작을 해볼 뿐이었다.

아랑이 어머니는 전주에서 태국마사지사로 일하고 있다. 월수입은 180만원 정도이고 아랑이 아버지와 같이 생활하고 있지 않아 아랑이의 생활에 금전적으로 도움을 주고 있지는 않았다. 아랑이의 부모는 각자 직장을 가지고 경제활동을 하고 있지만 멀리 살고 있는 관계로 아랑이에게 학업적으로 많은 도움을 줄 여력이 부족했다. 어머니는 태국인 마사지사로서 어느 정도 전문성을 인정받는 편이다. 가족과 함께 있는 이 곳 지역에서 지내자는 권유도 받고 있었지만 경제적으로 여의치 않아 당분간은 계속 떨어져서 지내야 한다고 했다.

어머니와 주말에 만날 때면 주로 인근 공원에 산책을 간다고 했다. 인근 대도시에 나가 백화점을 구경하고 아랑이가 좋아하는 피자나 스파게티 같은 음식도 즐겨 먹는다고 했다. 어머니는 아랑이와 만나는 주말은 둘만의 즐거운 시간을 보내는 데 할애하고 있어 숙제를 확인하거나 학교 공부에 대한 대화, 학습 동기를 부여해 주는 조언이 어려우며 일주일에 하루 이틀 만나는 이 시간 동안 아이에게 공부 이야기로 스트레스를 주고 싶지 않다고 했다. 이러한 점으로 미루어볼 때, 먼 곳에서 직장생활을 하는 어머니가 교육적인 부분을 도와 주기엔 현실적으로 힘든 점이 많음을 알 수 있었다. 학업적으로 부족한 아랑이에게 필요한 부모의 교육적 관심은 나이 든 아버지와 멀리 떨어져서 지내는 어머니에게 벅찬 일일 것이다.

어머니가 아랑이에게 바라는 것이 무엇인지 묻고 싶었지만 직접적으로 질문을 할 수 없었다. 한국어를 잘 하지 못하는 어머니와 아랑이에게 바라는 부분이나 내가 해주기를 바라는 것을 물어본다는 것은 힘든 일이었다.

고학년이지만 여전히 공부에 어려움을 느끼는 점에 대해 아버지는 걱정이 많았다. 이제 중학교로 올라가야 되고 더 힘든 과정이 많이 남아 있는데 지금부터라도 관심을 가지고 공부를 해나가길 바라셨다. 한편으로는 정말 공부에 뜻이 없다면 자기가 하고 싶은 걸 지지해줄 의향도 있다고 하셨다. 아버지는 아랑이를 가르치는 나의 목적과 과정에 대한 설명을 듣고 긍정적인 반응을 보였다. 부모와의 만남 이후, 나의 연구의 필요성이나 관심에 대한 것과 더불어 아랑이에 대한 책임감을 크게 느끼게 되었다. 또한 아랑이는 학습을 도와줄 사람이 마땅히 없다는 사실과 함께 어떤 점에서 한국어에 대한 어려움을 겪게 되었으며, 이런 학업적인 어려움이 지속될 수밖에 없는 상황에 대해서 알 수 있었다. 아랑이의 여러 가지 상황을 알고 나니 나의 연구와 함께 교사로서 아동에게 필요한 부분을 가르치는 보람 또한 느낄 수 있을 것이란 희망을 가지고 본격적인 연구를 시작했다.

II 한 걸음 내딛기

다문화 아동을 한 번도 가르쳐본 경험이 없었던 나는 첫 경험에 대한 기대가 되었지만 걱정도 많았다. 교사로서의 경험도 적고 교육에 대한 가치관이나 신념을 확실하게 정립하지 못했기 때문이다. 최근 들어 다문화 교육에 대한 관심이 폭발적으로 증가하고 다문화 가정 아동의 비율이 점점 높아진다곤 하지만 내 반에서 직접 겪지 않는 이상 큰 관심을 두지 않게 된다. 그 때문에 다문화 가정 아동이라 하면 '뭔가 다른' 정도이지 그 이상은 아니었다. 언론 보도나 책을 통해 우리나라로 이주한 동남아시아 결혼 이주 여성의 힘든 생활을 보고 타지에서 적응하는 그들의 힘든 모습을 막연하게 알고 있었으며 그들이 낳은 다문화 아동도 단순히 적응하기가 쉽지 않을 것이라는 정도로만 생각했다.

다문화 교육에 대한 부족한 이해와 지식 때문에 아랑이와의 공부를 준비하면서 많은 고민을 했다. 먼저 아랑이와의 만남에 앞서 살펴본 다문화 교육에 관한 책이나 연구 문헌들 속에선 아동과의 교육적 경험에 관한 사례들을 보기 힘들었다. 다문화 사회로 이제 진입하고 있는 우리나라에서 아직까지는 이런 실천적인 교육활동에 대한 사례가 부족한 것이 현실이었다. 오래전부터 다문화 교육에 관심을 보여온 서구의 연구들 또한 우리나라의 상황에 딱 들어맞지는 않았다. 하지만 무엇보다 중요한 점은 아랑이 지도 과정이 특별한 사례를 바탕으로 한 것이 아니라는 점이다. 아랑이와의 지속적인 유대 관계 속에서 정말 학업적으로 필요한 것이 무엇인지 알아보고, 실천해 보고, 계속적으로 유지해 나감으로써, 가르치는 방법이나 경험을 발견해 나가는 나의 과정이 중요하다고 생각했다.

아랑이는 다르지만 특별하지 않은 아이였다. 학업 성적은 많이 부족하지만 의사소통이나 친구들과 어울리는 면에서 다른 아이들에 비해 큰 어려움을 겪거나 힘들어하는 모습을 보이는 학생은 아니었다. 하지만 어렸을 때 언어 발달의 결정적 시기에 학습 애로사항이 있었을지 모르기 때문에 기초에 대한 지도가 필요할 것이라 생각했다. 사춘기에 접어든 6학년 여학생은 선생님의 이야기를 수용하기보다는 자기 스스로의 생각과 친구들을 더 많이 의지하는 경우가 많아 아랑이와의 래포 형성에 어려움이 있지는 않을까 하는 고민이 들었다. 이를 위해 여학생들에게 보다 쉽게 다가가기 위한 방법이 무엇인지 생각하게 되었다.

아랑이와의 첫 만남

3월과 4월 동안 새 학기의 바쁜 시간이 지나가고 봄의 기운이 무르익을 무렵 본격적으로 아랑이와의 공부를 시작하기 위한 준비를 했다. 여러 번의 면담과 준비한 자료를 가지고 시간을 정해 만나기로 했다. 처음 교실에서 마주한 아랑이는 호기심에 가득한 표정이었다. 3시부터 4시 반까지 학교에서 운영하는 보충 수업에 참여하고 있어서 담당 선생님께 말씀드리고 4시쯤에 내가 있는 교실로 잠깐 오라고 했다. 작년에 옆 반 선생님이었던 나는 아랑이와 안면이 있는 사이이다. 아랑이가 내가 있는 교실로 들어왔다. "어! 선생님은……" 나를 보고 아랑이가 얼굴 가득 미소를 띤 채 처음 꺼낸 말이다. 다행히 아랑이는 낯을 가리지 않고 나를 반가워해 주었으며 우리의 첫발은 순조로울 듯 보였다. 면담 가이드를 만들었지만 첫날에는 면담 가이드의 질문들을 하기보다는 편하게 여러 가지 이야기를 하면서 친해지려고 노력했다.

연구 이야기에 앞서 아랑이의 최근 관심사와 학교 생활에 대해 묻는 것으로 시작했다.

"그동안 잘 지냈어? 자주 못 본 사이에 더 예뻐졌네. 요즘 학교 생활은 어때?"

"학교요? 재밌어요. 요즘은 연주랑 친하게 지내요. 맨날 학교에서 놀고 방과 후 때도 놀아요."

"6학년 되니까 공부가 더 어려워졌지?"

"공부는…… 늘 어려워요. 재미도 없고…… 수학 진짜 짜증나요."

교실에서 마주 보고 앉아 이렇게 이야기를 나누다 연구에 대한 질문을 했다. "선생님이랑 앞으로 같이 하게 될 게 뭔지 알아?" 아랑이는 '과외'라고 대답했다. 당시 유명했던 TV 오디션 프로그램인 '위대한 탄생'의 예를 들며 멘토와 멘티의 관계를 설명했다. 그리고 일주일에 한 번 정도 교실에서 만나면 좋을 것 같다고 이야기하고 괜찮겠느냐고 물었다. 처음에는 부담을 주고 싶지 않았기 때문에 일주일에 한 번이 아랑에게 적당한 시간일 것이라 판단했다.

특히, 나와 만나는 방과 후 시간에는 학교생활이나 교우관계 등에 있어 도움을 받고 싶은 것이 있다면 편안하게 이야기도 하고 부족한 공부도 함께 하며 멘토로서의 나의 역할에 대해 강조했다. 아랑이의 표정은 오묘했다. 설레 보이기도 하고 걱정하는 듯 보이기도 했다. 방과 후에 어떻게 지내는지 물어보니 학교 수업 마치고 5시부터 6시까지 공부방을 한 시간 정도 다니고 있지만 앞으로는 가지 않을 것이라고 했다. 아무렇지도 않은 듯한 말투로 알겠다고 대답했다. 일기를 쓰느냐고 물어보니 교실에서 따로 하지는 않고 별로 쓰고 싶지도 않다고 했다. 일기는 아랑이의 생활상을 더 잘 알기 위해서 필요했지만 처음부터 부담을 주면 안 되겠다는 생각에 강요하지는 않았다.

첫 만남에서 느낀 아랑이는 공부를 하는 것이 살아가는 데 크게 중요하지 않다고 생각하는 아이였다. 아랑이가 학업 성적에 대한 성취 욕구가 부족한 이유가 무엇인지 궁금했다.

국어에 대한 두려움 극복하기

아랑이에게 가장 부족한 부분이고 도움이 필요한 국어에 대해 아랑이는 어떻게 생각하는지 알 필요가 있었다. 왜 국어가 어려운지 물어보니 '지루하다, 국어 교과서에 나오는 글이 어렵다, 재미가 없다.'고 했다. 예상대로 아랑이에게는 국어 교과서에 나오는 어휘와 문장 수준이 높아 내용을 이해하지 못하기 때문에 국어 교과에 흥미를 갖지 못하고 점차 멀리하게 된 것을 확인할 수 있었다. 학기 초 실시된 기초학습 진단평가에서 44점을 맞았다며 멋쩍게 웃는 아랑이를 보며 올 한 해 아랑이가 맞닥뜨릴 국어 과목에서의 어려움을 예감했다. 아랑이는 한 줄짜리 문제에서부터 모르는 단어가 나오는 경우가 많고 지문이 길어 읽기가 어려우며, 하기 싫은 마음이 자꾸 들고 어차피 모르는 어휘나 이해가 안 되는 문장이 나와도 도움을 청할 곳이 없다고 생각하고 있었다. 다수를 상대하는 교사 한 사람이 그 때마다 관심을 가져줄 수 없는 교실 환경과 아랑이의 가족 특성상 국어 능력을 조력해 주기 힘들다는 것, 이러한 반복된 상황속에서 비롯된 좌절감이 국어 교과에 대한 두려움으로 발전했다고 판단되었다. 저학년에서 고학년으로 갈수록 사용하는 어휘의 양이 늘고 기본적인 의사소통 능력이 향상되어야 하지만 아랑이는 평소 책을 잘 읽지 않으며 문학적, 문법적 용어가 등장하는 고학년 국어 교과서에 대한 이해력이 부족하다는 사실을 알았다.

아랑이가 스스로 느끼는 국어 교과에 대한 두려움과 소극적인 태도 외에, 현재까지 아랑이가 받은 국어 성적과 국어에 대한 흥미가 어느 정도인지 알아보기 위해 아랑이를 가르쳤던 과거 선생님들을 찾아갔다. 담임 선생님보다는 소수의 학생을 대상으로 보충수업을 해주시는 선생님께서 아랑이의 국어 수준이 어느 정도인지 더 잘 알 것이라는 판단에 점심시간에 만나 보았다. 보충수업에서는 국가수준 성취도 평가에 대비하여 4, 5, 6학년 전체 내용으로 수업을 한다. 선생님 말씀에 따르면 아랑이의 국어 성적은 중하 정도이고 국어는 문제를 이해하는 능력이 떨어져서 틀리며 대체적으로 공부 자체에 재미를 많이 못 느끼고 그냥 다른 사람이 하기 때문에 따라하는 것 같다고 했다. 수학 과목에서도 한국말로 길게 풀이된 문장제 문제는 손도 대지 않고 포기한다고 했다. 국어 텍스트에 대한 이해 부족이 수학 교과에도 영향을 미치고 있다는 것을 알 수 있었다.

어휘력 수준 알아보기

아랑이의 한국어 실력이 과연 얼마나 부족한지 알고 싶었다. 어휘 수준이 어느 정도인지 정확하게 파악하는 것은 아랑이와의 공부를 시작하는 첫 단추이다. 다문화 아동의 어휘 사용 수준에 대한 연구들을 바탕으로 검사지를 제작했고, 현재 6학년 수준에서 주로 틀리는 단어가 무엇인지 알아보고, 신체와 관련된 관용구, 틀리기 쉬운 말, 단어 퍼즐, 어휘력 확인 문제를 가지고 면담을 하기로 했다.

어휘력 검사의 결과는 무척 실망스러웠다. 아랑이는 검사에 임하는 태도에서부터 정형화 문제를 푸는 학습에 길들여져 있어서인지 어휘 수준을 묻는 문제에 부담감을 보였다. 단어의 정확한 뜻을 묻는 문제들은 아랑이에게 어렵고 낯설었을 수 있지만 단어의 뜻을 정확하게 알지는 못하더라도 대략의 의미를 풀어쓴다면 6학년 수준에서 충분히 맞출 수 있는 문제들조차 틀리는 경우가 많았다. 예를 들어 '겨레'의 뜻은 한 조상에서 태어난 자손이나 서로 마음이 통하는 사람이라고 답하는가 하면 나그네의 뜻을 혼자 다니는 사람, 떡갈나무의 뜻을 그늘을 넓게 만들어 주는 나무라고 표시했다.

❖ 5, 6학년 국어과 교과서 기본어휘 검사지

※ 밑줄 그은 낱말과 같은 뜻을 가진 것을 찾아 오른쪽 답안지에 ○를 해 주십시오.

1. 음악을 듣고 감상을 적어 봅시다. ① 떠오르는 생각과 느낌　② 감동하여 칭찬함 ③ 감각을 일으키는 일　④ 정신을 집중시킴	① ② ③ ④
2. 강철로 만든 물건은 단단하다. ① 녹이 슨 단단한 쇠붙이　② 쉽게 구부러지는 쇠 ③ 열, 압력을 가하여 만든 단단한 쇠　④ 열에 약한 쇠붙이	① ② ③ ④
3. 사탕 한 개 주세요. ① 물건을 세는 단위　② 사람을 세는 단위 ③ 물의 양을 재는 단위　④ 음식의 양을 재는 단위	① ② ③ ④
4. 겨레의 정신을 이어받자 ① 한 조상에서 태어난 자손들　② 서로 어울려 사는 사람들 ③ 서로 마음이 통하는 사람　④ 가까운 곳에 사는 사람들	① ② ③ ④
5. 굳게 결심하였다. ① 마음이 한 쪽으로 움직임　② 마음속에서 갈등이 생김 ③ 마음이 잘 맞지 않음　④ 마음을 단단히 먹음	① ② ③ ④
6. 서로 관계가 있는 사람들끼리 모였다. ① 둘이 서로 닮아서 엇갈림　② 둘이 서로 다름 ③ 둘 이상의 것이 서로 주고받음　④ 둘을 합쳐 놓음	① ② ③ ④
7. TV에서 광고를 보았다. ① 헬리콥터가 뜨고 내릴 수 있는 장소　② 멀리 내다볼 수 있는 전망대 ③ 세상에 널리 알리기 위한 글이나 그림　④ 전파를 내보내는 큰 탑	① ② ③ ④

❖ 6학년 교과서 어휘력 확인 문제

2	ㅁㅇ	냇물이나 강물 또는 바닷물에 들어가 몸을 담그고 씻거나 노는 일. 미역
3	ㅅㅎ	대수롭지 아니하고 예사로움. 소홀
4	ㅇㅈㅎ	어버이의 형질이 자손에게 전해지는 현상을 연구하는 학문
5	ㅎㅅㅈ	학술, 예술 분야 등의 전문적인 글을 싣는 잡지. 학술지
6	ㅅㄹㄴ	식량이 모자라서 생기는 어려움. 식량난
7	ㅋㅅㅂ	높이는 1.5미터이며, 뿌리는 알코올 원료나 요리에 사용함. 원산지는 브라질임. 카사바
8		주로 아열대 지방에 분포하며, 우리나라에서는 '마'가 이에 속함. 얌
9	ㄱㄹ	나쁜 점을 보완하여 더 좋게 고침. 개량
10	ㅁㄷ	어떤 일에 온 정신을 기울여 열중함. 몰두
11	ㅍㅈ	농작물이나 가축 등을 분류하는 최종 단계의 이름. 품종
12	ㅂㅊㅎ	농작물이 병과 해충으로 인하여 입은 피해. 병충해
13	ㅁㅊ	몸에 흰색 물질을 분비하는 곤충으로, 마치 솜 조각이 나는 것처럼 보인다. 면충
14	ㅊㅈ	잡아먹는 동물을 잡아먹히는 동물에 대하여 이르는 말. 천적
15	ㄱㅅㅊ	다른 동물체에 붙어서 양분을 빨아 먹고 사는 벌레. 기생충
16	ㅈㅅ	늘려서 많게 함. 증식
17	ㅈㅇ	어느 지역의 전체. 전역
18	ㅅㅍ	액체, 가루 따위를 흩어 뿌림. 살포
19	ㅎㅊ	인간의 생활에 해를 끼치는 벌레를 통틀어 이르는 말. 해충
20	ㅂㅈㅂ	농작물을 병충해로부터 예방하거나 없애는 방법. 방제법
21	ㅈㅂㅂ	교배나 접목 따위를 하여 독특하거나 우수한 형질을 갖도록 길러 낸 동식물의 새 품종. 재배법

아랑이가 검사지에서 틀린 문항들

단어	보기	단어	보기
겨레	① 한 조상에서 태어난 자손들 ❷ 서로 어울려 사는 사람들 ③ 서로 마음이 통하는 사람 ④ 가까운 곳에 사는 사람들	문화	① 사회 속에서 질서를 지킴 ② 사람이 만든 물질적 정신적 결과물 ❸ 사회 속에서 조화를 이룸 ④ 사람이 만든 새로운 물건과 상품
나그네	① 돈을 많이 버는 남자 어른 ② 사는 곳을 떠나 있는 사람 ③ 그네를 타고 있는 사람 ❹ 혼자 다니는 사람	솥	① 반찬을 담는 그릇 ② 음식을 끓이는 그릇 ❸ 밥을 넣는 그릇 ④ 과일이나 음료수를 담는 그릇
여인	❶ 혼자 사는 여자 ② 결혼하게 되는 여자 ③ 여자 또는 부인 ④ 얼굴이 마른 여자	시조	① 할아버지의 할아버지 ❷ 나라를 세운 사람 ③ 옛날에 살았던 왕 ④ 한 가문의 맨 우두머리 조상
말씀	① 말을 높여 부르는 말 ② 우리나라 말이 아닌 외국말 ③ 상대방에게 물어보는 말 ❹ 교훈이 되는 훌륭한 말	신경	① 운동 · 분비 · 영양을 지배하는 몸의 기관 ② 음식을 먹도록만 하는 것 ❸ 음식을 소화시키는 작용을 하는 기관 ④ 성급하게 움직이는 기관

아랑이가 풀기에 어려움을 느낄 수도 있다는 생각에 6학년 현재 교과서 진도에 맞춘 문제지를 제시해 보았는데 설명을 듣기 전에는 정확하게 정답을 체크하지 못했다. 아랑이는 또래의 6학년 학생들보다 기본적인 단어 사용량이 부족하지만 알고 있는 어휘만으로도 일상생활에 불편함을 겪지 않기 때문에 국어 능력 향상에 대한 필요성을 전혀 인지하지 못하고 있었다. 나아가, 교과서상의 지문을 읽고 이해하는 데 어려움이

많다 하더라도 이를 알고자 하는 동기부여가 되고 있지 않았다. 이번 검사를 통해 아랑이에게 시급한 처방은 일상생활의 국어 사용 능력 개선이 아니라 학습에 필요한 교과서 내의 단어들에 대한 학습과 교과서 지문의 정확한 이해가 우선이라 판단했다.

아랑이의 중간고사 결과

	국어	수학	사회	과학	영어	석차
1학기 중간고사(5.19)	75	75	78	63	100	29/31

아랑이의 중간고사 시험 점수는 75점으로, 점수상으로는 그렇게 낮은 것으로 보이지 않지만 반의 성적 집계표를 보면 하위권이다. 틀린 문제들을 살펴보면 비유 표현과 중심문장 찾기, 문장에서 단어가 가진 중의적 표현의 문제 유형을 어려워한다.

(아랑이와의 면담 전사자료)

나 : 선생님과 국어에 대해서 공부하면 어떤 식으로 하는 게 좋을까?

아랑 : 그냥 문제 푸는 게 좋아요

나 : 왜 문제 푸는 게 좋을까?

아랑 : 그렇게 하면 그냥 성적이 더 오를 것 같아요. 나오는 문제니까(시험에도 나오는) 그냥 풀면 되죠.

나 : 그럼 국어를 공부할 때는 어떤 부분이 가장 어렵니?

아랑 : 게으르다, 얽히다, 그런 거요. 이상한 글자가 나와요.

나 : 뜻을 모르겠다는 말이니?

아랑 : 네.

나　: 6학년 교과서에 나오는 단어 말이야?
아랑 : 요즘에 4, 5학년 것도 하는데 어려운 게 많아요.

아랑이와의 대화를 보면 수업 시간에 모르는 단어가 자주 나와 이해가 어렵다, 시험 지문을 풀 때에도 기본적인 단어를 알지 못해 틀리는 경우가 많다, 이를 해결하기 위해서는 문제를 많이 풀어보면 나아질 것이다, 하지만 문제 푸는 것 자체가 어렵다고 생각한다. 아! 아랑이는 얼마나 답답하겠는가. 아랑이는 일반적인 초등학생들이 생각할 수 있는 범위 내에서 자신이 무엇이 부족한지와 이를 해결하는 방법에 대해 막연하게나마 알고 있다. 하지만 아랑이 혼자 알아서 하기에는 어려움이 많았을 것이다. 어디서부터 어떻게 시작해야 하는지, 공부를 하다 막히는 부분이 나오면 어떻게 해야 하는지, 몇 문제 풀지 않았는데 또 모르는 문제가 나올 때에 느끼는 허무함이나 좌절감은 어떻게 극복하면 되는지 어쩌면 아랑이가 입버릇처럼 하던 말인 "나는 안 되나봐요."가 "저를 도와주세요."였는지도 모른다.

우리가 흔히 말하는 초등학교 성적 향상을 위한 해결책은 아랑이가 생각하듯이 문제집 문제를 반복적으로 풀고 암기하고 외우는 것이라고 생각하기 쉽다. 하지만 문제 유형 학습이 아니라 내용 자체에 대한 학습이 필요한 아랑이에게 이 방법은 적합한 방법이 아닌 것이 매우 명확하다. 따라서 나는 아랑이의 수준에 맞는 처방을 고민하기 시작했다.

"저소득층 학생들의 학습 장애 원인은 주로 그들이 사회화된 문화로부터 발생한 것일 수 있다. 따라서 학교가 그들의 결핍된 문화를 보상할 수 있고, 결핍이 일어난 문화적 환경을 제거해 준다면 학업 성취 수준을 높일 수 있다."

— Banks, J. A. (2007). Educating citizens in a multicultural society (2nd ed.). New York: Teachers College Press.

III 가르치며 다가가기

아랑이는 학년이 높아지면서 공부에 대해 자신감을 많이 잃은 상태이다. 아랑이의 과거 담임 선생님들과의 대화를 통해 가르치는 내용뿐만 아니라 학습 방법에 대해서도 구체적인 계획을 세울 필요성을 느꼈다. 학습 내용으로는 공부에 흥미를 가질 수 있는 내용인가, 자신감을 가질 수 있는가 또는 정말 필요한 내용을 가르치는 것인가에 대해 충분히 고려해야 하며, 방법적인 측면에서는 어휘 암기, 문제 읽고 내용 파악하기와 같은 단순한 방법을 지양하고 아랑이 수준에 맞는 방법을 찾아야 했다. 예를 들면 수업에 대한 흥미를 높이기 위해 게임 형식으로 수업을 진행하거나 교사와 학생 간에 서로 묻고 답하는 문답식의 수업 방법을 고려해볼 수 있다. 이러한 학습의 환경적인 부분은 평소 학습 습관이 잘 형성되어 있지 않았던 아랑이를 연구자가 적극적으로 도와줄 수 있는 부분이므로 시간과 에너지를 많이 할애해야겠다고 마음먹었다.

아랑이의 학습에서 무엇보다 필요한 것은 지문에 대한 이해 능력을 키워주는 것이다. 왜냐하면 교과서와 시험 문제에서 모르는 단어가 많아 지문의 의미를 정확하게 파악하기 어렵고 국어 교과 이외의 다른 교과에서도 문제의 의미를 파악하는 것이 어려워 제대로 된 공부를 하기 힘들기 때문이다. 이런 점에서 교과서에서 나오는 단어들을 위주로 이를 학습할 수 있는 수업을 준비했다.

아랑이를 가르치는 동안에도 과연 이 방법이 학생에게 적합한 방법인가에 대한 고민은 끊이질 않았다. 물론 내가 아랑이에게 필요한 내용이라고 판단했던 이유, 효과적인 학습 전략으로 선택하여 적용한 방법들은 바라보는 관점에 따라 다를 수 있다. 하지만 아랑이를 가르치는 입장에서 사용된 학습 전략과 방법들에 대한 명확한 기준이 있었고 그에 따른 효과가 클 것으로 판단했다. 본 연구를 참고하여 다른 다문화 아동에게 적용할 때에도 연구자가 다문화 학생이 처한 상황과 환경에 맞는 처방을 한다면 긍정적인 결과가 나올 수 있을 것이다.

현재의 학년에 맞추어 가르칠 내용 분석하기

아랑이에게 학업적인 측면에서 부족한 자신감을 되찾기 위한 방법이 무엇인지 고민해 보았다. 6학년인 아랑이에게 이전 학년에서 겪은 학습 부진의 누적이 한 번에 회복되기는 힘들다. 하지만 현재의 학년에 해당되는 내용을 아랑이의 수준에 맞게 제시한다면 학습 부진 누적을 끊을 수 있고, 보다 효과적인 학습이 됨과 동시에 교실에서 공부를 함에도 큰 도움이 될 수 있을 것이라 생각했다.

국어의 경우에는 학년 간의 계열성이 크지 않아 굳이 과거 학습 내용부터 시작할 필요가 없다. 그래서 먼저 6학년 1학기 국어 교과서를 바탕으로 부족하다고 판단되는 기본적인 단어의 뜻과 의미, 그리고 국어과 지문의 해석을 돕기 위한 방법을 안내하고자 했다. 6학년 1학기 학습 내용을 적용하게 되면 배우는 내용에 대해 복습을 하며 어휘 및 문장 공부를 할 수 있다는 장점이 있다. 복습은 학습한 것을 확실하게 자기 것으로 파악하기 위하여 행하는 활동으로서 파지와 전이를 증진시킨다. 아랑이는 수업 이후에 추가적인 보충학습이나 스스로 공부하는 습관이 부족하므로 이러한 복습 형태의 반복학습으로 6학년 교과학습을 충실히 하면 효과가 있을 것이라고 생각했다. 아랑이의 국어과 학습에 대한 흥미를 높이고 학습 동기(학업 성적 향상)를 부여하기 위해서 학급에서 치르는 시험 성적의 향상을 목표로 하는 것이 가장 중요하다는 점을 우선시했다.

6학년 1학기 교과서의 내용에서 보충학습 내용은 각 단원별 학습 주제에 따라 지도해야 할 요소들을 추출했다. 수업은 교과서 내용을 지문 형태로 출력한 자료를 가지고 진행하기로 했다. 일반적으로 교실 수업시간에 지문을 통해 학습하고자 하는 학습목표에 도달하는 것은 아랑이가 어휘 학습에 집중하는 데 방해요소가 될 수 있으므로 교육과정에 제시되는 학습목표 도달은 어휘 학습 후에 다시 확인하는 것으로 했다. 그래서 교과서 지문을 주로 글로만 제시하고 텍스트 속 어휘에 집중하도록 했다. 보충학습의 내용은 단원별로 학습지를 만들기로 했고 교사용 지도서에서 아랑이에게 필요한 어휘 학습에 초점을 맞춘 자료로 제작했다.

6학년 1학기 국어과 교과서 내용 분석 및 보충학습

교과	단원	교과서 학습 내용	학습 주제	보충학습 내용
6-1 듣말쓰	1. 상상의 세계	드라마의 특성	드라마에서 이어질 내용을 예측하는 방법 알기	드라마에서 이어질 내용 예측해 보기
	2. 정보의 이해	세계 5대 건강식품에 한국의 김치가 선정됨. 우리나라의 발효 식품, 고유어 이름	조사한 내용을 분류하는 방법 알기	주요 단어의 뜻 파악하기 짧은 문장 완성하기
	3. 다양한 주장	'국어 훼손 실태를 어떻게 조사할 것인가?' 토의 내용	토의가 필요한 상황, 학습상황에서 토의의 절차 알기	단어의 뜻 파악하기
	4. 나누는 즐거움	인사말의 특성	인사말의 특성, 비공식적인 상황에서 인사말을 하는 방법	단어의 뜻 파악하기
	5. 사실과 관점	'북극항로 개척' 신문기사	뉴스의 관점 파악하기	단어의 뜻 파악하기
	6. 타당한 근거	나의 소원	연설문의 특징 파악하기	단어의 뜻 파악하기 중심내용 파악하기
	7. 문학의 향기	시: 여름날 숲속에서, 웃는 기와 희곡: 해리포터와 불의 잔	시를 희곡으로 바꾸는 방법, 이야기를 희곡으로 바꾸는 방법	시의 특성 파악하기 상상하기
6-1 읽기	1. 상상의 세계	산수유 꽃, 풀잎 2, 꿈을 찍는 사진관, 삐삐는 언제나 마음대로야	시, 동화, 희곡의 특성 파악하기	인물의 성격 알아보기 단어의 뜻 파악하기
	2. 정보와 이해	OO나라에 신발 수출하기, 진정한 금메달, 종이책의 미래	글쓴이의 관점 파악하기	글쓴이의 관점 알아보기
	3. 다양한 주장	많이 웃자, 벼농사를 살리자, 청소를 언제하면 좋을까요? 내 인생의 목적지	논설문의 특성 알아보기	단어의 뜻 알기 중심 내용 파악하기

6학년 1학기 국어과 교과서 내용 분석 및 보충학습 (계속)

교과	단원	교과서 학습 내용	학습 주제	보충학습 내용
6-1 읽기	4. 나누는 즐거움	지구를 위하여 한 시간 불을 끕시다. 노래로 깨끗한 세상 만들기, 판소리부에 들어오세요. 식탁위의 작은 변화	참여를 바라는 글의 특성 알아보기	중심내용 파악하기 단어지도 만들기
	5. 사실과 관점	백두대간 생태 학교, 우리 숭례문, 우리말과 외국어, 사랑으로 거둔 열매	글쓴이의 의도나 목적 알아보기	고유어, 한자어, 외래어, 외국어 알아보기
	6. 타당한 근거	한치못, 주어라 또 주어라, 어린이 보행 안전, 꽉 막힌 생각, 뻥 뚫린 생각	주장과 근거 연결 관계 알아보기	글의 주요항목 추출하기
	7. 문학의 향기	내가 채송화꽃처럼 조그마했을 때, 혼자 있어봐, 지금은 공사중	비유적 표현의 특성 알기	비유적 표현 알아보기 짧은 글짓기
	8. 함께하는 마음	심술보 터진 놀부	재미있는 표현 생각하며 작품 읽기	중심 생각 찾기

또한 7차 교육과정의 기능 영역, 문학 영역, 국어지식 영역 중에서 문학과 국어지식 영역의 향상에 중점을 두고자 했다. 아랑이는 의사소통에는 어려움이 없었기 때문에 실제 국어 공부에서 가장 많이 나타나는 문학 영역에 대한 지도를 통해 이야기에 대한 전반적인 이해를 돕고 설명위주의 지문에서는 느끼기 힘든 감정, 정서 등을 파악하는 학습을 하면서 국어 교과에 흥미를 가지게 하는 것도 좋을 것 같았다. 또한 국어지식 영역에서는 부족한 개념어, 추상어의 표현이나 비유적, 반어적 표현과 부족한 어휘량을 높이기 위한 방법으로 문학과 국어지식 영역의 성취수준을 분석하여 제시하기로 했다.

❖ 6학년 국어지식 성취수준 분석

【6학년】

(가) 언어에는 규칙이 있음을 안다.
〈기본〉 • 문법에 맞지 않은 말을 찾아보고, 국어에 규칙이 있음을 발견한다.
〈심화〉 • 언어의 규칙이 왜 필요한지 친구들과 토의한다.

(나) 언어가 기호임을 안다.
〈기본〉 • 말과 사물의 관계를 알고, 언어가 기호인 이유를 설명한다.
〈심화〉 • 언어를 다른 여러 가지 기호와 비교하고, 언어가 기호인 이유를 설명한다.

(다) 고유어, 한자어, 외래어, 외국어의 개념을 안다.
〈기본〉 • 고유어, 한자어, 외래어, 외국어의 차이점을 안다.
〈심화〉 • 글에서 한자어, 외래어, 외국어를 찾고, 알맞은 고유어로 바꾼다.

(라) 문장과 문장 사이의 연결 관계를 안다.
〈기본〉 • 문장과 문장을 연결하는 여러 가지 방법을 안다.
〈심화〉 • 문장이 전달하고자 하는 내용을 말하고, 문장 사이의 연결 관계가 자연스러운지 말한다.

(마) 표준 발음법에 맞게 발음한다.
〈기본〉 • 한 편의 글을 표준 발음법에 맞게 소리 내어 읽는다.
〈심화〉 • 들려 주는 말에서 표준 발음법에 어긋나게 발음한 말을 찾아 바르게 고친다.

(바) 상황에 따라 표준 발음으로 말하려는 태도를 지닌다.
〈기본〉 • 표준 발음에 맞게 말을 하면 어떤 점이 좋은지 친구들과 토의한다.
〈심화〉 • 표준 발음으로 말해야 하는 상황의 예를 찾는다.

교과서를 활용한 맞춤형 학습 자료 사용하기

교육과정에 대한 분석과 더불어 아랑이의 국어 수준에 대한 점검을 한 번 더 하는 것이 도움이 될 것 같았다. 아랑이의 일상생활의 국어 수준은 일반 아동에 비해 부족하지만 눈에 띌 정도는 아니었던 반면, 국어 교과에 대한 아랑이의 반감과 두려움은 상당히 컸다. 그래서 국어 학습에 대한 자신감을 키워 성적 향상에 도움을 주어야겠다고 생각했다. 이에 따라 아랑이가 교실에서 배울 학습 내용을 아랑이 수준에 맞는 자료로 변형하여 제공하는 방법을 선택했고 이 내용이 앞으로 있을 중간, 기말 학업 성취도 평가에 반영되므로 지도한 내용에 대한 평가도 자연스럽게 할 수 있으며 아랑이 역시 긍정적으로 변화할 자신의 성적 향상을 기대할 수 있기 때문에 일석이조라 판단되었다. 아랑이도 다양한 지문이나 학습 자료를 활용하는 것보다 교과서 내용을 중심으로 다루는 것이 더 좋다고 이야기했다. 나아가 복습이 익숙해지면 예습을 병행하여 지도할 계획을 세웠다. 하위권 학생들의 경우에는 한 번 배운 내용이 나오게 되면 이것이 학업에 대한 자신감으로 이어져 수업에 보다 적극적으로 참여하는 경우가 많기 때문에 충분한 동기부여로 작용할 수 있을 것 같았다.

이러한 분석을 바탕으로 교과서 단어와 지문으로 구성된 괄호치기 학습지를 이용해 본격적인 국어 공부를 시작했다. 아랑이의 수업은 국어과의 학습 영역으로 보면 국어지식과 문학에서 문맥적 의미와 어휘의 뜻을 파악하는 것을 중심으로 진행되었다. 이는 6학년 교과서 각 단원의 학습목표를 달성하기보다는 교과서의 지문은 그대로 사용하지만 다문화 가정 아동으로서 부족한 부분에 대한 집중적인 학습을 위해 학습목표에 선행되어야 할 부분을 먼저 다루어 주기 위함이었다. 교과서의 지문과 내용을 제대로 파악하기 위해서는 어휘력과 문맥적 의미 파악이 잘 되어야 한다. 이 때문에 교과서의 내용 속에 들어있는 다양한 단어나 의미들을 지도하는 것이 중요하다고 생각했다.

그런데 어찌하여 교실 수업도 아닌데 교과서의 내용에 집중하여 지도를 했는가? 물론, 교과서의 내용이 아닌 아랑이의 학습 수준에 맞는 다른 텍스트나 학습 자료를 제공할 수도 있을 것이다. 그러나 지도 내용에 대한 선택에 있어 충분한 고민 후에 결정한 것이었다.

자료 제작을 위해 6학년 1학기 듣기 · 말하기 · 쓰기 교과서와 읽기 교과서에서 이야기나, 수필, 설명문 등이 주로 나오는 학습 단원의 주안점을 파악했고 아랑이에게 부족한 국어지식 영역의 지도를 위해 단원별 보충학습 내용을 정리했다. 특히 아랑이가 모를 것으로 생각되는 단어의 뜻을 중심으로 정리하여 문제를 만들었다. 실마리 제공하기의 방법으로 해당 단어의 초성과 뜻을 보여주고 정확한 단어를 찾아볼 수 있도록 하는 문항을 만들었다.

먼저 읽기 교과서 1단원에 있는 '꿈을 찍는 사진관'의 이야기를 텍스트로만 출력해 주고 읽게 했다. 그런 다음 지문에서 모르는 단어를 찾게 했다. 수업 시간에 한 번 읽었던 내용이라 쉽게 읽는 듯 했지만 모르는 단어를 찾는 활동에서 여러 가지를 표시했다. 책에 나온 이야기는 창작동화로 내용이 크게 어렵지는 않았지만 간혹 생소한 단어가 나와 지문을 읽는 데 집중력이 떨어지는 모습을 보였다. 조반, 양옥집, 들창 등의 단어에 대한 설명을 해주고 단어의 뜻을 기억하도록 했다. 그런 다음 다시 지문을 읽어보는 활동을 했다. 수업 시간에 배운 내용이지만 이야기의 특성에 대해 한 번 더 설명해 주고 꿈을 꾸는 사진관의 이야기를 처음, 중간, 끝으로 간추려 보는 활동도 했다.

교과서 지문에 대한 학습 후 1단원에 나오는 단어들로 이루어진 보충학습지를 풀어보게 하고 그 단어가 나오는 교과서 문장을 찾아 써보는 활동을 통해서 문맥 속에서 단어의 의미를 파악하고 있는지 점검해 볼 수 있도록 했다.

1단원 단어 찾기 보충학습지

번호	어휘	뜻	교과서 문장 찾아보기
1	조반		〈　　　쪽〉
2	얄팍하다		
3	들창		

1단원 단어 빈칸 채우기 학습지

순번	단어	단어의 뜻
1	ㄸ ㅅ ㅎ	조금 따뜻한
2	꾀어내는	
3	ㅈ ㅂ	아침밥
4	ㅇ ㄷ ㄹ	여느 것과는 아주 다르게
5	ㅅ ㅍ ㅅ	한반도를 가로지르는 선으로, 높은 휴전선이 있는 위치
6	주저	
7	ㅇ ㅎ ㅎ	뜻밖에 운수 좋게
8	ㄱ ㅅ	몹시 애를 태우며 마음을 씀

단어 보충학습지를 푸는 것에는 시간이 많이 걸리지 않았고 수업 시간 중에 설명해 주었던 단어들은 쉽게 맞춰 나갔다. 하지만 조금 어려운 단어가 나오면 쉽게 포기하고 풀지 않으려고 하여 중간 중간 힌트를 주며 아랑이에게 의욕을 북돋아 주려고 노력했다. 고민도 잠시, 곧바로 답을 물어보며 생각을 하지 않으려는 모습을 보였다. 아랑이는 자기 수준에 맞추어 제작한 학습지의 풀이 과정에 흥미를 보이긴 했지만 잘 모르는 내용에 대해 알아 가려고 하는 성취 욕구는 여전히 부족해 보였다.

❖ 교과서 지문 활용 자료

읽기 P103 – P106

우리 숭례문

우리누리

"아, 잠을 이룰 수 없구나. 도대체 어디에 성곽을 쌓아야 한단 말인가?"

지금으로부터 600여 년 전 일이다. 태조 이성계를 도와 조선을 세우는데 공을 세운 정도전은 한양에 성곽을 쌓는 문제로 고민하고 있었다. 며칠 밤을 새워 가며 고민하는데도 시원한 답이 떠오르지 않았다.

그러던 어느 날, 정도전은 복잡한 머리를 식히려고 마당에 나갔다. 매서운 겨울바람이 불어왔지만, 그는 깊은 생각에 잠겨 추위조차 잊고 있었다. 바로 그때, 옆에 있던 소나무 가지에서 차가운 눈덩이가 후드득 떨어져 내렸다.

"허허, 아직도 눈이 녹지 않았네그려."

그러다 문득 정도전은 고개를 들어 먼 산을 유심히 보았다.

"그래, 이제야 찾았어! 북악산과 인왕산을 잇는 능선에는 눈이 특히 녹지 않았구나. 그 능선을 따라 성곽을 쌓아야겠어."

정도전은 그제야 찌푸렸던 얼굴을 펼 수 있었다. 높은 산꼭대기에 있는 눈이 녹지 않았다는 것은 그만큼 산세가 험하고 비탈지다는 것을 뜻한다. 산이 비탈지면 외적이 함부로 쳐들어올 수가 없다. 또, 높고 비탈진 곳에 성벽을 쌓으면 우리 군사가 성벽 위에 서서 적을 공격하기에 좋다.

정도전은 태도 이성계에게 이 사실을 알렸다. 태조 역시 이 소식을 듣고 크게 기뻐하며 성을 쌓도록 명령하였다.

1396년, 전국에 모인 12만 명의 젊은이들이 성곽을 쌓기 시작하였다. 성곽은 북악산, 인왕산, 낙산, 남산의 능선을 연결하여 쌓았다. 그리고 98일 만에 성 쌓기를 마쳤다. 하지만, 서울의 성곽은 급히 만들어져 허술한 부분이 많았다. 그래서 훗날 세종 대왕은 성곽을 더욱 튼튼하게 정비하였다.

옛날에는 서울을 도성, 한성, 황성 등으로 불렀는데, 이렇게 '성' 자가 붙은 까닭은 서울이 성으로 둘러싸여 있었기 때문이다. 서울에 간다는 것은 곧 성문 안으로 들어가는 것을 뜻하

교과서 지문을 보충하여 설명하는 학습지를 준비한 까닭은 아랑이가 좀 더 이해하기 쉽도록 어휘를 풀이해 주고 교과서 내용을 그대로 보는 것 같은 기분을 느끼게 해주기 위해서였다. 단어를 이용한 짧은 문장을 완성하는 활동지나 단어의 뜻을 바로 묻는 문항을 제시하는 것은 아랑이가 마음먹고 시작한 국어 공부에 오히려 방해가 될 것 같았다. 주로 학생들에게 익숙한 중간, 기말 시험지 형식의 객관식 문제는 문제의 뜻을 정확하게 몰라도 답을 찾을 수 있으나 궁극적인 국어 능력 향상에 알맞은 방법이 아니며 단답형 형식으로 된 문제는 정확한 단어의 의미를 바탕으

로 정답을 찾아야 하므로 아랑이 같은 아이들에게는 아직까지 적합하지 않았다. 그래서 단어를 알아가는 재미를 느끼게 해주고 지속적으로 관심을 가지며 볼 수 있는 방법을 구상하여 적용해 보았다.

단원을 정리할 때에는 그동안 배운 어휘들을 포함한 학습지를 풀었다. 첫 술에 배부를 수 없듯이 이전에 비해 확연한 차이는 없었으나 회가 거듭될수록 모르는 단어의 뜻을 알고자 하는 의욕을 가지게 되었다는 점에서 예전보다 학습 태도는 훨씬 나아졌다.

❖ 단원 정리 어휘 보충학습지

음악을 듣고 감상을 해봅시다.
강철로 만든 물건은 단단하다.
사탕 한 개 주세요.
겨레의 정신을 이어받자.
길을 가다가 나그네를 보았다.
우리 마을 한가운데 떡갈나무가 있다.
선생님께서 말씀하실 때에는 주의 깊게 들어야 한다.
우리 몸에는 여러 가지 신경이 작용한다.

어휘 학습장을 통한 단어 학습하기

어휘 학습장은 일상생활 속에서도 꾸준한 국어 학습을 하기 위해 사용한 방법이다. 1주차에 1단원을 정리하고 2단원으로 들어가게 되었는데 어휘 학습지와 틀리는 단어들을 묻고 답하는 방법만으로는 부족함을 느꼈다. 교실에서 배우는 교과서의 단어들을 정리하는 학습장을 만들면 좀 더 학습에 효과적일 것이라 생각했다. 학교생활 혹은 가정에서 정리한 어휘들을 한 번 더 접할 기회가 생긴다면 아랑이가 배운 내용을 활용하는 데 도움이 될 수 있기 때문이다.

아랑이는 자주 쓰는 단어의 뜻은 쉽게 답을 하지만 한자어나 순우리말과 같은 단어에서 모르는 것이 많았다. 한자어가 많은 우리나라 어휘 특성상 태국인 어머니 밑에서 자란 아랑이에게는 어쩌면 당연한 어려움일지도 모른다. 이에 대한 지도를 위해 새로운 학습 주제를 시작하기 전에 그 단원에 나오는 어휘를 얼마나 알고 있는지에 대해 간단한 진단 평가를 실시하여 이해 정도를 파악한 뒤, 본격적인 단원 공부로 이어지는 것이 도움이 될 것 같았다. 각 단원에 대한 어휘 테스트 후, 작은 수첩 형태의 학습장을 준비하여 새로운 단어와 그 뜻을 적고 짧은 글을 짓도록 했다. 파생어의 경우에는 접두사, 접미사를 적어 두도록 했고 활용된 단어의 경우에는 어근 찾아보기 활동을 했다.

예를 들어, 읽기 2단원 정보와 이해 부분에서 학습하는 글쓴이의 관점 찾기 부분에 제시되는 '진정한 금메달' 지문 중 텍스트만 발췌하여 자료를 제공한다. 그리고 잘 모르는 단어에 동그라미를 치게 했다. 여기서 아랑이가 초점을 맞춰 학습한 내용은 관점 찾기가 아니라 어휘의 뜻과 문맥의 의미를 파악하는 것이었다. 아랑이는 또래 6학년 학생들이라면 알고 있을 만한 것도 정확하게 알지 못하는 것 같았다. 학습지 풀이를 하고 학습장 정리를 하는 순서로 수업을 진행했다.

국어과 학습 영역 중 아랑이가 부족하다고 판단되는 어휘 자료들을 뽑아 다양한 형태의 문제로 자료를 제작했다. 예를 들면, 비유법, 꾸미는 말, 한자어, 순우리말 등이 포함된 문제를 만들어 풀어보게 하려는 계획을 세운 것이다. Smith와 Dahl(1984)은 효과적인 어휘 지도의 설정 기준으로 문맥 중에 어휘 제시, 동일한 어휘에 대한 다양한 경험 제시, 새로운 어휘를 기억할 수 있게 해주는 전략의 세 가지를 내세웠다. 이 이론을 바탕으로 아랑이가 현재 배우고 있는 교과서 지문에서 가르칠 필요가 있는 어휘들을 추출하고 간단한 문제 형태로 제시하여 단어를 습득하도록 했다. 또한 어휘 지도의 세 가지 단계인 연상하기→이해하기→일반화하기의 순서에 따라서 지도하고자 노력했다. 우선 교과서의 이야기 속에 있는 단어들을 바탕으로 아랑이가 기존에 알고 있는 지식과 경험을 이끌어 내고 그것을 마인드맵 형태로 범주화하여 나타내도록 했다. 단어들 사이의 상관관계를 바탕으로 보다 많은 연상을 이끌어낼 수 있도록 한 것이다. 그리고 이해하기 단계에서 단어의 반대되는 뜻을 찾아보게 하고 학습장에 기록할 수 있도록 했다. 또한 기록한 단어들을 바탕으로 다의어나 동음이의어도 설명해 주어 추가적인 학습이 이루어지도록 했다. 학습장에 기록한 단어들을 바탕으로 짧은 문장을 기록하게 하여 내면화시킬 수 있도록 했다.

처음 해보는 어휘 학습장 정리에 아랑이는 글씨도 바르지 않고 꼼꼼하게 적지도 않았다. 교실에서는 필기도 잘 하지 않던 터라 모르는 단어를 적어보는 노트 정리가 부담스러운 듯 했다. 그래서 처음에는 글씨체나 정갈하게 필기하는 것을 강요하지 않고 익숙해질 때까지 기다려 주기로 했다. 다양한 방법을 통한 어휘 학습장 기록은 단순히 단어를 기억하는 데 그치는 것이 아니라 아랑이가 기존에 가지고 있던 국어 지식과 연계시킬 수 있는 좋은 방법이고 꼭 필요하다고 생각했다. 아랑이에게 내가 연구하며 만든 학습장을 보여주며 모르는 단어를 정리할 때마다 '아랑이 국어사전'이 완성되어 감을 강조했다. '아랑이 국어사전'은 아랑이가 모르는 단어들과 관련된 국어지식에 대한 기록들이 정리되어 있어 언제든지 살펴볼 수 있고, 이러한 활동은 학습 시간뿐 아니라 일상생활 속에서도 충분히 학습 효과를 가질 수 있다. 단어를 몰라 국어 공부에 자신감이 없던 아랑이에게는 꼭 필요한 학습 방법이다. 정리가 끝날 때 쯤 노트에 자기 글씨로 한 번 적어보는 것이 기억을 하는 데 큰 도움이 될 것이라 이야기를 했고 매 시간마다 모르는 단어를 적어보면 나중에 복습할 때 유용하다는 점을 재차 강조했다.

경계 어휘 구분하기

아랑이에게 사용한 어휘 지도의 과정은 단어의 뜻을 얼마나 정확하게 알고 있는지 스스로 확인하는 것부터 시작했다. 이를 위해 경계 어휘를 구분하는 방법을 사용했는데 잘 아는 단어, 경계 어휘(다소 낯익지만 가끔 사용하거나 듣는 단어)와 전혀 모르는 단어 3개의 영역으로 구분해 보는 활동을 통해서 보다 정확한 진단을 하고자 했다. 2학기 교과서에 나오는 어휘들 중에서 지도가 필요하다고 생각하는 어휘들로 학습지를 제작하여 경계 어휘를 구분해 보게 한 후 지문에 대한 학습을 진행하면 보다 효과적으로 수업을 할 수 있으리라 판단했다.

경계 어휘 전략을 적용한 지도

※ 아래 단어의 목록을 보고, 아는 정도에 따라 다음 부호를 사용하여 표시하시오.

○: 잘 알고 있는 단어
△: 듣거나 본 적이 있는 단어
×: 전혀 생소한 단어

1. 문학과 삶				
올레길	보전	버짐	곳집	곰방대
샐쭉하다	토담	맥박	까치발	행패

경계 어휘를 찾는 학습지에서 듣거나 본 적이 있는 단어와 전혀 생소한 단어의 의미를 가르쳐준 다음 학습장에 정리해 보는 활동을 실시했다. 아랑이가 모르는 단어들은 좀 더 자세하게 설명을 해주었다. 예를 들어 토담의 뜻에 대해 설명할 때는 흙으로 쌓아 올린 담이라는 사전적 의미와 함께 '집들은 대개 나지막한 토담이나 울타리를 치고 있다.'라는 짧은 문장을 제시했다. 아랑이는 사전적인 의미만을 학습할 때보다 어휘가 사용된 짧은 문장을 제시해 주었을 때 단어에 대한 이해도가 더 높아지는 것처럼 보였다. 그리고 내가 제시한 문장을 바탕으로 아랑이 스스로 문장을 만들어 보는 수업을 진행하니 즉각적인 학습의 정도를 확인할 수 있었다. 아랑이가 정리한 경계 어휘들은 단어 빙고 게임이나 어휘 퀴즈 등을 통해 다시 한 번 복습하고 확인해 보게 했다.

아랑이와의 수업을 반성하며

그동안 이루어진 아랑이와의 수업은 순탄하지만은 않았다. 공부에 흥미를 높이기 위한 다양하고 효과적인 학습 방법들을 끊임없이 적용하여 가르치고 학습 분위기나 시간 등에 대해서도 많은 노력을 기울였다. 아랑이는 열심히 참여하여 공부할 때도 많았지만 그렇지 않을 때도 있었다. 결국 수업 시간에 오지 않는 날도 있어 많은 고민을 하게 되었다.

(2011. 6. 30. 반성일지)

약속했던 수요일에 아랑이는 우리 교실에 오지 않았다. 이번 주 월요일에 잠깐 불러서 저번에 가져오지 않은 어휘 검사지와 일기, 그리고 평소 생활모습을 찍은 카메라를 가지고서 시험을 치르고 일찍 마치니 꼭 오라고 이야기를 했었는데 오지 않은 것이다. 아랑이는 국가수준 성취도 평가에 대비해서 정규수업 후 2시간 정도 방과후 보충수업이 있어서 4시 반에 마친다. 수요일에는 조금 일찍 3시에 마치는데 마침 기말고사 시험이 끝나고 반별로 피구시합을 한다고 전화도 받지 않고 오지 않은 것 같았다. 나도 방과후에 수요일을 빼고는 한 시간씩 우리 반 학생들을 대상으로 수업이 있어서 시간을 맞추기가 참 힘들었다. 안 그래도 몇 일 전에 교장선생님께 멘토링 프로그램을 일주일에 두 시간씩 방과후 정기적인 시간으로 만들어 달라고 말씀을 드렸었다. 하지만 학교 교육과정의 큰 틀에서 보면 맞지 않는 것 같다며 허락해 주지 않아서 실망하던 참이었다. 겨우 시간을 내었는데 그 시간에도 오지 않아 조바심이 났다.

4시 반에 수업이 끝나고 보충수업을 하시는 선생님께 말씀드려 교실로 불렀다. 얼굴에는 약간 웃음기를 띠고 있지만 조금은 미안한 표정이었다. 먼저 수요일에 왜 안 왔느냐고 물으니 그냥이라고 대답을 했다. 시험이 끝나고 마음이 조금 풀어지는데 이제 본격적으로 국어에 대한 공부를 한다고 미리 이야기를 했더니 부담스러웠던 것 같다. 그래서 오지 않은 것에 대한 질책은 별로 하지 않고 선생님과 한 약속이니 지켜야 된다는 점을 강조했다. 아랑이와는 작년에 담임은 아니지만 같이 지냈던 점이 있기 때문에 나 스스로도 좀 더 편하게 대하는 것이 좋겠다고 판단이 들었다.

아랑이가 찍은 사진에 관해서 이야기한 후 다른 일 때문에 얼마 안 되어 대화를 마쳤다. 방학 때에도 일주일에 한 번이나 두 번 만나는 게 좋겠다고 이야기하고 선생님과 만나 공부하는 것이 국어에 대해 부족한 부분과 힘든 점을 채워줄 수 있을 것이고 기말고사 성적과 연관을 지어 설명한 후 내일 다시 보기로 약속하며 대화를 끝냈다.

1학기 동안에 아랑이를 만나 좋은 관계를 형성하고 수업을 진행하는 데까지는 성공적이었다. 수업 시간 외에는 공부를 하지 않던 아랑이에게 보충학습을 한다는 자체만으로도 학습 습관이나 국어 학습 능력에 도움이 되었을 것이다. 하지만 수업이 지속될수록 긴장감이 없어져서 그런지 빠지는 날이 생기고 수업에 집중하지 못하는 아랑이에게 다른 조치가 필요했다.

아랑이는 1학기 동안의 수업들 중에서 후반으로 갈수록 수업에 대한 집중력이 떨어지고 수업에 늦게 오는 경우가 잦으며 여전히 학업 능력 향상에 대한 목표의식이 부족해 보였다. 짧은 기간이었지만 교과서 지문과 어휘 학습의 복습으로 충분한 학습 효과와 흥미를 보일 것이라 기대했었다. 하지만 어휘 학습 효과가 짧은 기간에 바로 나타나는 것이 아니기 때문에 아랑이의 국어 사용 능력이 얼마나 늘었는지 알기 힘들었다. 학습 습관을 형성시켜 주기 위해 상담 활동도 병행했지만 여전히 가정에서의 학습은 잘 이루어지지 않았다. 아랑이의 집에서 어머니가 멀리 떨어져 산다는 점과 아버지가 공부에 대한 부담감을 특별히 주지 않기 때문에 아랑이에게 있어 연구자만으로는 뚜렷한 동기부여가 되는 데 한계가 있을 수밖에 없었다.

학습에 대한 아랑이의 흥미와 관심을 높이기 위해서는 수업 방식에 변화를 줄 필요가 있다는 생각이 들었다. 여름방학 동안 같이 연구를 하던 선생님들과의 대화에서도 이와 비슷한 이야기들이 주를 이루었다. 다른 연구자들의 경우에도 1학기 후반에 갈수록 아이들의 학습 의욕이 떨어지는 경향이 나타난 것이다. 이를 해결하기 위해서는 다른 전략이 필요했다. 언어 학습 능력을 기르기 위해 1학기 동안 사용한 학습 전략들을 반성하고 좀 더 아랑이에게 맞춘 지도 전략을 강구해 보았다.

2학기 수업의 새로운 시작

아랑이는 1학기에 이어 진행되는 나와의 학습 과정에서 점점 더워지는 날씨만큼이나 수업에서 집중력과 흥미가 떨어져 가는 것이 문제였다. 학교 차원에서는 비중 있게 생각하여 학습 지도에 신경을 쓰게 만드는 국가수준 학업 성취도 평가가 끝난 뒤라서 1학기에 비해 교실에서도 긴장감 있게 공부를 하지 않는 듯했다. 물론 초등학교 6학년의 전체 과정에서 보면 국가수준 학업 성취도 평가가 가진 의미는 크지 않을 것이다. 공부에 흥미를 가지고 열심히 하는 학생의 경우에는 점수가 성적표에도 나오지 않는 이 시험의 영향을 받을 일이 없을 것이다. 하지만 아랑이의 경우는 조금 달랐다. 2학기부터는 저학년 선생님과 함께 하던 방과후 학교 학습 지도 수업도 하지 않기 때문이다. 평소 학습 습관이 잘 형성되어 있지 않던 아랑이에게는 이러한 분위기에 편승하여 학습에 대한 의욕이 떨어지기에 충분했다.

따라서 2학기의 수업은 국어 교과의 학습에 필요한 어휘 지도보다는 6학년 교과서 지문에 나오는 내용에 보다 집중해서 하는 것이 학업 성적 향상이나 아랑이의 학습 수준에 더 맞을 것이라 판단했다. 아랑이는 일상적인 대화는 충분히 할 수 있었지만 어휘에 부족한 부분이 많았지만 실제 학습 과정에서는 어휘 자체만을 공부하는 것으로는 공부에 대한 흥미나 성적 향상에 미치는 영향이 크지 않을 것이다. 담임 선생님과 2학기 때 교실 생활과 학습 태도에 대해 면담을 하여 학교 생활을 알아보았다. 이를 바탕으로 성적 향상을 위한 교과서 어휘의 학습과 교과서 지문의 이해 지도를 병행하며 틀리는 문제 유형에 대한 분석을 통해 유형 위주의 학습을 진행하도록 했다. 시험 기간 이후에는 기존 학습 방법과 더불어 자기 생각을 표현하는 글쓰기를 하는 데 집중하도록 했다. 일기는 수업이 끝나고 바로 쓰도록 지도했다.

하지만 아랑이에게 단어 공부를 꾸준히 할 필요성은 여전히 있었다. 1학기 동안 했던 수업과 더불어 좀 더 다양한 놀이 위주의 학습을 진행하고자 했다. 어휘 학습장은 2학기에도 마찬가지로 꾸준히 기록하도록 했다. 2학기 문학 영역 지도 내용을 살펴보면 전체가 아닌 부분으로 나와있는 것이 많았다. 아랑이가 글을 읽는 데 좀 더 흥미를 유발시키기 위하여 교과서에 실려있는 문학 지문의 전체적인 내용을 책을 통해 읽어볼 수 있게 했다.

이밖에 상담 활동과 진로에 대한 고민을 이야기하면서 유대감을 형성하고 보다 친근하게 다가갈 필요가 있었다. 아랑이는 농촌지역이라는 환경과 어머니와 떨어져 지낸다는 점에서 문화생활을 하기 힘들었다. 주말과 수업 이후 시간을 이용하여 친구들 몇 명과 함께 인근의 도시로 나가 영화를 보여주기도 하고 공원도 같이 다니며 수업 외적인 이야기를 하면서 보다 좋은 관계를 유지하고자 노력했다. 영화 관람과 지속적인 대화들은 이후 수업에 좋은 영향을 주었다.

수업이 끝나면 다른 학원에는 가지 않고 합기도 도장에만 다니던 아랑이를 친한 친구들과 도서관에서 공부할 수 있도록 만들어 주었다. 아랑이와 친하게 지내는 같은 반 친구 연주를 불러 아랑이가 가진 공부에 대한 어려움을 이야기해주고 친구로서 아랑이에게 심리적, 학습적으로 도움을 줄 수 있겠느냐고 물어 보았다. 연주는 평소 아랑이와 마음을 터놓고 지내는 친구이자 공부를 잘하는 우등생으로 또래 선생님 역할을 하기에 적합하다고 생각했다. 또한 친구들과 도서관에서 다양한 책을 읽어보고 모르는 문제에 대해 서로 의논하면서 공부하도록 하여 스스로 공부하는 습관을 기르도록 했다. 그리고 수업을 진행하면서 목표의식을 심어주기 위해 향상 목표 점수(+10점)를 정하여 시험에 대한 준비와 학습에 대한 집중도를 높이도록 했다. 공부에 대한 목적의식이 부족한 아랑이에게 무리하지 않은 향상 점수를 부여하기로 했다.

어휘 학습장 쓰기로 생긴 변화

연구를 시작하며 진행한 어휘 학습장 쓰기는 아랑이가 꾸준하게 작성하지 못한 어려움이 있어 2학기에는 어휘 학습장 작성의 방식에 변화를 주었다. 아랑이는 나와의 수업에서 기본적인 단어의 뜻을 답하긴 했지만 한자어나 순우리말, 일상적으로 쓰지 않는 단어의 의미를 파악하는 데 어려움을 느꼈다. 이를 바탕으로 한 단원의 학습 전에 간단한 평가를 실시하고 단어 기록장을 만들어 각 단원의 학습에서 새롭게 알게 된 단어를 적어보고 단어의 의미와 짧은 문장 짓기 활동을 실시했다. 그리고 아동 스스로 자발적인 어휘 학습 기능을 향상시키기 위하여 생활 속에서 모르는 단어를 찾아 오도록 하여 학습장에 추가 기록하도록 했다.

처음에는 많은 단어들을 적게 하여 학습의 양적인 면을 늘리고 싶었지만 실제로 아랑이가 작성함에 있어 수업 시간 안에 많은 단어를 써보기는 힘들었다. 단어를 쓰는 데만 해도 시간이 많이 걸리기 때문이다. 그리고 짧은 글짓기를 할 때 쉬운 단어는 간단하게 작성하지만 일상생활에서 잘 쓰지 않는 단어들로 써보게 하면 어려워했다. 예를 들어 '거추장스러운' 단어는 책에서 표현되는 문장에서의 의미는 설명을 통해 이해했지만 다른 문장에서 써보게 했을 때는 잘 하지 못했다. 그래서 이어폰을 예를 들어 쓰면 어떻겠느냐는 추가적인 설명으로 문장을 완성하는 데 도움을 주기도 했다.

어휘 학습장 작성하기

단어	단어의 뜻	짧은 글짓기
가늠하다	목표나 기준에 맞고 안 맞음을 헤아려 봄	책상의 크기를 가늠해 보았다.
가능성	앞으로 실현될 수 있는 성질	달리기 대회에서 우승할 가능성이 있다.
거추장스러운	물건 따위가 크거나 무겁거나 하여 다루기가 불편하고 귀찮아 짐스러운	꼬여있는 이어폰을 정리하는 것은 거추장스럽다.

놀이 형태의 수업

아랑이는 국어 시험 문제를 풀 때 지문 내용을 잘 파악하지 못하고 모르는 단어가 많아 힘들다고 했다. 지문 내용을 파악하고 난 뒤에는 어려워하는 단어들을 추출하여 빙고 게임, 어휘 학습장 형태로 기록하게 했다. 아랑이는 놀이 학습의 과정에서 학습에 큰 흥미를 보이며 참여했다. 단어 빙고 게임 방법은 한 단원이 끝날 때 단원에 포함된 단어들을 이용하여 25개의 칸에 적어보게 한 다음 빙고퍼즐을 맞추는 게임이다. 서로 묻고 답하는 과정에서 자연스럽게 단어의 의미에 대해 이야기하게 되는 장점이 있었다.

아랑이는 단어 게임에 아주 열중했다. 1단원의 학습 내용을 정리하며 수업을 진행했는데 선생님이 적지 않을 만한 단어들을 찾느라 더 열심히 하는 모습이었다. 명사가 아닌 형용사나 동사는 기본형으로 적게 했는데 잘 적지 못하기도 했다. 예를 들어 '실망하지', '향하여', '얄팍한' 등의 형태로 책에 나와있는 그대로 적었다. 3학년 때 기본형을 학습했었지만 여전히 어려워한다는 점에서 이전 학년의 국어 문법이 제대로 습득되지 않았다는 것을 다시 한 번 확인했다. 아랑이가 틀리게 적거나 잘 모르는 단어가 나올 때면 중간 중간에 단어의 뜻에 대한 설명을 덧붙여 가며 학습 효과를 높이고자 했다. 자칫 게임에만 집중하여 단어의 뜻에 대한 학습을 소홀히 할 염려가 있기 때문에 이를 방지하고자 정확한 뜻을 아는 단어를 적게 하고 뜻을 모를 경우 빙고칸을 체크할 수 없다는 점을 강조했다.

교과서 텍스트 분석 및 유형별 문제 풀이

어휘 학습 이외에도 학업 성적의 직접적인 향상을 위해서는 문제 풀이 형태의 수업도 필요했다. 유형별 문제 풀이 수업은 2학기에 실시된 2차 프로그램에서 어휘 학습 시간과 같은 비중으로 다루었다. 1학기 중간고사와 수업 시간에 푼 학습지에서 어떤 유형의 문제를 어려워하는지 파악하고자 했다. 그래서 각 단원별 교과서 지문에서 틀리는 유형의 문제를 제작하여 풀이하는 학습 과정을 실시했다.

단원 정리나 학교 시험에 대비하여 시중에 나온 학습지나 인터넷 학습 사이트인 아이스크림의 단원평가 문제들에 대해 풀어 보기도 했다. 문제 풀이 학습은 다양한 문제 유형을 직접적으로 접해보고 문제를 해결하는 능력을 키우는 데 효과적으로 작용할 수 있기 때문에 소홀히 할 수 없었다. 처음에 진단했던 문제 자체의 의미를 파악하는 능력이 부족한 부분은 중간 중간에 설명을 곁들여 가며 단어나 문장의 의미를 이해하는 데 도움을 주었다. 이는 문제 자체를 이해하지 못해 틀리는 문제를 최소화하고자 하는 의도가 반영되어 있다.

독서 지도와 연계시키기

아랑이는 평소에 가정이나 학교에서 책을 읽는 시간이 거의 없다고 했다. 집에 도착하면 TV를 보거나 인터넷으로 연예인들에 관한 기사를 즐겨 본다고 했다. 책을 읽는 것 자체만으로 국어 사용 능력의 향상에 큰 힘이 될 수 있기 때문에 독서를 할 수 있는 환경을 조성하기 위한 노력이 필요했다.

우선 다문화 멘토링 프로그램에서 지원되는 예산으로 아랑이가 보고 싶어하는 책과 내가 추천해줄 만한 책을 사주기로 결정했다. 보충수업을 마치고 아랑이와 같이 서점에 들러 책을 골라 보았다. 아랑이가 고른 책은 좋아하는 연예인인 빅뱅의 책이었다. 그 책 이외에도 공부에 도움이 될 만한 초등학교 고학년용 추천도서들을 5권 정도 구입했다. 그리고 학교와 인근 도서관을 이용하여 책을 빌려 보라고 권유했다. 도서관은 아랑이와 친한 친구들이 방과후 공부를 하러 자주 가는 곳이다. 아랑이도 수업을 마칠 때면 도서관에 같이 갈 때가 많았는데 도서관에서 시험 공부나 문제집을 푸는 틈틈이 책을 보라고 이야기했다.

2차 프로그램을 진행하면서 책을 얼마나 자주 읽는지 점검했다. 독서감상문을 작성하기를 바랐지만 글쓰기에 흥미가 부족하고 자신감이 없었던 아랑이는 독서 감상문을 쓰지 않으려 했다. 그래서 책의 내용에 대해 서로 묻고 답하며 전체적인 내용을 제대로 파악하고 읽었는지 연구자가 확인해 보고 보충 설명을 해주는 방법으로 독서에 흥미를 가지게 하기 위한 노력을 했다. 아랑이는 처음에는 흥미 있어 하는 책들과 만화로 된 책에만 흥미를 보였지만 점점 글로 된 책에도 관심을 보였다. 연구자에게 책의 내용을 알고 있느냐고 물어보는 경우도 있었다. 큰 발전은 아니지만 책을 읽는 습관이 생겨나는 모습에서 아랑이의 국어 학습 능력이 발전할 가능성이 보였다.

(수업이 끝날 때쯤 이루어진 아랑이와의 대화)

수업을 할 때 하기 싫고 귀찮기도 하고 그랬지만 막상 성적이 오르니 뿌듯한 마음이 생겼어요. 그리고 아버지께서 칭찬을 해주셔서 기분이 좋았어요. 선생님과 일대일로 만나서 이야기를 하니 잘 모르는 것을 물어보기가 쉬웠어요.

IV 희망적인 변화

높아진 국어 실력

반에서 중하위권의 성적을 받고 있던 아랑이는 비약적인 발전은 아니지만 1학기에 비해 2학기 시험 결과가 10점 정도 높게 나왔다. 교과서 지문의 이해와 단어의 의미를 파악하는 문제에서 정답을 맞힌 비율이 높아졌으며 아랑이가 틀리는 문제 유형에 대한 정답률도 높아졌다. 국어과 학습의 기본이 되는 어휘력에 대한 집중적인 지도가 다문화 아동에게 부족한 국어과의 기초지식에 대한 이해력과 문제 해결 능력을 높여 주었다고 볼 수 있다. 점수가 높아진 이유를 최종 면담을 통해 물어본 결과 평소 수업 시간 외에는 학원도 가지 않고 집에서도 하지 않던 공부를 일주일에 두 시간 정도 꾸준히 하니 오른 것 같다고 했다. 예전에는 단어 의미를 몰라도 그냥 넘어가던 것을 어휘 학습을 하던 습관이 생겨 모르는 단어를 찾아보고 의미를 파악해서 교과서 지문을 읽게 되었다고 했다. 그렇게 하니 글을 읽고 의미를 파악하는 데 훨씬 수월해진 것 같다고 했다. 그리고 수업 이후 도서관에서 친구들과 같이 책을 읽는 시간이 늘어나면서 독서 습관을 기르는 데도 도움이 되었다고 했다. 아랑이는 국어 교과의 부족한 부분에 대한 지도보다도 공부하는 습관을 가지게 된 것이 성적의 변화에 작용한 것이라 느끼고 있었다.

아랑이의 국어 성적 변화

프로그램 투입 전		프로그램 투입 후	
6-1학기 중간고사	6-2학기 기말고사	6-2학기 중간고사	6-2학기 기말고사
61점	56점	73점	68점

공부에 대한 자신감 향상

교과 성적 외의 내적 변화의 가장 큰 부분은 학습에 대한 자신감이 커졌다는 점이다. 점수의 수치적인 향상의 결과를 통해 자심감이 많이 부족했던 예전에 비해서 할 수 있다는 믿음을 가지게 되었다고 볼 수 있다. 이전에는 수업 시간이 따분하고 하기 싫은 것들 위주였던 것이 친구들과의 관계가 좋아지고 보충수업을 통해서 자신감이 생겨 모둠활동을 할 때에도 즐겁다고 했다. 학습에 대한 자신감을 얻어서 열심히 공부하겠다는 의지를 보여 주었다. 그리고 담임 선생님보다 일대일로 만나게 되는 나와의 관계에서 학습의 여러 가지 부분에서 많은 도움을 얻었다고 생각하고 있었다. 학습 방법적인 면에서 가정의 학습 여건과 공부 습관에 대한 구체적이고 지속적인 지도가 교과 내용이나 어휘력 향상을 위한 학습 외에도 많은 도움이 된다고 했다. 교사와 학생의 관계에 있어서 담임 선생님이 아닌 보충수업 선생님과의 관계가 아동 개인에 대한 학습의 직접적인 조력자가 될 수 있다는 점에서 나와의 수업이 큰 힘이 될 수 있었다.

V 나의 반성

그동안 교사로서 지내며 한 명의 아이에게 이토록 많은 관심과 열정을 쏟아본 적이 없었던 것 같다. 아랑이에 대해 보다 잘 알기 위해 했던 부모님, 담임 선생님들과의 대화들, 아랑이의 학습 수준을 파악하기 위한 노력, 어떻게 하면 잘 가르칠 수 있을지에 대한 고민은 그동안 반 아이들을 가르치면서 경험하지 못한 것들이다. 처음 연구를 시작하며 가졌던 고민과 두려움은 아랑이를 이해하고, 다가가면서 도움을 주고 싶은 마음으로 바뀌었다. 나와 문화적으로 다른 다문화 가정의 아이에게 관심을 갖고 노력함으로써 아동의 변화를 이끌어냈을 뿐만 아니라 나 자신에게도 많은 깨달음을 주었다.

하지만 연구를 마치며 또 다른 반성의 시간 역시 가졌다. 순탄하지만은 않았던 아랑이와의 공부에서 과연 내가 정말 아랑이를 이해하고 진심으로 다가갔는지, 내가 가르쳤던 방법들이 정말 필요한 것이었는지, 또한 아랑이가 공부에 대한 두려움과 스트레스에서 얼마나 벗어났는지에 대한 생각이 들었다. 이제부터 지난 가르침의 순간들에 대한 기억을 되돌아보고자 한다.

얼마나 이해하고 다가갔는가?

돌이켜보면 고학년이었던 아랑이에게 남자 선생님인 나는 마음을 터놓고 성적이나 일상생활 이야기들을 털어놓기엔 조금 어려운 상대일 수 있다. 아랑이는 학교생활이나 공부에 대한 것을 물어볼 때면 쉽게 이야기해주곤 했다. 막내 딸인 아랑이에게 공부나 다른 문제로 부담을 주지 않는 부모님에 대해서는 쉽게 이야기하곤 했지만 친구 사이의 문제나 자신의 감정에 대해서 직접 말해주진 않았다.

이런 점들은 아랑이에게 진심으로 다가가고 싶었던 나에게 하나의 어려움으로 작용했다. 자신의 문제나 사정에 대해 이야기하지 않는 아랑이의 마음을 헤아리지 못한다면 공부와 연관된 나의 조언들이 잘 전달되지 못할 것이다. 이는 처음 아랑이를 만났을 때 들었던 기분을 생각나게 했다. '과연 1년 동안 나와의 공부에 열심히 참여할까?' 하는 의문 말이다.

하지만 분명 아랑이는 도움을 필요로 하는 아이였다. 국어 공부에 어려움을 가지고 있었고 반에서도 아주 낮은 성적에 공부는 뒷전인 아이였다. 6학년 때에는 공부에 대한 태도나 학습 습관이 어느 정도 자리잡아 갈 때라고 생각한다. 때문에 그동안 학습 습관이 잘 형성되어 있지 않은 아랑이를 바꾸기란 쉽지 않았다. 조금만 더 일찍 주위에서 관심을 가지고 지켜봐 주었다면 이렇게 국어 공부를 어려워했을까 하는 생각이 들었다. 가정에서 관심을 가지기 어려운 상황이지만 학교에서 조금 더 관심 있게 지켜보고 이해해줄 수 있는 환경에 있었더라면 분명 도움이 되었을 것이다.

또한 나와는 다른 환경에서 태어나고 자란 아랑이를 대화만으로 온전히 이해하는 것도 힘들었다. 면담을 통해 알아보고자 했었던 어렸을 적 한국어를 처음 배웠을 때의 기억과 같은 것은 보다 깊이 있는 이해와 이를 바탕으로 한 가르치기의 과정에 도움을 줄 수 있지 않을까 생각했다. 다가갈 수 있는 범위는 한정되어 있지만 말이다.

물론 아랑이를 얼마나 이해하고 있는가에 대한 나의 고민들이 헛된 일은 아닐 것이다. 나와는 다른 환경과 문화 속에서 태어나고 자란 아이를 이해하고 변화를 주기 위한 노력 속에서 작지만 값진 결과를 얻었다고 생각한다. 만약 아랑이가 내가 가르치는 교실 속 아이였으며 다른 아이들과 똑같이 대하려고만 했다면 이런 결과 또한 없었을 것이다.

잘 가르치기 위해 얼마나 노력했는가?

가르치는 과정에서도 어떤 방법이 좋을지 고민하고 효과적이지 않을 때는 과감하게 바꾸려는 노력이 필요하다. 아랑이와의 수업에서 어휘력을 향상시키기 위해 여러 가지 방법으로 많은 노력을 펼쳤지만 쉽게 결과로 나타나지는 않았다.

________ (반성일지)

아랑이와 이야기를 나눈 후 이제 6학년 학습 내용에 맞춰서 틀리는 유형별로 문제를 푸는 수업을 하기로 했다. 하지만 막상 시험 결과를 보니 크게 높아지지 않았다. 아동의 요구에 맞춰 수업하는 것이 과연 효과적일까 하는 의문이 다시 들었다. 정작 부족한 것은 어휘 학습인데 아이의 이야기만 듣고 그걸 놓치고 있는 것이 아닐까? 2차 프로그램에서는 한자어, 순우리말 찾기 어휘 학습장 만들기를 실시하여 부족한 부분을 보충하는 수업도 같이 해나갈 것이다.

다문화 아동이지만 6학년이니 유형별 문제 풀이를 바로 해도 자연스럽게 어휘 학습이 병행될 것이라고 생각한 적이 있다. 하지만 이러한 방법은 본질적으로 아랑이에게 더 필요한 부분을 놓치게 만들었다. 이는 다문화 아동이지만 효율성을 위해 다른 방식으로 수업을 진행해도 될 거라는 판단을 했기 때문이다. 나의 섣부른 판단은 실제 수업들에서 여지 없이 무너지게 되는 결과로 나타났다. 평소에 교실에서 했던 수업과 다름없는 형태로는 아랑이의 부족한 국어 실력을 향상시키기 힘든 것이다. 이는 내가 아랑이에게 필요한 부분을 얼마나 치열하게 고민했는지 반성하게 했다.

또한 어휘력을 높이기 위한 방법으로 교과서 자료를 고집했지만 좀 더 다양한 텍스트 자료를 제공했다면 어땠을까 하는 생각도 하게 되었다. 그래서 초기에 몇 번의 대화만으로 전체를 알기 어려운 아랑이의 학습 정도를 보다 심도 있게 파악하기 위한 다른 노력들도 필요했다. 예를 들어 아랑이가 경험한 다른 문화적 배경에 대한 정보나 국어 학습에서 정말 구체적으로 어떤 영역과 내용에 흥미나 관심을 가지고 있는지에 대한 정보가 필요했다. 짧은 기간 동안 만나는 아랑이에 대해 보다 많은 것을 알고 가르치고자 하는 마음은 나의 욕심일 수도 있다. 물론 다문화 아동을 보다 많이 만나다 보면 가르치는 노하우가 생길 수 있을 것이다. 그래서 처음 만난 아랑이에게 더욱 아쉬움이 남는 것 같다.

교사와 학생의 관계를 얼마나 유지하고 있었는가?

교사와 학생 간에 적절한 긴장감을 유지하는 것은 수업에 대한 집중력을 가져오기 위해 필요하다. 아랑이는 수업이 진행될수록 나와의 관계를 형성하는 데 있어서 긴장감을 낮추게 되었으며 주의나 벌을 주어도 쉽게 생각하는 모습을 보일 때가 많았다. 그래서 2학기 들어 수업 시간에 빠지는 경우도 많았던 것이다. 이는 나 자신의 문제였다. 평소 다문화 아동을 만나보지 못한 탓에 있는 그대로 바라보지 못하고 한국의 아이들과 다른 아이들로서, 배려와 관심이 더욱 필요한 존재라는 정도의 생각만을 가지고 있었다. 물론 관심을 가지고 아랑이에게 다가가는 것이 잘못된 점은 아닐 것이다. 하지만 지나친 배려로 인해 조그만 성취에도 과한 칭찬을 하게 되고, 벌이나 주의를 줄 수 있는 상황도 쉽게 넘어가는 경우가 생기기도 했다. 다문화 아동이 특별하다는 나의 선입견 때문에 아동과의 적절한 거리를 유지하는 데 실패하여 학습에 방해가 되기도 했다. 있는 그대로 바라보는 것, 다문화 아동이라는 이름표를 단 아이들을 바라보기 위한 방법이다.

마냥 다를 것만 같았던 아랑이는 이제 다르지 않게 느껴진다. 출발선은 달랐지만 결국 한 배를 타고 있으며, 걸음은 느리지만 먼저 가있던 우리들에게 다가오고자 노력한다. 비록 공부에 있어서 부족한 부분이 많았던 아랑이지만 그의 어려움을 이해하고 변화시켜 주고자 한 나의 노력으로 한 발 더 다가갈 수 있었다고 생각한다. 이런 노력이 헛되지 않기 위해서는 앞으로 만날 또 다른 아랑이에게도 같은 마음이어야 할 것이다.

중학생이 된 아랑이는 지난 5월 스승의 날에 나를 찾아왔다. 담임 선생님보다 힘들기만 한 국어 공부를 가르치려 했던 나를 스승의 날이라고 찾아오다니 기특했다. 아랑이에게 다가가려고 했던 나의 마음을 알아주는 것 같아 코끝이 찡했다. 반가운 마음에 인사를 나누며 중학교에서 어떻게 지내는지 물어보았다. 아랑이 말로는 중학교에서도 성적이 바닥을 친다고 했다. 너무 어려워서 따라가기 힘들다고 했다. 그래도 6학년 때에는 변화한 모습을 엿볼 수 있었는데 중학교에서 잘 하고 있지 못하다고 하니 조금 안타까웠다. 다시 생각해 보면 내가 가르친 1년만으로는 아랑이에게 부족했던 것 같다.

조금 더 일찍 만났더라면, 내가 조금만 더 신경 써 줬더라면……. 나에게 오자마자 하는 이야기가 성적인 걸 보니 그래도 같이 공부하고 가르쳤던 기억을 잊진 않은 것 같다. 학년이 올라가도 공부의 끈을 놓지 말라고 이야기하며 아쉬운 인사를 했다. 다문화 가정 아동으로 다른 학생들보다 어떻게 보면 한발 늦은 출발일 수 있지만, 이제 막 발걸음을 뗀 아랑이가 6학년 동안 함께했던 나와의 공부를 통해 자신감을 가지고 더 밝은 미래를 위해 스스로 성장할 수 있기를 기대해 본다.

04

카이와 창민 선생님의 이야기

(카이가 그린 가족 소개)

I 카이와의 멘토링

시작, 다른 듯 같은 고민

나는 올해 31살이 된 대한민국의 초등학교 교사 박창민이다. 교육 경력은 올해로 7년째에 접어든다. 그 동안 담임 교사 3년, 전담 교사를 4년의 경험을 번갈아 가면서 했다. 학급을 좀 알겠다 싶으면 전담 교사 생활을, 반대로 전담 교사 생활에 조금 익숙해지려고 하면 다시 담임으로의 변화. 이러한 불규칙함이 때론 힘겨움으로 다가왔었지만, 담임 교사만 했을 때는 몰랐을 다양한 생각을 할 수 있는 기회가 되기도 했다.

교직에서 담임 교사만 쭉 해온 선생님들과 대화를 하다 보면 가끔은 그들이 자신을 객관적으로 바라보는 자세가 조금 부족하다는 생각이 들 때가 있었다. 자신은 학급 아이들을 위해 최선을 다해 가르치고 있고, 아이들 역시 자신이 바라는 방향대로 잘 성장하고 있다고 생각하는 경우가 대부분이었기 때문이다. 하지만, 전담 교사라는 조금은 객관적인 역할에서 그 반 학생들을 만나보면 담임 선생님의 기대와 다른 경우가 많았다. 더욱이 학생들이 담임 선생님이 평소 강조하는 가르침보다는 오히려 선생님의 무의식적인 말투라든지 생활 습관, 가치관 등의 영향을 더 크게 받고 있음을 확인할 때면 교사의 역할이 얼마나 중요한지 새삼 느낄 수 있었다.

이런 경험을 통해 나는 교사로서 학생들과 어떤 모습으로 만나고 있으며, 나의 사고방식과 행동 등이 아이들에게 어떤 영향을 미치고 있는지를 되돌아봐야 할 필요성을 느꼈었다. 그리고 나를 더욱 잘 이해하기 위해서는 우선 내가 어떤 사람인지를 돌아보는 과정이 중요하다고 생각했었다. 나는 어떤 환경에서 자랐고, 어떠한 가치관을 형성해 왔는지, 내가 중요하게 생각하는 것들은 무엇이고 내가 추구하는 교육관은 무엇인지를 정확히 알아야만, 이로 인해 학생들이 어떤 영향을 받았고 받고 있으며 앞으로 받을 수 있는지를 살펴볼 수 있기 때문이었다.

나란 사람에 대해서 돌이켜보면 고등학교 1학년 때까지는 비교적 평탄하게 자라왔었다. 그러다 고등학교 2학년 때 위기가 찾아왔었다. 흔히 '질풍노도'라 불리는 시기에 너무 몰입했던 것일까? 나는 어느새 교실의 맨 뒷자리에서 수업 시간에는 늘 잠만 자는 학생이 되어 있었다. 그렇다고 가족, 친구들과의 관계 또는 나만의 취미나 생활에 빠져든 것도 아니었었다. 그냥 모든 것이 귀찮은 시기였다고 기억한다. 그러다 보니 하나 둘 주변 사람들과의 관계가 거의 단절되기 시작했었고, 불행히도 그러한 균열을 직접적으로 인지한 순간 이미 내 주변에는 마음을 나눌 만한 이들이 머무르고 있지 않다는 것을 깨달았었다. 무척 두려웠었다.

이후의 대학 생활은 이러한 상실감을 극복해 가는 시간이었다. 학업도 학업이지만, 사람과의 관계에 무엇보다 집중하고 고민했던 시기로 기억한다. 내가 쭉 자랐던 환경이 아닌, 새로운 관계가 겹겹이 쌓여가는 시기는 나에게는 어쩌면 기회였다. 새로운 사람들과 새로운 관계를 만들어가면서 고등학교 때와 같은 '혼자'라는 느낌을 다시는 받고 싶지 않았었다. 그런 생각이 들수록 나는 다른 사람의 말과 행동, 그리고 주고받는 관계에 더욱 많은 관심을 쏟았었다.

동기들이나 선후배, 교수님들과의 관계뿐만이 아니었다. 나의 이런 관심은 내가 가르칠 미래의 학생들에게도 전이되어 갔었다. 수많은 교육 이론을 접하고, 실습을 통해서 현장을 익히면서도 나에게는 학생과의 관계가 최우선 과제였었다. 어떻게 하면 잘 가르칠 것인가에 대한 고민보다는 어떻게 하면 학생들과 관계를 잘 형성할 수 있을까에 대한 고민이 더 많았었다.

그리고 시작된 교직 생활. 도시의 번잡함보다는 자연의 정취가 물씬 풍기는 조용한 도시에서 나는 학생들과 행복해할 나의 모습만을 기대했었다. 내가 가르칠 아이들은 내가 겪은 상실감을 겪지 않도록 해야겠다는 의욕이 아침 바다로 날아오르는 갈매기의 기상처럼 솟구쳤던 시기였다. 하지만, 이러한 바람과는 달리 나로 인해 혹은 나의 부족함으로 인해 상처받고 소외되어 좌절하는 아이들이 하나둘 생겨나기 시작했었다. 그러면서 나는 절실히 느끼게 되었다.

> '나는 그 동안 나만의 방식을 아이들에게 강요하고 있었구나. 아이들은 어떤 형태로 배워 가는지, 어떤 방식으로 세상과 소통하는지 알아야겠다. 그리고 그런 아이들에게 맞는 가르침의 방식은 어떤 것들이며, 그러한 방식에 녹아들지 못하는 아이는 또 왜 그런 것인가?'

이러한 질문들은 나에게 다른 좌절감을 안겨주고 있었다.

그러던 중 맞이한 2012년 초는 나에게 특별한 시간으로 기억된다. 진주교육대학교 대학원과 김영천 교수님과의 만남은 나에게 새로운 돌파구가 될 수 있었던 것이다. 교수님과 그의 연구팀은 다문화 아동의 삶을 이해하고 그들이 가장 큰 어려움을 겪는 학업 성취도를 어떻게 향상시키면 좋을지에 대한 연구를 지속적으로 진행해 오고 있었다. '어떻게 가르쳐야 할 것인가'에 대한 고민이 한창인 시기였기에 이러한 만남은 나에게 큰 의미로 다가왔었다. 왜냐하면, 내가 생각하기에 다문화 교육의 관점도 나의 초임교사 시절을 쭉 함께 해온 근본적인 질문의 관점과 다르지 않았던 것이다. '나와 다른 이들을 어떻게 가르쳐야 할 것인가?' 나의 연구는 이러한 문제의식으로부터 출발했었다. 그리고 이어진 카이와의 멘토링을 진행했던 1여 년의 시간 동안, 나는 이와 관련한 치열한 고민들을 거듭할 수밖에 없었다. 그리고 우연히도 이런 나의 이야기를 소개하는 입장에 설 수 있게 되었다

하지만 나는 카이와의 다문화 교육의 어떠한 해답이나 기준이 될 수 없다고 솔직히 고백한다. 이 글을 쓰고 있는 지금도 여전히 '다문화 아동을 어떻게 가르쳐야 하는가' 에 대한 질문을 명쾌히 받을 자신이 없다. 그럼에도 나의 이야기를 부끄럽게 펼쳐놓는 것은 나의 경험이 누군가에게는 소중한 내용으로 다가갈 수 있을 것이라 기대하기 때문이다. 그리고 이러한 소중함이 구체적인 실천으로 이어지지 않아도 충분할 것 같다. 다만, 멘토링 과정에서 느꼈던 나의 고민과 감정, 그리고 느낌이 조금이라도 전달되었으면 하는 것이다. 마치 나 홀로 외롭게 걷고 있다고 생각했던 길을 누군가가 함께 걷고 있다는 사실을 알게 될 때의 안도감과 든든함처럼 말이다.

카이의 가정 환경

나와 일 년간 멘토링 수업을 함께 했던 카이는 베트남 어머니와 한국인 아버지를 둔 다문화 가정에서 태어났다. 카이는 4살까지 베트남에서 살

았으며, 경남의 농어촌 지역에 위치한 초등학교에서 재학 중인 2학년 학생이었다. 즉, 베트남과 한국에서 지낸 시간이 약 4년씩 되는 것이다. 두 나라에서 지낸 시간이 카이를 문화적으로 혼란스럽게 만들지는 않았다. 4살 이전의 기억이라 베트남의 문화는 거의 기억하지 못한 채 한국의 문화를 이질감 없이 자연스럽게 받아들이고 있었다. 하지만, 카이의 한국어 의사소통 능력은 또래의 친구들에 비해서 상대적으로 부족한 실정이다. 이는 카이가 또래에 비해 어린 시절부터 한국어에 노출된 시간이 절대적으로 부족했기 때문일 것이다. 그리고 또 한편에선 카이의 언어 구사력에 많은 영향을 미치는 어머니의 한국어 적응 기간이 4년에 불과했다는 것을 고려해볼 수 있다. 더욱이, 카이 어머니는 별다른 사회 생활 없이 카이의 5살 난 동생과 이제 막 태어난 막내 동생의 보살핌에 집중하셨기에 4년의 시간이 한국어 향상에 많은 도움을 주지 못했던 것이다. 그리고 이러한 어머니의 한국어 구사력은 카이에게 많은 영향을 주고 있었다.

카이는 한국으로 귀국하자마자 유치원에 입학했었다. 또래 친구들은 이미 한국어를 못하는 게 이상한 상황이었지만, 카이는 한국말을 거의 못했었다. 더욱이 카이는 외향적으로 한국 아동과 전혀 차이가 나지 않았다. 말을 하지 못하는 카이는 자신의 의도와는 달리 소극적이라 말을 하지 않는 아이로 여겨졌었다고 한다. 때문에, 친구들과 자연스레 대화를 할 수 있는 기회가 많이 없었다. 선생님 역시 카이에게만 관심을 가질 수 없었기 때문에 카이가 적극적으로 말을 배우고 나눌 수 있는 기회가 적을 수밖에 없었다고 한다. 그리고 이러한 현상은 카이가 생활하는 1학년 교실에서도 그대로 이어지고 있었다.

카이의 적응을 어렵게 한 것은 이것뿐만이 아니다. 카이네 아파트 촌이 위치한 곳은 시내에서 멀리 떨어진, 즉, 지역 내에서도 집값이 가장 싼 지역 중의 한 곳이다. 자녀를 독립시키고 난 노년층, 경제력이 낮은 신혼부부들, 그리고 다문화 가정이 많이 거주하고 있다. 그런 만큼 주변에는 교육이라든지 문화생활을 위한 편의시설이 매우 열악한 실정이다. 때문에 카이는 친구들이 한 번쯤은 경험해 보았을 문화센터라든지 학원, 도서관에서 주최하는 여러 가지 행사에 참여해 볼 기회가 거의 없었다.

때문에 카이 아버지의 역할이 중요했지만, 아버지는 늘 바쁘셨다. 조선소 일의 특성상 이른 출근과 늦은 퇴근이 잦았기 때문이다. 그래서 카이에게 많은 관심을 쏟기가 현실적으로 어려웠다. 카이에게 한국적인 영향을 가장 많이 미칠 수 있는 존재의 상대적 부재는 카이에게 부정적인 영향을 미칠 수밖에 없었다.

카이의 어머니 역시 애교 넘치고 사랑 많은 여성이었다. 하지만 한국에서의 생활이 워낙 녹록지 않았기에 카이에게 마음만큼 많은 도움을 주지 못했었다. 집에서 아이들과 대부분의 시간을 지냄에도 불구하고, 갓난아기와 이제 막 유치원에 입학해서 이리저리 손이 많이 가는 카이의 동생을 돌보시느라 본의 아니게 카이에게는 많은 신경을 못 쏟았던 것이다. 더욱이 한국말에 익숙하지 못한 카이를 가르치기 위해 처음 한국에 왔을 때부터 마음을 먹었던 한국어 교실 참석은 꿈도 못 꾸는 현실이었다. 어느덧 이제는 자신보다 한국말을 훨씬 잘하는 카이를 보면 대견하지도 하지만, 한편으론 이것저것 질문이 많아진 카이에게 제대로 대답을 못해 줄 때는 여전히 마음이 아프다고 하셨다.

_______ (2012. 6. 28. 성찰일지)

수업을 시작하기 전에 무심코 "오늘이 무슨 요일이지?" 물어보았더니 카이는 베트남 출신의 어머니에게 답을 얻기 위해 갔다. 카이와 어머니의 대화에서 카이의 어머니는 "오늘이 무슨 요일이지?"의 기본적인 질문을 제대로 이해하지 못하는 모습을 보였다. 카이가 "월, 화, 수 이거 머냐고?" 이렇게 묻는 과정을 통해서야 "아! 목요일" 이렇게 응답하는 대화를 멀리서 들을 수 있었다. 새삼 새롭게 느끼게 되었지만, 카이 어머니는 한국에 오신 지 약 4~5년 가량 되신다. 카이가 4살 때 한국으로 왔다고 하니, 정확히 말하자면 만 3년 정도로 추정된다. 카이와 카이의 동생인 쿠이와 비교했을 때 카이 어머니의 한국어 구사 능력은 매우 부족한 편이다. 기본적인 의사소통에서도 완전히 내용을 이해하지 못한 경우가 종종 관찰되었다.

최근에 와서 카이 어머니는 다시 한국어를 적극적으로 배워야겠다는 생각이 들곤 한다고 하셨다. 초등학교에 입학한 카이 담임 선생님과의 통화를 할 때나 가정 통신문을 읽을 때 말이 통하지 않아서 카이에게 무슨 문제가 있는지, 무엇이 필요한지를 제대로 챙기지 못했기 때문이다. 하지만 역시 이러한 생각도 잠시. 시도 때도 없이 보채는 갓난아기, 유치원이나 학교를 다녀오는 시간부터는 잔손이 많이 가는 카이와 카이의 동생, 그리고 남편의 퇴근 시간에 맞춰진 저녁 식사 시간이 지나고 나면 어머니는 녹초 상태가 되고 말았다.

혼자가 익숙한 카이

카이가 평소 어떻게 생활하는지를 살펴보는 과정 역시 중요했다. 왜냐하면 학교뿐만 아니라 가정에서 어떤 생활을 하고 있고 어떤 교육적 경험을 하고 있는지를 파악해야만 카이에게 적절한 도움을 줄 수 있다고 생각했었다. 아래 표는 카이와 직접, 그리고 카이 어머니, 아버지와 대화를 해서 정리한 내용이다.

카이의 일상생활 모습(평일 기준)

시간	주요 일과	주로 하는 일
08:30~13:10	학교 생활하기	수업 참여, 점심 식사
13:10~14:30	하교하기	엄마 기다리기, 운동장에서 혼자 놀기, 집으로 귀가하기
14:30~15:30	동생 기다리기	만화캐릭터 그리기, 종이접기, 클레이아트 가지고 놀기
15:30~17:00	놀기	쿠이랑 놀이터에서 놀기
17:00~19:00	저녁 기다리기	씻기, 만화영화 보기, 게임하기
19:00~20:30	저녁 식사하기	아버지 기다리기, 저녁 밥 먹기
20:30~21:00	공부하기	아버지와 함께 받아쓰기, 문제집 풀기
21:00~22:00	잠자리 들기	잘 준비하기, 쿠이랑 침대에서 장난치기, 잠자리 들기

카이의 생활을 살펴보았더니, 카이는 또래 아이들이랑 어울리는 시간이 절대적으로 부족했었다. 방과 후에는 친구들과 어울릴 기회가 더욱 줄어들기 때문에 학교에서 친구들과 또래 활동을 할 수밖에 없는데 이마저도 힘든 상황이었다. 카이가 학교에서는 친구들과 어떻게 지내는지 궁금해져 카이 담임 선생님과 통화를 시도했었다.

(2012. 8. 9. 담임 선생님과의 전화면담 전사자료)

나 : 친구들하고 교우관계 이런 건 문제가 없습니까?

담임 : 친구관계는 크게 문제는 없는데, 확실하게 소통이 되고 이런 건 아닌 것 같아요. 주변에서 하면 그냥 따라하는 수준이기 때문에 적극적이고 그렇진 않아요. 근데 친구들이 무슨 말을 하는지는 대강 파악을 하고 있는 것 같아요. '뭐가 어떻다 어떻다' 그런 인식 정도는 하고 있는 것 같고, 그러다 보니 외톨이처럼 혼자서 막 그러고 있는 건 아니지만, 활발하게 섞이진 못해요.

결국 카이의 부족한 한국어 실력은 카이가 또래 친구들과 정상적인 관계를 형성하고 지내는 데에도 부정적인 영향을 주고 있었던 것이다. 담임 선생님이 말했듯이 카이는 학교 생활에서 수업 시간뿐만 아니라 친구들과 함께 할 수 있는 시간에도 의미 있는 의사소통을 거의 하지 못하고 있었다. 일상생활뿐만 아니라 학교에서도 혼자가 익숙한 카이의 모습에 많은 걱정이 들기 시작했었다. 왜냐하면 카이가 느낄 외로움은 물론이거니와 카이가 또래와의 대화나 노는 시간을 통해서 자연스럽게 배울 수 있는 한국적 문화라든지 가치관, 다양한 어휘, 사고 방식 등을 전혀 습득하지 못한다는 점에서 심각성이 있었기 때문이다.

상황이 이렇다 보니 카이는 가족과 함께 보내는 시간이 중요할 수밖에 없었다. 하지만 안타깝게도 카이네 가족 역시 카이와의 다양한 교육적 경험을 공유하지 못하고 있었다. 앞서도 잠시 언급했지만 평소 카이 아버지는 이른 출근과 늦은 퇴근으로 인해 휴식이 필요했기 때문에, 밀려드는 노곤함을 물리치고 카이에게 다양한 경험을 주고자 노력하는 것이 결코 쉽지 않았다. 어머니 역시 낮에는 카이와 쿠이, 막내인 갓난아기를 돌보느라 여념이 없기에 카이와 함께 도서관을 간다거나 문화센터 등에 참여하는 등의 활동은 꿈도 꾸지 못하는 실정이었다.

카이가 또래 친구들과 함께 어울리지 못하고 가족과 함께 여러 경험을 하지 못한다는 상황을 확인하고 나니 또 다른 걱정도 함께 들기 시작했었다. 카이와의 만남을 처음 시작했을 때, 카이는 많이 산만한 편에다 듣고 읽고 쓰는 기본적인 학습 습관도 제대로 갖추어져 있지 않는 등 전반적으로 태도가 좋지 못하다는 느낌을 많이 받았었다. 하지만 '이 또래의 아이들이 다 그렇지.' 하고 대수롭지 않게 생각했었다. 그렇지만 카이와 지내면 지낼수록 현재 카이의 이런 모습들은 여러 환경적 영향 때문에 나타나고 있다는 생각이 강하게 들기 시작했다.

예를 들어, 카이는 독서하는 습관이 전혀 잡혀있지 않았었는데, 이는 가족과 함께 책을 읽어 보면서 독서의 즐거움과 바람직한 독서 태도 등을 자연스럽게 배우는 기회가 적었기 때문이라는 추측이 들었었다. 실제로 카이네 집에는 카이가 읽을 만한 책이 거의 없었는데, 하루는 아버지에게 카이의 책읽기 교육을 어떻게 시키는지 넌지시 물어보았더니, 멋쩍은 듯이 아직까지 책읽기 교육을 하고 있지 못하다고 대답하셨었다.

문제는 여기에서 그치지 않았었다. 한국말을 제대로 하지 못하는 어머니, 그리고 여러 가지 가정 사정 때문에 하루를 정신없이 보내야만 하는 어머니의 상황이 카이를 더욱 외롭게 만들고 있었다. 그 시기에 또래 아이들이 어떤 경험을 하는지에 대한 정보가 가뜩이나 부족한 어머니의 입장에서, 카이에게 유익한 여러 활동을 할 수 있게 지원해 주기도 어렵고 더욱이 주변 학부모와의 교류를 통해 필요한 정보를 얻기에도 어려운 상황이었다. 자연스레 혼자 얼마든지 할 수 있고, 접하기 쉬운 TV나 게임기에 의존하지 않을 수 없는 상황이 되었던 것이다.

이로 인해 카이가 받는 부정적인 영향은 금세 확인할 수 있었다. 멘토링 초기에는 아무래도 카이와 래포 쌓는 것이 중요했기에 공부보다는 카이와 함께 재미있게 할 수 있는 활동을 많이 시도했었다. 카이는 그림 그리기나 종이접기 시간을 특히 좋아했었는데, 행복해하는 카이의 모습을 보고 있자면 좋기도 했지만 한편으론 안타까운 마음도 들었었다. 왜냐하면 카이가 그리고 종이를 접는 대상이 전부 만화 영화의 특정 캐릭터에 제한되어 있었기 때문이다. 특히 이런 캐릭터만 좋아하나 해서 "이번에는 해, 산, 나무, 꽃과 같은 자연물을 그려보자."라고 했더니 풀 죽은 목소리로 "어떻게 그리는지 몰라요."라고 대답하는 것이었다. 그래서 해와 산의 모습을 대강 먼저 그려보고 따라 그려보게 했더니, 돌연 그리지 않겠다고 고집을 피우기 시작했었다. 결국, 그날 카이는 자연물을 전혀 그리지 못하고, 다시 좋아하는 캐릭터를 더 그려봄으로써 겨우 웃으며 수업을 끝냈었다.

카이의 학교생활

카이의 일상 모습을 하나하나 알아가면 갈수록, 카이의 학교생활 역시 몹시 궁금해졌다. 물론, 담임 선생님과의 통화를 통해서 카이의 교우 관계를 대략적으로 들을 수 있었지만, 그 외 수업시간에는 어떤 모습으로 얼마나 적응하고 있는지 역시 궁금해졌던 것이다. 카이가 수업시간에 직접 어떻게 수업을 하는지 참관하고 싶었지만, 현실적으로 다른 학교에서 근무하는 선생님의 수업을 일과 시간에 보는 것은 어려움이 있었다. 때문에

1학년 학업 성취도 결과

교과	영역	1학기 평가 결과	2학기 평가 결과	현황 ◎잘함 ○보통 △노력 요함
국어	읽기	○	△	
	쓰기	○	△	
	듣기	◎	○	
	문법	△	△	
	말하기	○	△	
	문학	◎	△	
	지필평가	미실시	△	
수학	측정	○	△	
	확률과 통계	○	미실시	
	수와 연산	△	○	
	도형	△	△	
	규칙성과 문제해결	미실시	△	
	지필평가	미실시	△	
바른 생활	질서 지키기	◎	△	
	내 일 스스로 하기	△	○	
	다른 사람 생각하기	○	○	
	예절 지키기	△	○	
	나라 사랑하기	미실시	○	
	지필평가	미실시	△	
슬기로운 생활	놀이하기	△	○	
	살펴보기	△	○	
	조사 발표하기	△	○	
	지필평가	미실시	△	
	무리 짓기	◎	△	
	지필평가	미실시	△	
즐거운 생활	표현활동	○	미실시	
	감상활동	○	미실시	
	하늘과 바다	○	△	
	산과 들	미실시	○	
	동물과 식물	미실시	○	
	지필평가	미실시	△	

수업 장면을 녹화해서 한번 살펴보고 싶다는 생각에 담임 선생님께 부탁을 드려 보았지만, 부담감을 심하게 느끼셔서 포기했었다. 결국, 간접적으로나마 카이의 학교 생활을 추측해 볼 수 있는 1학년 때의 성적통지표를 살펴보기로 결심했었다.

카이의 학교 성적표를 보니 일단 2학기에 시행된 지필평가에서 전부 '노력 요함(△)' 평가를 받았었다. 뿐만 아니라, 카이가 보통 이상의 평가를 받은 많은 영역들 역시 지식적 측면보다는 정의적 측면과 행동적 측면에 집중해 있었다. 즉, 기본적인 학업 수준이 일반적인 아동들의 수준을 따라가지 못하고 있었다.

또한 1학년 국어 성적을 살펴보면 1학기에 비해, 2학기 성적이 현저하게 나빠졌다. 카이는 학기가 지날수록 공부하는 내용을 더욱 어렵게 느끼고 있다는 것을 알 수 있었다. 결국 현재와 같은 카이의 상황이 지속될 경우, 공부하는 데 더욱 어려움을 겪을 수밖에 없겠다는 생각이 들었었다. 학교에서 생활하는 모습 역시 긍정적이지만은 않았었다.

전반적인 학교 생활에 대한 종합의견

1학기 종합의견	• 단체 생활에 보다 적극적인 참여태도가 요구됨. • 글을 읽고 대강의 내용을 파악하는 능력이 부족하여 문제를 해결하는 데 어려움이 있음. • 책읽기에 관심을 가지고 글의 내용을 파악하는 능력을 기를 수 있도록 노력이 요구됨.
2학기 종합의견	• 바른 급식 습관이 요구됨. • 바른 자세로 책을 정확하게 읽지 못하며, 읽은 내용을 이해하는 능력이 요구됨.

책읽기 습관이 형성되어 있지 못해 글을 읽고 내용을 이해하지 못한다는 점이 계속적으로 언급되고 있었다. 평소 학교생활에서의 안 좋은 모습들이 멘토링 수업에서도 그대로 이어지고 있음을 알 수 있었다. 또한 단체 생활이라든지 급식 태도 등 가정 내에서 많은 부분이 지도되어야 할 내용들 역시 지적되고 있다는 점에서, 카이의 가정 내 환경이 카이에게 부정적인 영향을 미치고 있는 것 역시 확인할 수 있었다.

예상은 하고 있었지만 실제로 카이의 학교생활이 어떨 것이라는 확신이 들자, 담임 선생님과 다시 통화를 해보는 것이 낫겠다는 생각이 들었다. 통지표에서 드러나는 모습 이외에도 특이한 모습을 보이지는 않는지, 그리고 담임 선생님께서는 카이를 어떻게 지도하고 있을지 궁금했기 때문이다.

(2012. 8. 9. 담임 선생님과의 전화면담 전사자료)

나 : 혹시 부진아 애들 가르치는 자료라든지 그런 게 없을까요? 국가 수준의 KICE 자료라든지 이런 걸 쓰시나요?

담임 : 학기초라 부진아 지도를 따로 하고 있는 그런 건 없어요.

나 : 아, 그렇습니까?

담임 : 네, 따로 없구요. 뭐 한다고 해봐야 카이 같은 경우에는 교과서를 가지고 한다든지 동화책을 가지고 그림을 활용해서 내용을 묻는다든지 그런 식으로. (중략) 그리고 확실하게 의사소통이 잘 안 되는 그런 부분은 있구요. 저번에도 말씀드렸다시피 전달이 제대로 안 되니깐 거기에서 딱 멈춰 버려요. 그게 지금 저도 답답하고 제가 많이 걱정스러운 부분도 바로 그 부분입니다. 카이만 데리고 하면 또 모를까 다른 아이들도 함께 하다 보니

까 많이 신경을 못 써주는 부분이 있고 그래도 선생님이 이리 해주시는 걸 보니 마음이 조금 덜어지네요.

다행스럽게도 통지표에 드러나 있고, 내가 평소 관찰했던 이외의 별다른 모습을 보이지 않는다고 하셨다. 하지만, 교실에서도 카이는 별다른 교육적 지원을 받지 못하고 있었다. 담임 선생님은 카이가 학업적으로 어떤 어려움을 겪고 있는지 알고 있고 어떻게 도움을 주면 좋을지에 대한 생각도 가지고 계셨지만, 특별히 시간을 따로 내어 카이를 지도하고 있지는 않은 실정이었던 것이다.

그냥 잘 적응했음 하는 부모님의 기대

카이의 일상생활과 학교생활에 대한 어느 정도의 파악이 끝나고 나니, 카이의 현재 상황에 대해 부모님과 대화를 나눠보는 과정이 필요하겠다는 생각이 들었었다. 부모님이 카이가 현재 어떤 어려움을 겪고 있는지 상세히 아시는 것이 카이의 성장에도 도움이 될 것이라고 확신했기 때문이었다.

하지만, 자칫 대화가 잘못 이어질 경우 부모님의 기분이 상할 수도 있다는 생각이 들었기에 조심스럽게 접근할 수밖에 없었다. 때문에 객관적인 카이의 학습수준을 설명하며 어떻게 해야 도움을 줄 수 있는지에 초점을 맞추어 이야기를 시작해 나갔었다. 그런데 막상 대화를 시작한 카이 아버님의 반응은 다소 당황스러웠었다.

카이의 아버지, 그리고 나와 직접적인 대화는 되지 않지만 나와 대화를 나누는 아버님이 옆에서 중간 중간 베트남어로 통역해 주시는 말을 듣고 무언의 동의를 보내시는 어머니는 다만 카이가 정상적으로만 자라 주었으면 한다고 하셨다.

그러면서 주변 지인분의 얘기를 들려주셨는데, 그 분 역시 다문화 가정에서 자랐는데 한창 민감한 사춘기 때 자신을 좋지 않게 바라보는 주변의 시선 때문에 힘들었다고 하셨다. 그래서 어른이 된 지금까지도 주변 사람들과 좋은 관계를 잘 맺지 못하고 계시다고 하셨다. 그러면서 다소 격앙된 목소리로 카이가 조금 더 커서 혹시라도 적응하지 못하는 모습이 보인다면, 차라리 베트남으로 보낼 생각이라고 하시는 것이었다.

카이에 대한 아버지의 고민이 느껴져 마음이 아프면서도 또 한편에선 마냥 그렇게만 생각하시는 것도 좋지 않겠다는 생각도 들었었다. 아버지가 말을 그렇게 했지만, 어쨌든 카이는 한국인이고 카이가 살아가야 할 곳도 한국일 가능성이 높다는 생각이 들었기 때문이다. 그렇지만 이런 말을 결코 함부로 내뱉을 수는 없었다.

아무튼 그날의 대화 이후로 나는 어떻게 해야 카이가 행복할 것인지 그리고 그런 행복을 위해서는 어떤 구체적인 도움을 줘야 할지에 대해 고민이 될 수밖에 없었다. 그리고 현재 내가 카이에게 줄 수 있는 가장 현실적인 도움은 바로 카이가 친구들과 이야기도 신나게 하고 학교 수업도 열심히 할 수 있도록 기본적인 국어 실력을 향상시켜 주는 일이라는 생각이 들었다.

Ⅱ 멘토링 과정에서의 여러 이야기

❖ 카이의 작품세계 Ⅰ : 슈퍼맨 마크

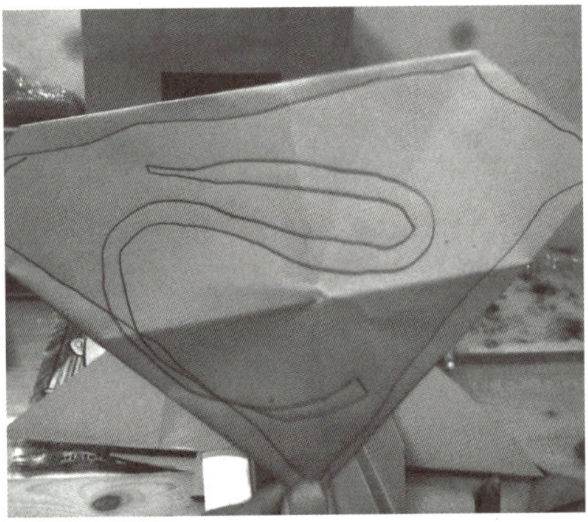

"심리학자들은 자기를 가리켜 '독재정권'이라고 부른다. 자기 자신이 세상을 바라보는 소통의 창구가 되는 것을 막을 수 없다. 하지만 지혜는 우리에게 이런 자기 중심성이 만들어 내는 한계 앞에서 철저하게 겸허해질 것을 요구한다."
— 프레임의 저자 최인철

카이와의 수업을 위해 내가 가장 먼저 한 일은 다문화 학생 지도를 위한 여러 가지 자료를 살펴보는 것이었다. 더불어, 외국 학생을 위한 한국어 교육 지도방안에 대한 연구물을 살펴보았다. 한국의 다문화 학생은 대부분 어머니가 외국인인 경우가 많고, 아이에게 가장 많은 영향을 미치는 이 역시 어머니이기에 다문화 학생 역시 한국어를 외국어로 느끼는 경우가 많지 않을까 하는 생각 때문이었다. 이들 자료들을 찾아보니 기존의 다문화 지도 자료들은 다문화 학생들이 겪게 되는 문화적인 차이에 따른 어려움과 이를 극복하기 위한 방안들에 대부분 초점을 맞추고 있었다. 즉, 다문화 학생들의 학습을 체계적으로 도와주기 위해 어떻게 가르쳐야 한다는 실제적인 교육 현장의 이야기가 부족했다. 이러한 분석을 통해 기존에 없는 연구를 해야 한다는 부담감도 들었지만, 한편으론 연구를 잘 수행하여 무언가 다른 선생님들도 활용할 수 있는 시사점 있는 연구를 해보고 싶었다.

멘토링 첫 시간의 기억

그해 4월은 아직까지도 나에게 설렘으로 다가온다. 그만큼 많은 시간을 고민하고 또 고민한 순간이 속속들이 머릿속에서 재현되기 때문이다. 첫 수업을 준비하면서 내가 가장 많이 고민했던 부분은 바로 해당 시간을 통해 이루고자 하는 목표가 명확해야 한다는 것이었다. 그런 의미에서 카이와의 첫 시간의 학습목표는 바로 카이와 친근감 쌓기였다. 학창시절, 첫 시간부터 선생님의 아련한 첫사랑 이야기나 선생님의 이름과 관련된 재미있는 일화 하나 듣지 않고 곧바로 딱딱하게 진행된 수업은 단언컨대 일 년 내내 지루한 수업이기 일쑤였었다. 때문에 나 역시 카이에게 우리의 수업이 재미있을 것이라는 인상과 기대를 주고 싶었다.

많은 고민 끝에 카이가 좋아한다는 종이접기를 하기로 결정했었다. 그러면서 자연스럽게 대화를 이어나갈 요량이었다. 생각보다 종이접기에 능숙한 카이 덕분에 종이접기에만 집중하기보다는 이런저런 이야기로 카이가 한창 관심을 가지고 있는 만화영화라든지, 학교에서 친하게 지내는 친구라든지 좋아하는 활동에 대한 이야기를 나눌 수 있었다. 종이접기에 행복해하며 미소를 짓는 카이의 모습을 보니 나의 어릴 적 시절이 잠시 떠올랐었다. 나 역시 어릴 적부터 유난히 손으로 하는 활동을 좋아했기에, 종이접기를 하여 새로운 사물을 만들어 보는 시간이 무척 인상적이었다. 때문에 카이와 나는 비슷한 경험을 좋아하는 '나와 별반 다르지 않은 아이'라는 친밀감이 들기 시작했었다. 그래서였을까. 종이접기 중간중간 여러 이야기를 나누면 나눌수록 안타까움이 커지기 시작했었다. 카이의 이야기라든지 행동을 유심히 살펴보니 대화 중 제대로 이해하지 못했거나 다시 물어보고 싶은 내용이 있어도 일단은 '안다'고 대답하는 모습을 보였었다.

(2012. 5. 3. 수업활동 전사자료)

카이 : '헤엄파도'는 어떻게 생겨요?
나 : 헤엄파도? 헤엄파도가 뭔지 선생님한테 먼저 말해줄 수 있어?
카이 : 파도가 있었어요.
나 : 혹시 학교에서 본 내용이니?
카이 : 큰 파도가 움직여요.
나 : 아~ 학교에서 일본 쓰나미 영상을 봤구나. 정말 큰 파도였지?
카이 : 헤엄파도는 어떻게 생겨요?
나 : 카이야, 그건 '쓰나미' 라고 하는 건데, 땅이 크게 흔들려서 파도들도 크게 생기는 거란다.
카이 : 네. (잠시 종이접기에 집중하는 것처럼 보이더니) 그런데

헤엄파도는 어떻게 생겨요?

나　: 응? 헤엄파도는 땅이 크게 흔들려서 물마저 많이 흔들려 생기는 거야.

카이 : 아~ 그렇구나.

나　: 이제 쓰나미, 헤엄파도가 왜 생기는지 알겠어? (다시금 카이는 종이접기 활동에 집중하는 듯 싶더니 다시 같은 질문을 던졌다.)

물론, '쓰나미' 가 어떻게 생기는지는 1학년 학생이 이해하기에 어려운 내용이라, 한 번에 이해하기가 어려웠을 것이다. 그럼에도 불구하고 안다고 대답하는 카이를 보며 다소 의아해하면서도 '생각보다 카이의 이해력이 높구나. 아니 내가 설명을 잘 해준 건가? 아니면 말을 좀 어색하게 해도 머리가 굉장히 좋은 건가?' 하는 생각을 하는데, 갑자기 카이가 같은 질문을 또 하는 것이었다. "헤엄파도는 어떻게 생겨요?" 순간 머릿속이 멍해졌었다. 이런 상황이 몇 차례 반복되면서 나는 카이가 같은 질문을 계속 던지는 이유가 궁금해졌었다. '그냥 내 설명을 대충 듣고 흘려서 또 궁금해져서 묻는 걸까? 아니면 혹시 제대로 이해가 안 되는 부분이 있더라도 일단 알겠다고 하는 성향이 있는 걸까? 만약 그렇다면 왜 이런 모습을 보이게 된 걸까?' 이렇게 꼬리에 꼬리를 물고 이어지는 생각들은 카이와의 멘토링 수업이 내 예상보다 더 호락호락하지 않을 것임을 예감하게 해주었었다.

유의미한 언어 자극을 위한 조건

카이네 집에는 한글 낱말 카드판이 벽면 여기저기에 붙어 있었다. 카이

부모님 역시 자주 쳐다보게 되면 조금이라도 빨리 낯선 어휘들에 익숙해질 것이라 생각했을 것이다. 나 역시 카이에게는 이처럼 풍부한 언어 자극이 꼭 필요하다는 생각을 했었다. 4살 때 한국에 왔지만 카이는 여전히 한국어 실력이 부족했었다. 아마도 가장 많은 시간을 함께 했던 어머니의 한국어 실력이 매우 부족했기에, 카이에게 언어적인 자극을 충분히 줄 수 없었기 때문이라고 생각되었었다.

물론, 앞서 말한 한글 낱말 카드판처럼 가정에서의 노력이 전혀 없었던 것은 아니었다. 하지만 <1만 시간의 법칙>이란 책의 저자도 지적했듯이 모든 사람이 1만 시간을 투자한다고 해서 똑같은 결과를 얻는 것이 아니라, 그 시간을 얼마나 유의미하게 보냈는가가 중요하다는 것이다. 따라서 카이의 어휘력을 향상시켜 주기 위해선 어떤 유의미한 경험을 제공해야 하는지에 대한 고민이 수업 초기에 많이 들었었다.

이런 저런 효과적인 방법들이 많이 소개되어 있었지만, 카이에게는 어떤 방식이 맞는지 선뜻 선택하기가 쉽지 않았었다. 일단 수업을 해보면서 차차 카이에게 적합한 방식을 찾아보기로 하고 우선 카이 방안 한쪽에 의미 없이 붙어 있던 '자음 모음 조합 한글판'을 함께 읽어보기 시작했었다. '가, 갸, 거, 겨, 흐, 히' 까지 이어지는 단어들을 쭉 읽어 보면서 카이가 어려움을 보이는 자음이나 모음을 다시 한 번 천천히 읽어 보았었다. 한 번 읽어 봤음에도 카이가 어려움을 느끼는 글자가 무엇인지 금세 알 수 있었다.

________(2012. 6. 7. 수업활동 전사자료)

나 : 카이야, '오후 , '오후'. 방금 선생님이 발음한 낱말들을

한글판에서 하나씩 찾아볼까?

카이 : 음.

나　: 그럼 '오'부터 찾아보자. '오'에 들어가는 'ㅇ' 와 'ㅗ'가 낱말판 중 어디에 있지?

카이 : 여기, 그리고 여기에 있어요.

나　: 잘 찾았네. 그럼 이번에는 카이 혼자서 '후' 를 찾아볼까?

카이 : 여기, 저기요.

나　: 좋았어. 그럼 다시 'ㅎ'을 읽어보자.

카이 : 히응

나　: 이번에는 'ㅜ' 도 읽어보자.

카이 : 오.

나　: 그럼 '히응' 과 '우' 를 같이 붙여서 읽어볼까?

카이 : 후.

사실 한글판을 읽기 전에는 '오후'와 같이 간단한 단어를 이렇게 여러 단계를 거치면서 학습하리라곤 생각해 보지 못했었다. 받침이 없는데다 일상생활에서 많이 쓰는 단어라고 여겼던 것이다. 그럼에도 불구하고 간단한 단어조차 알지 못하는 카이를 어디서부터 가르쳐야 할 것인지에 대해 고민하다 보니 무심코 "오늘이 무슨 요일이었지?"라는 말이 튀어나왔었다. 내 말을 들은 카이는 갑자기 일어나 부엌에 계신 어머니에게 달려갔었다. 열려진 문 틈 사이로 들리는 대화를 들어보니 약간의 실랑이가 벌어지고 있었다. "오늘이 무슨 요일이야?"라는 카이의 질문을 어머니가 제대로 알아듣지 못한 상황이었다. 카이가 답답한 듯 "월, 화, 수, 오늘 이거 뭐냐고?" 답답한 듯이 재촉하는 카이의 말에 그제서야 '목요일'이라고 서툴게 말하는 어머니의 목소리가 들렸다.

그때 새삼 카이 어머니가 한국어 구사력이 상당히 부족하다는 것을 다시 한 번 생각해 볼 수 있었다. 하지만 그렇다고 해서 카이가 어휘력이 약한 것이 모두 어머니 때문만은 아니라는 추측이 들었었다. '아버지, 그리고 쿠이가 한국말을 잘하고, 카이가 즐겨보는 TV에서도 이러한 어휘들을 자연스레 배울 수 있는 기회가 얼마든지 있지 않았을까? 그럼에도 아직까지 간단한 어휘조차 읽지 못하는 건 이러한 언어 자극이 말 그대로 자극에 그치고 있었던 게 아니었을까?'

이러한 의문에 대한 해답은 여전히 쉽게 내릴 수 없었다. 하지만 카이와 차차 수업을 해보니, 카이의 경험의 폭에 따라서 카이가 쉽게 학습을 할 수 있었던 어휘가 있는 반면, 반대로 쉽게 느낄 것이라 예상했던 어휘들을 배우는 데 예상치 못한 어려움을 겪기도 했었다. 예를 들어, 카이는 동물을 나타내는 어휘라든지 학교생활에서 쉽게 접할 수 있는 어휘들은 수월하게 배울 수 있었다.

어떻게 생각해 보면 너무 당연한 말 같지만, 나는 이러한 경험을 통해서 수업 초기 왜 카이가 '오후'라는 어휘를 제대로 읽지도 못했었는지를 비로소 알게 되었던 것이다. 즉, 학교생활은 거의 오전에 끝나기 때문에 실제로 오후라는 말을 접해볼 기회가 적을 수밖에 없고, 오후에 늘 함께 있는 어머니는 오후라는 어휘 자체를 모르는 상황이었던 것이다. 아버지 역시 저녁 때 오시기 때문에 카이에게는 '오후'라는 말이 생소하게 다가올 수밖에 없었던 것이다.

결국, 카이가 여러 언어 자극을 받아들이고 이해해서 실제로 활용이 가능할 수 있도록 지도하기 위해서는 카이의 경험을 중심으로 해야 한다는 것이었다. 더불어, 꼭 직접 접해보지 못하더라도 카이가 친숙하게 느낄 수 있도록 하는 것이 필요하다는 것이었다.

카이 수업 자료의 원천들

자연스레 이후의 수업은 카이가 흥미를 느낄 만한 자료를 찾아 활용하는데 초점을 두고 진행하게 되었었다. 하지만, 저학년 학생들의 지도 경험이 전혀 없는 나로서는 카이가 좋아할 만한 자료를 찾고 선택하는 것이 쉽지 않았었다. 때문에 처음에는 한 번의 만남의 위해 서너 시간 이상의 준비 시간이 걸리기도 했었다. 그리고 한 번 찾은 수업 자료를 잘 보관하는 것은 물론이고 그러한 자료를 찾았던 사이트라든지 책 등을 잘 기록해 두는 것이 중요했었다.

학습 초기에는 '우리아이 한글교육' 이라는 인터넷 까페를 많이 활용했었다. 우연히 발견하게 된 이 사이트는 한글 공부를 재미있게 할 수 있도록 여러 가지 놀이 활동 자료를 많이 제공하고 있었다. 내가 주로 활용한 것은 받침 지도를 위한 말판 · 주사위 게임이었다. 굴리는 주사위 숫자에 따라서 '자음' 과 '모음' , 그리고 '받침' 을 무작위로 쓰고 거기에 나오는 글자를 읽어보는 형태였었다. 재미있게 즐기면서도 자연스럽게 '받침 있는 글자' 를 학습하길 원했는데, 다행스럽게도 카이는 매우 신나게 게임을 즐겼다. 물론 재미만 찾은 것이 아니라 '푝', '큠' 등과 같은 다소 어렵게 느껴지던 글자도 부담 없이 읽는 모습으로 부응했었다.

다양한 그림책 읽기 활동 역시 카이가 좋아하는 활동 중의 하나였었다. 그림책 아이디어는 사실 한국어 교육과 석사과정을 수료 중인 아내의 조언 덕분이었다. 한글에 서툰 만큼 많은 글자보다는 그림으로 책 내용을 어느 정도 알 수 있다는 점이 좋아 보였던 것이었다. 하지만 막상 카이에게 적합한 그림책을 선정하는 일부터가 쉽지 않았었다. 수많은 그림책 중에서 어떤 것이 카이에게 흥미롭게 다가갈지 몰랐기 때문이었다. 처음에는 시간을 아끼기 위해서 인터넷을 통해 나름 평가가 좋은 그림책을 선별해 구입하려고 했었으나, 그러한 정보들만 보고선 실제로 카이가 좋아할지에 대한 판단을 내리기가 어려웠었다. 결국 직접 보면서 카이가 평소 관심을 보인 주제의 책을 골랐었는데, 다행스럽게도 카이는 그 책을 읽는 것을 좋아했었다. 아울러, 전반적으로 카이가 흥미를 느끼는 책들은 5~6세 수준으로 제시된 그림책이었다. 아무래도 아직까지는 글자보다는 그림으로 내용을 파악하는 것을 좋아했고, 나 역시 카이의 나이에 맞게 한 단계 높은 수준의 그림책을 의도적으로 제시해서 카이의 흥미를 떨어뜨리는 것은 불필요하다고 생각했었다.

교과서 어휘 친숙해지기

게임 방식을 활용한다든지 그림책을 활용한 활동을 통해서 카이에게 멘토링 수업이 재미있다는 인상을 계속 주려고 노력했었지만, 언제까지나 흥미 위주의 활동만 할 수는 없었다. 때문에 어떻게 하면 카이 또래의 수준으로 국어 실력을 키워줄 수 있을까 하는 고민이 들기 시작했었다. 일단 교과서는 꼭 활용해야겠다는 생각이 들었었다. 하지만 어렵게만 느끼는 교과서를 어떻게 하면 쉽고 재미있게 느끼도록 할 것인지에 대해서는 계속 고민할 수밖에 없었다.

먼저 국어 교과서에 나오는 어휘들을 살펴보았었다.

❖ 듣말쓰 1학기 교과서 1단원에 제시된 어휘

발, 바닥, 나란히, 닿도록, 합니다, ~한 점, 엄지손가락, 집게손가락, 과, 의, 모양, 둥글게 하여, 너무, 힘, 안돼요, 가운뎃손가락, 받칩니다, 세우다, 눕히다, 보기, 알맞은, 낱말, 골라, 안, 운동장, 나무, 철봉, 축구공, 숨은, 그림, 색칠하고, 이름, 길, 따라가며, 글자, 읽고, 또박또박 (이하 생략)

단원별로 교과서 어휘를 정리해 보니 총 1,500단어로 교과서가 구성되어 있었다. 단원별로 정리한 후 다음으로 한 일은 단원별로 제시된 어휘들을 유형별로 분류해 보는 과정이었다. 왜냐하면, 단순히 국어 교과서에 제시된 단어순으로 배우는 것보다 '관련 짓기' 활동이 카이의 어휘 학습에 더욱 효과적이라는 판단이 들었기 때문이었다.

❖ 1학년 교과서 내 어휘의 유형별 구분

움직임, 도움말, 이어주는 말, 꾸밈말, 표현하는 말, 때, 위치, 상태, 느낌, 직업, 식물·과일·채소, 동물·곤충, 가족, 학교 관련 사물, 자연, 신체, 음식, 이동수단, 의복, 기타

카이의 경우 일반 또래 아동들에 비해서 경험의 폭이 제한되어 있기 때문에, 알고 있는 어휘랑 비슷한 성격의 어휘들을 함께 제시하는 것이 의미 있을 것이라는 판단이 들었었다. 카이는 식물, 채소, 과일 등과 같은 유형의 어휘들은 상대적으로 잘 알고 있었다. 하지만, '꼬불꼬불' 이란 어휘와 같이 추상적이거나 쉽게 경험해 볼 수 없는 유형에는 어려움을 겪을 것이라 판단되었던 것이다. 이에 앞서 구분한 유형들을 바탕으로 교과서의 어휘들을 다시 분류해 보았었다.

▸ 1학년 교과서 어휘의 유형별 분류

유형	어휘
움직임	움직임, 하다, 닿다, 둥글게 하다, 받치다, 세우다, 눕히다, 고르다, 숨다, 색칠하다, 따라가다, 읽다, 나타내다, 알아보다, 짓다, 생각하다, 놓다, 이기다, 뒤집다, 가지다, 겪다, 망가뜨리다, 받다, 보다, 사다, 지다, 나아가다, 들다, 떠나다, 만나다, 부르다, 치다, 돕다, 넣다, 기억하다, 나누다, 오다, 타다, 답하다, 망설이다, 지나치다, 다녀오다, 축하하다, 인사하다, 인사받다, 주고받다, 다치다, 일어나다, 헤어지다, 웃다, 돌다, 쓰다, 불러주다, 받아쓰다, 긋다, 놀다, 늦다, 뿌리다, 가꾸다, 고치다, 찾아나서다, 붙이다, 맞이하다, 조르다, 나오다, 삼키다, 먹다, 끄덕이다, 주다, 빌리다, 떠들다, 아프다, 닦다, 치우다, 떠올리다, 흉내 내다, 물장구 치다, 매달다, 건드리다, 만지다, 벌리다, 열다, 노래하다, 모으다, 모이다, 신다, 살다, 띄우다, 찡그리다, 묻다, 터뜨리다, 놀러 가다(오다), 다니다, 잡아먹다, 엿보다, 덤벼들다, 들이밀다, 달아나다, 그리다, 잡다, 앉다, 대다, 움직이다, 날아가다, 걸어가다(오다), 재잘대다, 쓰러지다, 표현하다, 관련 짓다, 찾다, 두다, 보여주다, 가져가다, 그치다, 들어오다, 훔치다, 건너다, 외치다, 잊어버리다, 가라앉다, 쉬다, 짜다, 돌아가다, 갚다, 보내다, 엎드리다, 흘리다, 긁적이다, 비비다, 긁다, 참다, 눌리다, 쏘다, 내젓다, 굴리다, 쫓다, 빠지다, 소리 내다, 쥐다 (이하 생략)

이러한 작업을 통해서 카이에게 좀 더 중점적으로 가르쳐야 할 어휘가 무엇인지 확인하고 준비할 수 있는 시간을 갖고자 했다. 유형별로 구분된 어휘들로 학습을 해보니 다소 어려운 어휘를 제시함에도 불구하고, 이미 알고 있는 어휘들과 비슷한 성격의 것임을 설명했더니 어렵지 않게 학습을 진행할 수 있었다.

어느 정도 교과서 어휘를 학습하기 위한 틀이 잡히면서, 기존의 다문화 학생을 위한 지도 자료 및 교재를 세밀하게 살펴보기 시작했었다. 어휘 학습과 더불어, 카이의 국어 실력을 향상시키기에 적합한 교재가 있는지 살펴보기 위해서였다. 시중에 판매를 목적으로 나온 교재들뿐만 아니라 학술연구정보서비스(RISS), 기관/교육청/학교 단위의 다양한 다문화 교육 자료의 문헌 조사 및 인터넷 조사 작업을 실시했었다. 여러 교재들을 분석한 결과 카이에게 딱 맞을 것이라 생각되는 교재는 찾을 수 없었다. 대신 다음과 같은 시사점을 얻을 수 있었다.

_______ (2012. 8. 30. 성찰일지)

어휘 면에서 다문화 학생을 위한 프로그램에서는 교과서와 연관된 풍부한 어휘가 제시되어야 하고, 이들이 일회적인 것이 아닌 반복적으로 학생들에게 제시되어야 한다. 또한 교과서에 사용된 어휘와 이를 일정한 기준으로 나누어 보는 과정이 필요하고, 사용빈도가 높은 어휘를 파악해볼 필요가 있다는 것이다. 그리고 이들을 프로그램 개발을 위한 어휘 선정과 편찬을 위한 기초자료로 활용해야 한다는 것이다.

학습 주제와 관련해서 다문화 학생들은 자연스러운 대화 상황에 접할 수 있는 기회가 적기 때문에, 이러한 점을 고려하여 실생활에 직접적으로 도움을 줄 수 있는 내용 중심으로 주제를 구성해야 한다. 또한 다양한 의사소통 기능을 상황별로 제시해야 할 필요성이 있었다. 아울러, 다문화 학생들의 일상생활과 학교생활 등으로 범주를 세분화시켜 개발하고, 이를 교과서와 통합하여 적용할 필요성이 있다고 판단되었다.

국어지식을 향상시키는 데 효과적인 학습을 위해서는 다문화 학생들은 한국 학생들이 당연시하는 문법이라든지 국어 문화에 익숙해져 있지 않기 때문에 이들이 의도적으로 학습할 수 있도록 해야 한다. 더불어, 읽기나 쓰기 학습과는 별도로 한국어의 문법 요소의 내용과 이를 설명하는 부분을 강화하여야 할 필요성이 있었다. 그리고 교과서 한 차시당 수업에서는 다문화 학생들이 감당하기에는 어휘나 문법의 양이 많고 수준이 높기 때문에 이를 다문화 학생들이 흥미를 유지하며 학습할 수 있는 수준으로 재조정할 필요성이 있었다.

교과서 그림 활용 방법

'힘센 수탉'이라는 이야기를 듣고 수탉의 기분에 대해서 말해보는 시간이었다. 아직 주어진 지문을 읽는 데 어려움을 느꼈기 때문에, 읽기 어려운 부분은 대신 읽어 주거나 설명해 주었다. 그럼에도 진도는 쉽게 나가지 않았었다. 읽지 못하는 부분이 너무 많아 내용을 파악하기도 전에 지레 겁을 먹는 경우도 많았었고, 단순히 읽는다고 해서 내용을 이해한 것도 아니었기 때문이었다. 답답한 마음에 설명이 길어질수록, 카이의 지루함은 점점 더 커져가는 듯 했었다. 그래서 이번에는 이야기를 나누어, 짧은 이야기의 내용을 파악할 수 있도록 시도해 보았었다. 하지만 이마저도 통하지 않았었다. 여러 가지 간단한 질문을 던져도 대답을 하지 않는 카이가 야속하기만 했었다. '하긴 지문 자체를 읽지도 이해하지 못하는데 무슨 할 얘기가 있을까'라는 생각을 하는데 문득 예전 아버님과의 이야기가 떠올랐었다.

카이에게 이야기를 들려주었더니 거의 이해를 못해서 듣기 싫어해서 그림으로 그려 주었더니 관심을 가지더라는 것이었다. '왜 진작 그 생각을 하지 못했을까.'

(2012. 8. 8. 수업활동 전사자료)

(교과서 지문 옆의 그림을 가리키며)

나 : 카이야, 얘는 누구야?

카이 : 할아버지, 할머니.

나 : 그렇지, 할아버지랑 할머니가 그림에서 어떻게 보여?

카이 : …….

나　: 기쁘게 보여, 아니면 슬프게 보여?

카이 : 슬프게 보여.

나　: 왜 슬퍼 보여?

카이 : 어, 힘이 안 약해서…

나　: 그렇지, 할아버지가 돼서 힘이 약해져서 그렇단 말이구나.

카이 : 맞아요, 힘이 약해요.

교과서에 지문과 함께 제시되어 있는 그림을 보면서 대화를 하니, 막혔던 카이의 말문이 열리기 시작했던 것이다. 그림을 활용해 먼저 간단히 내용을 이해하고 나니 이후의 수업은 일사천리로 진행되었었다.

부모님은 든든한 지원군

멘토링을 진행해 보니 카이의 부모님과 신뢰 깊은 관계를 잘 형성하고 유지하는 것 역시 매우 중요한 일이었다. 나는 카이와의 수업이 끝나고 나면 잠시나마 카이 아버지 혹은 어머니와 이야기를 나누는 시간을 가졌었는데, 이러한 시간은 서로 간의 관계를 원활하게 할뿐더러 카이에 대한 여러 가지 이야기도 들을 수 있는 기회였던 것이다.

_________ (2012. 7. 5. 아버님과의 대화 전사자료)

아버지 : 얼마 전 카이 담임 선생님과 통화를 했는데, 선생님을 통해 카이의 상태를 들으니 사실 걱정이 좀 됩니다. 담임 선생님 말씀이 카이가 문장을 제대로 해석하지 못해서 국어시간에 지문의 질문에도 제대로 답을 못하고 있

다는 겁니다. 물론 급하게 생각하고 있는 건 아닌데 이런 말씀을 듣고 보니 카이에게 어떻게 국어 공부를 시켜야 할지 고민도 됩니다.

나 : 아버님께서 고민이 많으시겠네요. 저도 카이와 함께 학습을 하면서 많은 고민을 합니다. 아버님이 아시는 것처럼 카이가 지금 6~7세보다 조금 더 수준이 낮은 한글 공부를 하고 있기 때문에 사실상 담임 선생님이 말씀하시는 부분을 당장에 개선하기에는 어려움이 있습니다.

아버님 : 맞습니다. 그래서 선생님께서 말씀하신 교재 외에도 전래동요를 읽어주는 시간을 많이 가지고 있습니다. 카이가 읽기, 쓰기, 듣기에도 다 향상이 있어야 할 것 같은데, 아직 쓰기에 많은 시간을 투자하고 있기 때문에 답답한 마음에 집에서는 전래동화를 많이 읽고 있어요.

아버님 : 아버님, 훌륭하신 생각이십니다. 쓰기 못지않게 듣기와 읽기, 그리고 책을 통한 독후 활동 등이 매우 중요하다고 생각합니다.

아버님 : 그렇겠죠?

나 : 네. 저도 카이가 지금 당장 한글을 제대로 읽지 못하고 의미를 파악하지 못하여 의사소통이 조금 부족하기 때문에 쓰기와 어휘력 위주의 수업을 진행하고 있지만, 가정에서 그런 부분까지 살펴주시면 훨씬 도움이 된다고 생각합니다. 모두가 그런 건 아니지만 저도 담임 교사를 하면서 느낀 점은 독후 활동이 중요하다는 겁니다.

앞선 대화와 같이 처음에는 카이 부모님이 궁금한 점을 묻고 내가 답하는 일방적인 소통인 경우가 많았다. 그렇지만 내가 아는 범위 안에서 많은 이야기를 했었고, 시간이 지남에 따라 서로 간에 느끼는 끈끈함이 생겨나기 시작했었다. 어느 정도 시간이 더 흐르자 부모님은 카이에 대해서 가지고 있는 고민과 카이의 가정에서의 학습 상황 등을 더욱 자세하게 의논해 오기 시작했었다.

자연스레 카이의 아버지는 본인이 카이의 학습에 조금 더 적극적인 역할을 하시길 원하셨다. 어머니 역시 틈틈이 시간을 내어 카이에게 더 많은 신경을 써주시길 원하셨다. 나 또한 멘토링을 진행하다 보니 카이의 학습량이 점점 더 늘어나는 것에 대해 걱정이 크던 시기였다. 왜냐하면 공부할 내용이 많아지는 만큼 배운 것을 복습하는 시간 역시 충분해야 했지만, 실제로 카이 스스로가 이렇게 하기에는 무리가 있었기 때문이었다. 결국, 급한 마음에 진도를 많이 나가봤자 이전에 배웠던 내용을 제대로 기억하지 못하는 일이 많아지고 있었다. 그래서 일주일에 한 번이나 두 번 만나는 것으론 부족하다는 생각이 당장 들었지만, 현실적으로 매일매일 카이와 공부하는 것도 여러 제약이 있었다. 그런데 카이 부모님이 먼저 든든한 지원군 역할을 자청하시니 마치 천군만마를 얻은 듯 했었다.

그날 이후, 카이 부모님은 짧은 시간이라도 카이가 공부한 내용을 꼭 복습하도록 지도해 주셨다. 어머니는 카이가 스스로 공부에 집중할 수 있도록, 그 시간만큼은 동생이 형한테 가서 장난을 치지 못하도록 엄명을 내리셨다. 아버지 역시 배운 내용에 대한 복습뿐만 아니라 교재를 보고 다음 진도를 나가 주시는 경우도 있었다. 아무튼 부모님의 따뜻한 관심과 지원 덕분인지 몰라도, 카이의 모습은 많이 변하기 시작했었다. 예전에 비해 공부한 내용을 잘 기억하고 있는 것은 물론이고, 학습에 임하는 카이의 태도 역시 더욱 적극적으로 변해가는 것이었다. 그렇지만 부모님의 지원군으로서의 역할은 그것으로 끝나지 않았었다.

________(2012. 7. 19. 성찰일지)

지난 시간에 'ㄱ'자음으로 이루어진 9개 낱말의 발음과 어떻게 쓰는지에 대한 간단한 안내 정도만 이루어졌지만, 어느새 카이는 아버지와 이 부분에 대한 학습을 해놓았다. '아버지가 마음이 급하셔서 진도 나가기에만 집중하신 게 아닌가' 하는 의심반 기대반으로 'ㄱ'받침이 붙은 낱말 18개의 받아쓰기를 진행해 보았었다. 받아쓰기 처음에는 배운 낱말을 불러주는 대로 쓰게 했더니 자신감 없는 모습으로 제대로 낱말을 쓰지 못했다. 실망스런 마음에 별다른 기대 없이 그럼 이 그림을 보고 무슨 단어인지 써보는 방식으로 받아쓰기를 진행했는데 결과는 놀라웠다.

18개의 단어 중에 단지 2개를 제외한 모든 단어를 완벽하게 썼던 것이다. 그 동안의 학습 과정에서 카이가 받침 있는 받아쓰기를 이렇게 막힘 없이 쓰는 것은 처음 본 터라 당황스럽기도 하고 어떻게 이런 결과가 나왔는지 놀랍기만 했다. '나와는 다른 어떤 특별한 학습법을 적용하신 것일까?', '불러주는 단어는 자신 없어하고 제대로 쓰지 못하는데 그림을 보여주니 자신감 있게 단어를 쓰네. 그럼 그림과 함께 인지한 통낱말 형태의 학습이 효과가 있는 것이구나.'

그 동안의 수업을 통해서 발견하지 못했었는데, 카이에게는 그림과 함께 낱말 자체를 마치 글자처럼 익혀 버리는 통낱말 형태의 학습법이 효과가 있었던 것이다. 그 동안 어휘력을 키우기 위한 다양한 방법들을 시도하고 있었는데, 카이 부모님 덕분에 카이에게 효과적인 또 하나의 좋은 어휘공부 방법을 배우게 되었었다. 든든한 지원군으로서의 부모님은 어느새 훌륭한 카이 선생님의 역할도 함께 해주시고 계셨던 것이다.

III 구체적 지도 전략

❖ 카이의 작품 세계 II : 하늘을 나는 로봇

"아동이 문제를 가지고 있을 때, 유사한 이전 경험을 전혀 가지고 있지 않음에도 아동에게 생각하라고 강조하는 것은 아무 소용없는 일이다." 이는 듀이(John Dewey)가 <How We Think>라는 저서에서 언급한 내

용이다. 그리고 듀이의 이 한마디는 카이와의 경험과 밀접한 관계를 가진다. 듀이가 말했듯이 교사인 나의 경험과 카이의 경험은 일치할 수도 있고 일치하지 않을 수도 있다.

그러나 교사인 내가 이러한 경험의 차이를 충분히 고려하지 않거나 중요하지 않은 부분으로 여기게 될 때 제대로 된 학습이 일어날 수 없다는 점을 실감했었다. 때문에 학습할 내용이 카이의 경험을 통해 충분히 받아들일 만한 것인가 추측해 보는 과정이 매우 중요했다. 그런데 카이와의 학습을 진행하다 보니, 내가 고려해야 할 것은 나와 다른 카이의 경험만이 아니었다.

공부하는 내용을 받아들이는 방식, 문제를 해결하는 과정에 대한 익숙함에서도 많은 차이를 보이고 있었다. 이외에도 교사와 아동이라는 입장의 차이, 그리고 다문화 가정이라는 환경적 차이에 대한 충분한 고려도 필요했었다. 즉, 학습 과정에서 발생할 수 있는 수많은 요소들에 대해 한 번 더 검토해 보고 성찰해 보는 과정이 필요했던 것이다.

그래서 카이와 함께 진행한 수업을 바탕으로 어떻게 가르치는 것이 효과적이었는지를 살펴보고자 한다. 물론, 내가 생각한 전략들이 카이의 상황에서만 효과적일지도 모른다. 하지만 내가 멘토링 과정에서 어떤 고민을 했었고 어떤 실천적 노력을 기울였으며 이러한 결과가 카이에게는 어떤 모습으로 나타났는지를 살펴봄으로써 다문화 학생을 지도할 때 생각해 봐야 하고 고민해 봐야 하는 것이 무엇인지 생각해 보는 기회가 되었으면 한다.

어휘 및 문법 지도 전략

흥미 요소의 활용

카이와 어휘 및 문법 수업을 해보니, 공통적으로 드러나는 모습이 몇 가지 있었다. 먼저 새로운 어휘를 배울 때는 10개 이상을 한 번에 학습하기는 어렵다는 것이었다. 또한 카이가 어렵게 느끼는 문법 내용을 공부할 때는 쉬운 내용을 먼저 제시한 후 어려운 내용을 자연스럽게 이어가는 방식이 효과적이었다.

그리고 각 어휘 학습과 문법 학습을 할 때는 단순히 학습 내용을 교과서 순으로 제시하는 것보다는 주제별로 내용을 재구성하여 제시할 때 카이가 한층 적극적으로 수업에 임했었다. 카이의 경우는 다문화 가정의 환경적 영향으로 경험의 폭이 제한적이었기 때문에 친숙한 경험 중심의 내용들로 공부하는 것이 효과적이었던 것이다.

예를 들어 교과서를 살펴보니 학교생활을 하며 경험할 수 있는 어휘들이 교과서 전체에 분산되어 제시되어 있었다. '철봉' 이란 어휘는 멘토링 초기에 'ㄹ' 과 'ㅁ' 받침 학습을 하면서 활용했었다. 운동장에서 흔히 볼 수 있는 것이고 발음 역시 어렵지 않아서 큰 어려움 없이 배울 수 있을 거라 생각했는데, 쉽게 익히지 못했었다. 하지만 아래의 표와 같이 학교와 관련된 익숙한 사물들과 관련 지어 다시 '철봉' 에 대한 학습을 진행했더니, 너무나 손쉽게 배워 나가는 것이었다.

▸ 1학년 교과서 어휘의 유형별 분류 중 사물 유형

유형	어휘
사물 (학교 관련)	모양, 운동장, 철봉, 축구공, 그림, 짝, 대회, 우유, 유리, 피아노 , 노래, 춤, 문, 구멍, 열쇠, 소풍, 주사위, 자리, 동그라미, 원, 선생님, 말씀, 준비물, 쪽지, 문구점, 색연필, 알림장, 줄넘기, 장난감, 공책, 색종이, 문장, 그림일기, 꾸중, 숙제, 딱지, 칭찬, 공놀이, 꾸중, 교실, 장난, 양치질, 청소, 말다툼, 책상, 쓰레기, 낙서, 그네, 피리, 풍선, 활동, 빠르기, 기둥, 면, 만들기, 이야기, 친구들, 휴지, 농구, 칠판, 필통, 연필, 책, 꿈, 구슬, 동화, 일기책, 지우개, 입학, 반, 보물, 미술
	번호, 지각, 대표, 모둠, 바구니, 바닥, 풀칠, 셀로판테이프, 역할, 잡기, 발표, 장래희망, 회의, 전학, 담임, 질서, 씨름, 생활, 실험, 체험, 발명, 유리창, 받아쓰기, 짝꿍, 도화지

어휘 학습을 위해서 활동지 자체를 여러 유형으로 제시하는 것도 효과적이었었다. 카이는 쉽게 지루함을 느끼고 산만해지는 모습을 자주 보였고, 그래서 한 가지 유형이 아닌 다양한 방식으로 공부하는 것이 적합해서였다. 첫 번째 활용했던 유형은 어휘와 함께 그 어휘의 의미와 특징을 잘 드러내는 그림을 제시하는 방식이었다. 카이에게 먼저 그림에 따른 어휘를 읽어보게 해서 글자가 어떻게 소리 나는지부터 익히게 했었다. 글자를 제대로 보지 않은 상태로 그림을 통해 어휘 소리를 익히면 자칫 그림과 소리만을 연결하는 반쪽짜리 학습이 일어날 수 있다고 생각했기 때문이다.

그런 후 어떤 맥락에서 그러한 어휘들이 활용되는지를 직관적으로 파악할 수 있도록 지도했었다. 다음 단계로 어휘들을 직접 써보면서 정확한 글자 모양을 다시 한 번 익힐 수 있도록 했다. 마지막으로 이렇게 학습한 어휘들을 읽으면서 그림들과 이어보게 하는 활동을 통해 글자를 보고 정확히 읽을 수 있고 의미까지도 이해했는지를 점검하는 과정을 거쳤었다.

❖ 다양한 유형의 어휘 학습 활동

1학년용 **어휘 다지기 2. 학교(1)**

● 바르게 읽어 봅시다.

줄넘기	철봉	축구공	그림	짝

(이하 생략)

● 낱말을 1번 읽을 때마다 색칠하여 봅시다.

줄넘기	○	○	○	유리	○	○	○

(이하 생략)

● 낱말을 읽으면서 써 봅시다.

줄 넘 기

철 봉

짝

(이하 생략)

● 그림에 맞는 말을 선으로 이어 봅시다.

1.  • • 줄넘기

2.  • • 철봉

(이하 생략)

문법 내용을 학습할 때 제일 신경을 썼던 부분은 카이가 공부할 내용을 너무 어렵게 느끼지 않도록 만드는 일이었다. 카이는 익숙하지 않거나 어렵다는 느낌이 들면 아예 수업 자체를 거부하곤 했기 때문이었다. 그래서 자음이나 모음을 학습할 때 여러 글자들을 보고 자음이 어떻게 자리하고 있고 모음은 어떤 글자 모양으로 어디에 쓴다는 규칙성을 스스로 찾아가게 하는 활동은 지양했다. 대신에 아래와 같이 그림을 활용한다거나 빈칸에 빠져있는 모음을 채워보는 등의 활동을 적용하여 흥미를 주고자 했었다.

❖ 흥미를 높이는 문법 학습 활동

1학년용 　　　　　　　　문법 다지기 2. 모음

● 모음을 한 글자씩 익혀 보세요.

ㅏ 알아가기	ㅑ 알아가기		ㅓ 알아가기
'ㅏ'가 사용된 낱말을 찾아보세요. ① 나무　② 거미 ③ 어머니　④ 소리	오른쪽에서 같은 글자를 찾아 적어보세요.	야구공   약	'ㅓ'가 사용된 낱말을 찾아보세요. ① 친구　② 숙제 ③ 봄　④ 정리

(이하 생략)

● 그림에 알맞은 낱말을 만들 수 있는'모음'을 쓰세요.

ㅇ[ ]	구	공

픙	선

ㅇ	리

학	ㄱ

'학습자 중심' 의 예시 활용

카이는 상대적으로 또래에 비해 경험이 부족했었다. 때문에 나의 입장에서 당연히 알 것이라고 생각하고 준비한 수업이 성공적이지 못한 경우가 많았었다. 예를 들어, '이어주는 말'을 학습하기 위해 동기유발 자료로 '원숭이 엉덩이는 빨개' 로 시작되는 노래를 준비한 적이 있었다. 하지만 노래를 선창하는 나에게 돌아온 건 멀뚱멀뚱 쳐다보는 카이의 눈빛뿐이었다. 시작부터 꼬인 수업을 정상적인 궤도로 올리기 위해서 몇 곱절의 시간과 노력이 필요했음은 말할 나위 없었다.

기분을 표현하는 어휘 학습 시간에도 비슷한 경험을 했었다. 기분과 관련된 어휘 학습은 생각보다 훨씬 난이도가 높은 수업이었다. 의미만 익히면 되는 것이 아닐뿐더러, 단순히 이미지만 보고 배울 수 있는 것도 아니었기 때문이었다. 때문에 생활 속에서 카이가 경험했을 만한 구체적인 예를 제시하면서 상황을 설명하는 것이 효과적이었다. 예를 들어, '고마움' 이라는 기분을 나타내는 어휘를 배우기 위해 누군가에게 선물을 받고 이에 대해 감사하는 상황을 설명하며 이와 관련된 그림도 함께 제시했었다. 그런데 카이는 나의 설명에 이상하다는 듯이 반응했다. 카이에게 자신이 생각하기에 선물을 받은 상황에서 표현할 수 있는 적절한 기분을 고르게 했더니 '미안함' 이 맞다며 이에 해당하는 표정의 그림을 고르는 것이었다. 왜 그런지 이유를 묻는 나에게 들려준 카이의 대답에 나는 마치 망치로 한 대 맞은 것만 같은 기분을 느꼈었다.

정확하게 표현하진 못했지만 카이가 말했던 것을 종합하자면, 카이네 집은 카이와 쿠이가 좋아하는 게임기 등과 같은 고가의 선물을 원하는 대로 사다줄 정도로 크게 여유가 있지도 않았다고 했다. 혹시라도 사줄 수 있는 여력이 되더라도 알뜰한 카이 부모님은 그것은 낭비라 생각하여 하나의 선물을 가지고 카이와 동생이 나누어 쓰게 했던 경우가 많았던 것이다. 자연스럽게 값비싸고 새로운 선물일수록 형인 카이가 먼저 사용해 보고 쿠이가 사용하게끔 하는 일이 종종 있었는데, 그럴 때마다 카이는 동생에게 미안함을 느꼈다는 것이었다. 그래서 카이가 생각하기에는 선물을 받을 때 어울리는 기분은 '미안함' 이었던 것이다. 이 시간을 통해서, 어휘 학습을 할 때는 가능하면 구체적인 예시를 많이 제시해 주는 것이 효과적이지만, 그러한 예시는 카이의 경험을 토대로 하는 학습자 중심의 경우가 맞는지를 한 번쯤은 생각해 봐야 한다는 교훈을 얻을 수 있었다.

띄어쓰기는 자연스럽게, 단계별로

카이는 문장의 띄어쓰기를 전혀 못했기 때문에 이에 대한 체계적인 학습이 필요했었다. 단순히 카이가 쓴 글을 보고 띄어쓰기를 제대로 못한 부분만 체크해 나가는 건 적합하지 않다고 생각했었다. 여태껏 띄어쓰기를 공부해 본 적이 없는 만큼 아무래도 많이 틀릴 수밖에 없었고, 때문에 글자를 적는 과정 자체마저도 스트레스로 다가갈 수 있다는 판단이 들었기 때문이었다. 그래서 학습과정 속에서 자연스럽게 띄어쓰기를 익힐 수 있는 방법을 고민할 수밖에 없었다.

띄어쓰기에 대한 자세한 설명보다는 '그냥 자연스럽게 단어 사이는 띄어 쓰는 것이구나' 하고 생각하게끔 만들어 주는 것이 좋겠다는 판단을 했었다. 그래서 한 문장을 띄어쓰기를 기준으로 여러 어휘군(낱말+조사)으로 나누고, 띄어쓰기 대신에 구분된 칸 속에 나누어진 어휘군을 넣어 아래와 같이 제시해 보았었다. 따로따로 떨어진 어휘가 모여서 하나의 문장을 이룬다는 것을 자연스럽게 익힐 수 있도록 하기 위함이었다.

❖ 받아쓰기 지도의 첫 번째 활동

● 그림을 보고, 문장에 어울리는 움직임 표현에 O표 해 보고, 완성된 문장을 쓰세요.

	엄마가	수건을	던지다. 놓다.
	▶		

즉, 앞선 활동은 일단 문장은 여러 개의 단어들로 연결되어 있고 이러한 단어들 사이에는 띄어쓰기가 필요하다는 정도만 인지할 수 있도록 의도한 것이었다. 앞선 활동이 어느 정도 진행된 후에는 빈칸의 원고지를 제시하여 스스로 어휘 사이를 띄어 적어보는 활동을 이어갔었다. 하지만 예상과 달리 카이는 선뜻 적지 못하다가 결국 고민 끝에 아래와 같이 주어진 문장의 글자들을 모두 붙여 쓰는 것이었다.

❖ 모든 글자를 붙여쓴 카이

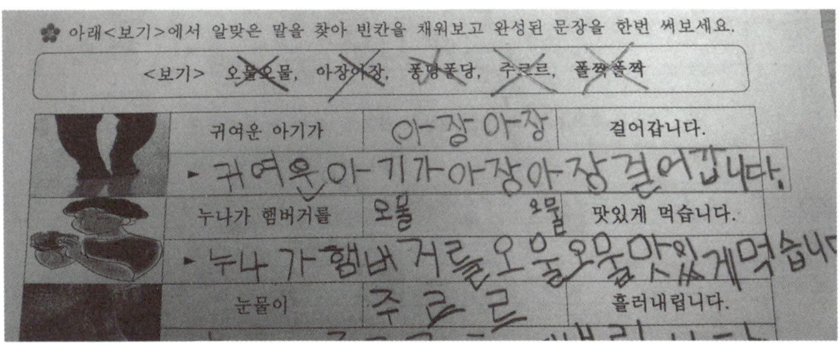

아래<보기>에서 알맞은 말을 찾아 빈칸을 채워보고 완성된 문장을 한번 써보세요.

<보기> 오물오물, 아장아장, 퐁당퐁당, 주르르, 폴짝폴짝

귀여운 아기가	아장 아장	걸어갑니다.
▶ 귀여운아기가아장아장걸어갑니다.		
누나가 햄버거를	오물 오물	맛있게 먹습니다.
▶ 누나가햄버거를오물오물맛있게먹습니다		
눈물이	주르르	흘러내립니다.

카이가 쓴 답을 보니 첫 번째 활동과 두 번째 활동 사이의 수준 차이가 생각보다 컸음을 알 수 있었다. 이에 이들 활동의 중간 단계 역할을 할 수 있는 학습을 고민해 보았었다. 그래서 아래와 같이 원고지 형태에 맞추어 적혀있는 문장을 베껴 적는 활동을 뒤이어 진행했었다. '이러한 과정을 반복하다 보면 자연스레 띄어쓰기에 대한 감각을 익힐 수 있지 않을까.' 카이 스스로가 받아쓰기를 언제 해야 하는지를 알 수 있도록 하는 것이 학습의 핵심이었기 때문이었다.

❖ 첫 번째, 두 번째 활동의 중간 활동

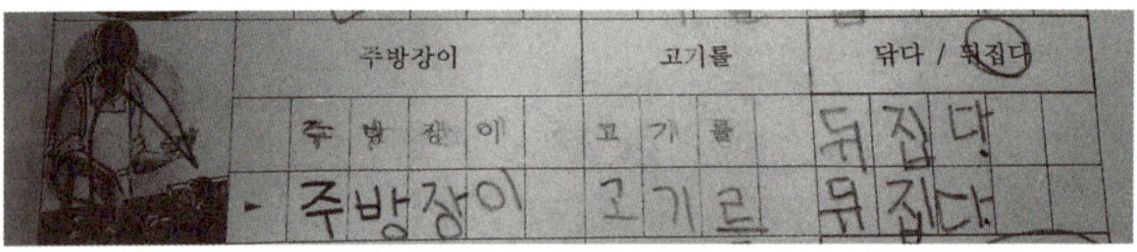

이렇게 구체적인 설명을 덧붙이지 않고 자연스럽게, 그리고 단계별로 지도한 지 약 2달 정도가 지나자 카이는 자연스럽게 띄어쓰기를 할 수 있었다.

❖ 스스로 받아쓰기를 할 수 있게 된 카이

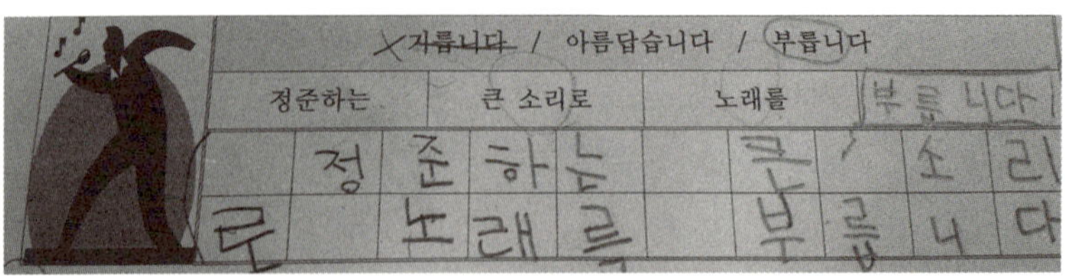

멘토링 수업 상황에서의 지도 전략

아동에게 적합한 학습 시간의 파악

카이는 20분의 학습 후 휴식을 취한 후 다시 공부를 이어가는 것이 효과적이었다. 물론 기껏 학습 분위기를 잡아놓은 노력에 비해 20분의 시간이 허무하게 느껴질 때도 있었다. 더불어 학습 초기에는 이러한 상황이 불편할 때도 있었다. 20분 정도의 수업에도 집중하게 만들지 못할 정도로 나의 준비가 부족했었나 하는 생각이 자꾸 들었기 때문이었다. 하지만 20분 이상의 학습을 위해 욕심을 부려도 마치 타이머가 달리기라도 한 것처럼 20분에서 길어야 25분이 지나면 눈에 띄게 산만해지는 카이의 모습을 보고 있으면 나의 욕심을 돌아볼 수밖에 없었다.

곰곰히 생각해 보니 학창시절을 보내면서 몸에 익은 40~50분의 수업 시간에 지나치게 집착하고 있는 게 아닌가 하는 생각이 들었다. '나 역시 수업 시간이 길게 느껴져 가끔은 30분이었음 하는 생각을 해보지 않았던가. 그럼에도 카이에게 꼭 40분에 이르는 학습을 강요할 필요가 있나' 하고 생각했었다. 이러한 생각 이후, 카이의 수업이 20분을 넘기는 경우는 많이 없었다. 물론 처음에는 배보다 배꼽이 큰 것처럼 빠르게 돌아오는 쉬는 시간이 낯설게 느껴지기도 했었지만, 확실히 수업 시간만큼의 집중력은 꾸준히 유지되는 것이었다.

그리고 어떤 날은 30, 40분을 집중력 있게 수업을 할 때도 있었다. 수업을 얼마만큼 해야겠다는 약속이 중요할 수도 있지만, 카이와 나의 개인적인 멘토링 수업인 만큼 카이의 반응을 살피면서 수업을 진행하는 것이 효과적이었던 것이다. 덩달아, 학습 시간을 조금 융통성 있게 운영하려고 노력하다 보니, 수업 시간에 카이를 억지로 이끌어 나간다는 느낌 역시 줄어들어 좋았었다.

다만 한 가지 어려움이 추가되었는데, 이는 바로 수업 준비하는 시간이 평소보다 훨씬 많아졌다는 것이다. 이전까지는 하루의 멘토링을 위해 많아도 2차시의 수업만 준비하면 되었는데, 20분 정도의 수업을 예상하고 활동을 준비하다 보니 많은 날은 3~4차시의 수업을 고민해 봐야 하는 경우도 종종 있었기 때문이었다. 하지만 카이가 열심히 수업에 집중해 주는 모습을 보면, 이러한 수고로움은 마땅히 감수할 만한 것이라고 스스로 위안하기도 했었다.

계획대로 진행되지 않는 수업

카이와의 수업 준비에는 항상 많은 시간이 들었었지만, 그렇다고 내 계획대로 수업이 잘 진행되는 경우가 많지 않았다. 즉, 준비한 재료들을 얼마나 준비하고 어떻게 제시해줄 것인가도 중요했었지만, 준비과정에서의 수고로움도 과감히 버릴 수 있는 자세 역시 필요했었던 것이다. 왜냐하면 내가 고민해서 준비한 것들을 카이와의 수업 시간에 활용하지 못하는 경우도 있었기 때문이었다.

문장에 대한 학습을 준비하는 시간이었다. 첫 시간부터 카이에게 문장이란 무엇인지에 대한 개념적인 설명을 하는 것은 불필요하다고 생각했었다. 문장에 대한 첫 학습부터 설명이 많아 카이가 어렵다고 여기면, 이어지는 수업 역시 힘들어질 가능성이 높았기 때문이었다. 그래서 서술어와 목적어, 꾸미는 말이 모두 쓰여 있지 않은 불완전한 문장을 활용해서 문장에 대한 첫 수업을 진행하는 것으로 결정했었다.

전체적인 수업의 형식을 정한 후에는 카이가 어떤 활동을 하면 좋아할지 생각해 보았었다. 먼저 첫 번째 활동으로는 한 문장을 구성하고 있는 문장 성분을 나눈 뒤, 문장 성분들을 순서와 상관없이 뒤섞어 제시했다. 예를 들어, '나는 학교에 갑니다'라는 문장을 '학교에', '나는', '갑니다'라고 적어 놓곤 바른 문장으로 고쳐보게 하는 것이 좋을 것 같았다.

두 번째 활동으로는 문장 성분이 빠져 있는 불완전한 문장의 빈칸에 알맞은 말을 쓰거나 말해볼 수 있도록 구성하는 것이 좋겠다는 판단이 들었다. 완전한 문장이 되기 위해선 어떤 문장 성분이 필요하고 왜 그런지를 내가 설명하는 것보다는, 카이가 스스로 문장 성분이 빠져있는 빈칸에 들어갈 말들을 자유롭게 써보게 하는 것이 효과적이라는 생각이 들었기 때문이었다. 더욱이 카이는 기존에 이러한 활동지 형식을 풀어봤을 때 별 거부감을 가지지 않았었고, 빈칸을 비워 놓는 것이 한 가지 정답을 말해야 한다는 부담감 역시 많이 가지지 않아도 된다는 점이 매력적이게 다가왔던 것이었다.

그런 다음 최종적으로 불완전한 문장을 제시하고 스스로 써 넣어보는 활동으로 마무리하면 좋을 듯 했었다. 첫 번째와 두 번째로 이어지는 순차적 학습을 착실하게 했다면 완전한 문장은 어떤 순서로 배열되어야 하고, 어떤 문장 성분요소를 넣어야 하는지를 알 수 있을 것이라 기대했기 때문이다.

오랜 시간 고민한 만큼 카이가 잘 따라주면 좋겠다는 설렘으로 문장에 대한 첫 수업을 시작했지만 카이의 반응은 기대 밖이었었다. 나의 계획과 실제로 카이가 각 단계를 순차적으로 학습해 나가는 모습과는 거리가 있었던 것이다. 생각과는 달리, 카이는 문장 요소들을 섞어 놓고 바르게 배열하는 문제에서부터 막히는 모습을 보였다. 첫 문제부터 어렵게 느낀 카이가 실망하는 표정으로 "안 풀어요."라고 말할 것 같았던 순간, 문제의 심각성을 느낀 나는 "그럼 다음 문제를 풀어볼까?"라며 관심을 겨우 돌릴 수 있었다.

이 문제마저 어렵게 느끼면 그날 수업은 더 이상 준비했던 활동지로 진행할 수 없을 거라는 생각은 들었었지만, 혹시나 하는 마음에 이야기를 했던 것이었다. 그런데 황당하게도 두 번째 문항은 또 수월하게 풀어내는 것이었다. 이 문제를 풀고 나니 오히려 처음에 못 풀었던 문제를 다시 가리키며 "이것도 풀어볼래요. 잠시만요. 먼저 풀어보고 싶은데 혹시 모르면 제가 신호할게요. 그때 가르쳐 주세요." 라고 말하는 것이었다. 결국, 카이는 두 번째 활동에 이어 첫 번째 활동도 잘 끝낸 뒤, 마지막 활동까지 성공적으로 수행했었다.

이 같은 경험을 통해 내 생각대로 수업이 진행될 것임을 당연하게 여기는 태도가 얼마나 위험한지 알 수 있었다. 그럼에도 많은 고민을 통해 논리적이고 체계적으로 구성했다고 생각하는 수업일수록 이러한 가능성을 인정하기가 쉽지 않은 일이었다. 하지만 모든 계획에는 변수가 생길 수 있기에 대안 역시 염두에 두어야 한다는 교훈을 되새겨야 했다. 더욱이 카이는 나와 경험한 것에도 차이가 많을 수밖에 없고 이로 인해 인식의 틀 혹은 사고의 틀이 다를 가능성이 많지 않았던가? 이후의 수업은 더욱 신중해질 수밖에 없었다.

묻고 답하는 방식의 유용성

카이와의 초기 수업은 주로 나의 일방적인 주도로 이루어졌었다. 왜냐하면, 기본적인 의사소통도 어려울 정도여서 의미 있는 대화를 통해 학습을 진행하기는 힘든 상황이었기 때문이다. 그래서 수업을 시작한 지 몇 달이 지나서도 카이에게 문제를 풀게 하고 내가 설명해 주는 방식으로 수업을 진행하는 경우가 많았었다. 하지만 우연한 계기를 통해 문답방식을 카이의 경험을 이끌어 내는 데 활용할 수 있었다. 이어주는 말에 대한 수업을 하고 있었는데, 한 문장 안에서 문장 요소들을 띄어쓰는 것도 쉽지 않은 아이에게 문장과 문장을 잇기 위해 이어주는 말이 필요하다는 것을 이해시키는 것은 어려운 일이었다. 거기다가 다양한 상황에 따라 각기 다른 이어주는 말을 써야 한다는 것을 이해시키는 것은 더욱 힘든 일이었다.

예상대로 카이는 다양한 방식을 활용한 설명 혹은 활동에도 개념을 쉽지 이해하지 못했었다. 답답함을 느끼며 다른 해결 방법을 찾던 중 카이가 앞뒤 문장의 유사점과 차이점을 구분할 수 있는지, 그리고 구분을 한다면 어떻게 하는지를 먼저 파악하는 것이 우선이라는 생각이 들었었다. 이를 살펴보기 위해 대화를 이용할 수밖에 없었다. 대화를 통해서 원하는 정보를 얻을 수 있을까 하는 의구심도 들었지만, 일단 시작해 보았었다.

(2012. 10. 30. 수업활동 전사자료)

카이 : 선생님, 나무는 초록색이에요. 책상 바닥도 초록색이에요.

나　: 그렇지. 그럼 앞과 뒤의 내용이 어때요? 비슷해요, 아니면 달라요?

카이 : 음… (한참을 고민하다가) 비슷해요.

나　: 카이가 잘 대답해 주었지만, 그래도 한 번 더 비슷한 경우를 말해볼까?

카이 : (책상 위에 놓인 과자 통을 가리키며) 과자가 빨간색이에요. 껌도 빨간색이에요.

나　: 너무 잘 대답해 주었어. 카이가 말한 대로 앞문장과 뒷문장에 비슷한 내용이 올 때는 이어주는 말 어떤 것을 쓴다고 했지?

카이 : 음.

나　: 잘 모르겠으면 위에 설명되어 있는 내용을 볼까?

카이 : (개념 설명을 재빨리 읽은 후) '그리고'를 써요.

나　: 그렇지? 대답을 너무 잘하는 카이의 모습에 선생님이 감동받았어요. 그럼 이번에는 이어주는 말을 넣어서 다시 한 번 정확하게 말해볼까?

카이 : 과자는 빨개. 껌도 빨개.

나　: 잘 대답했는데, 조금 아쉬운 점이 있네. 선생님이 한번 읽어볼게. 카이도 따라 읽어보자. 과자는 빨개. 그리고 껌도 빨개.

카이 : 과자는 빨개. 그리고 껌도 빨개. 아! 이제 알겠어요.

나　: 그럼, 활동지에 있는 1번 문제를 풀어볼까? 빈칸에 알맞은 말을 적어보자.

카이 : 앞에 내용과 뒤에 내용이 똑같아요.

나　: 그렇지? 그럼 이어주는 말 무엇을 써야 하지?

카이 : (웃으며) '그리고'를 써요.

나　: 그럼 한번 직접 적어볼까?

카이는 이어주는 말의 이해에 어려움을 느끼고 있었지만, 대화를 하면서 이어주는 말을 이해하기 시작했었다. 그리고 드디어 자신이 직접 비슷한 문장들을 나열하는 실로 기적과 같은 결과를 보여줬었다. 기쁘면서도 한편으론 '이렇게 잘 대답할 수 있는 아이를 난 그동안 어떻게 생각해왔었나' 하는 반성이 밀려오는 순간이었다.

문제를 잘 풀 수 있게 하는 전략

친숙함과 낯섦의 적절한 조화

카이의 경우, 학습 초반에 분위기를 형성하는 과정이 상당히 중요했었다. 그래서 카이에게 제시하는 활동지는 새로 배울 내용이 적절히 들어있으면서도 풀기가 쉬워 보이게끔 만드는 요령이 필요했었다. 예를 들어, 카이가 이미 학습한 어휘들을 먼저 제시해서 어렵지 않다는 느낌을 준 다음에, 중간 중간에 익숙하지 않은 새로운 어휘들을 자연스럽게 학습하게 하는 것이 효과적이었다.

한편으론 어휘 학습과 문법 학습 내용을 적절히 섞어 제시하는 것이 효과적이었다. 학습 초기에는 어휘 학습을 쭉 한 뒤, 문법 학습을 뒤이어 진행하곤 했었는데, 그럴 경우 어휘 학습에 비해 다소 어렵게 느껴지는 문법 학습의 능률이 크게 떨어졌었던 것이다.

❖ 어휘 학습과 문법 학습을 섞은 활동지

1. 바르게 읽어 봅시다(어휘 학습).

할아버지	할머니	형	누나	동생

(이하 생략)

2. '한글'에 대해 알아 봅시다(문법 학습).

> 한글은 한국인이 만들어 쓰고 있는 고유의 글자입니다.
> 14개의 자음과, 10개의 모음이 만나 글자를 만듭니다.
>
> * 말소리 = '자음' + '모음'
>
> 자음: ㄱ, ㄴ, ㄷ, ㄹ, ㅁ, ㅂ, ㅅ, ㅇ, ㅈ, ㅊ, ㅋ, ㅌ, ㅍ, ㅎ
> 모음: ㅏ, ㅑ, ㅓ, ㅕ, ㅗ, ㅛ, ㅜ, ㅠ, ㅡ, ㅣ

- 낱말을 한 번 읽을 때마다 색칠하여 봅시다(어휘 학습).

할아버지	○	○	○	형제	○	○	○

(이하 생략)

- 자음을 한 글자씩 익혀 보세요(문법 학습).

ㄱ 알아가기	
'ㄱ' 이 사용된 낱말을 찾아보세요. ① 나비 ② 가방 ③ 다리 ④ 누나	
오른쪽에서 같은 글자를 찾아 빈칸에 적어 보세요.	 구두  강아지

ㄴ 알아가기	
'ㄴ' 이 사용된 낱말을 찾아보세요. ① 기차 ② 나비 ③ 곰 ④ 다람쥐	
오른쪽에서 같은 글자를 찾아 빈칸에 적어 보세요.	 나비  나무

(이하 생략)

위의 활동지에 제시되어 있는 10개의 어휘 중 6개의 어휘는 이미 학습한 어휘였다. 기존에 배운 어휘와 새로 배울 어휘를 어떤 비율로 조합할지도 고민이었었다. 처음에는 새로운 어휘와 배운 어휘의 비율을 7:3으로 구성하여 수업을 해본 적도 있었고, 6:4, 그리고 5:5의 비율로도 구성해 봤었다. 그리고 새로운 어휘가 배운 어휘보다 더 적은 4:6의 비율로도 수업을 진행했었다. 처음에는 수업을 하면서도 기존에 배운 어휘를 새로 배우는 어휘보다 더 많이 제시하는 것이 자꾸 신경이 쓰였었다. 하지만, 예상외로 카이가 새로운 어휘를 4개 제시할 때 가장 집중도가 높은 것이었다. 결국, 나의 생각과는 무관하게 이후 어휘 학습에서 제시하는 새로운 어휘는 4개로 고정될 수밖에 없었다.

문제의 답을 모르는 건지 문제의 문항을 이해하지 못하는 건지에 대한 구분

카이는 문제를 풀 때 아래의 상황처럼 문제의 문항을 제대로 이해하지 못해 엉뚱한 답을 쓰거나 아예 답을 쓰지 못하는 경우가 많았었다. 뿐만 아니라 문제에 제시된 문항을 대강 읽고 넘어가는 습관 때문에 답을 쓰지 못하는 경우도 많았었다. 그렇기 때문에 카이가 문제 푸는 모습을 옆에서 지켜보면서, 답을 제대로 쓰지 못하는 이유가 무엇인지 확인하는 과정이 필요했었다.

❖ 문제의 문항 자체를 이해하지 못하는 상황

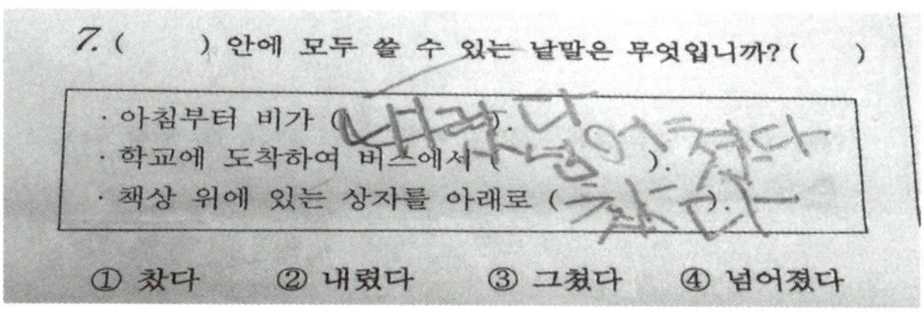
7. (　　) 안에 모두 쓸 수 있는 낱말은 무엇입니까? (　　)

· 아침부터 비가 (　　).
· 학교에 도착하여 버스에서 (　　).
· 책상 위에 있는 상자를 아래로 (　　).

① 찼다　② 내렸다　③ 그쳤다　④ 넘어졌다

이 경우처럼 정답을 쓰는 모습을 보니, 이런 유형의 문제를 어떻게 푸는지부터 가르쳐 주는 것이 중요했었다. 그래서 이 경우에는, '모두 쓸 수 있는' 이란 말의 의미를 먼저 가르쳤었다. 빈칸에 공통적으로 들어갈 수 있는 말을 찾아보기 위해 보기에 제시되어 있는 '찼다', '내렸다', '그쳤다', '넘어졌다'를 세 문장에 각각 넣어서 읽어보게 했더니 금세 정답을 말하는 것이었다. 결국, 다양한 문제 유형을 소개해 주고 문제의 문항 역시 함께 읽는 연습을 시작했었다.

주어에 어울리는 조사를 공부해 보는 시간도 마찬가지였다. '은/는'의 쓰임새를 학습하기 위해 아래와 같은 선택형 문항으로 활동지를 구성했었다. 즉, 1번부터 4번까지 예시 중 하나의 답을 골라야 하는 객관식 문항이나 아무런 힌트 없이 짧은 답을 적어내는 단답형 문항은 지양한 것이다. '은/는' 을 정확하게 구분하는 것이 학습의 핵심이었던 만큼, 문장 속에서 어울리는 '은' 또는 '는' 을 살펴본 후 그 중 하나를 선택하는 방식을 활용했던 것이다.

❖ 선택형 문항지의 예시

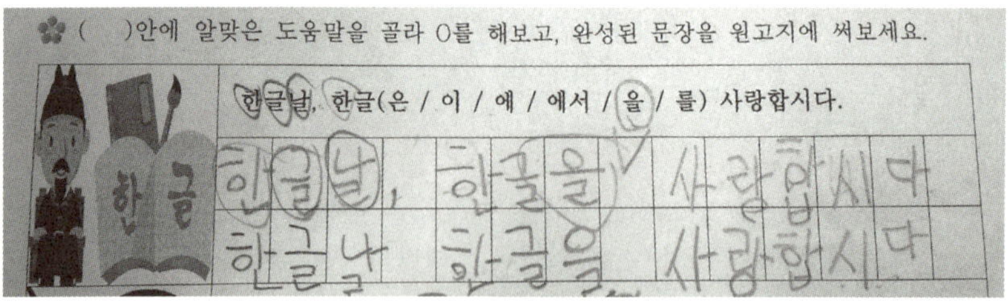

❖ 카이의 받아쓰기 기록장 : 멘토링 진행 9개월 후

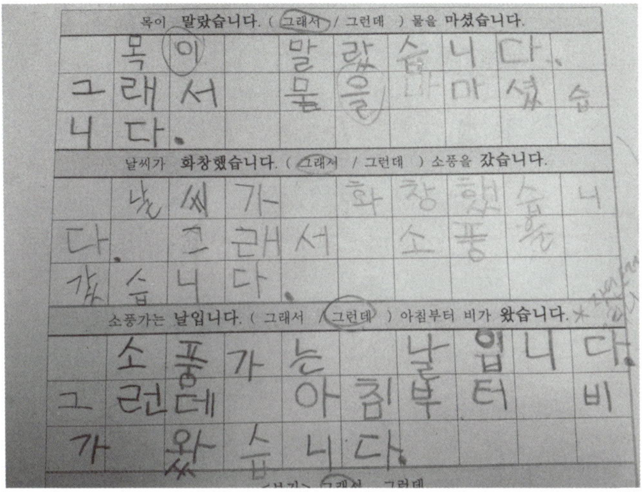
목이 말랐습니다. (그래서 / 그런데) 물을 마셨습니다.

날씨가 화창했습니다. (그래서 / 그런데) 소풍을 갔습니다.

소풍가는 날입니다. (그래서 / 그런데) 아침부터 비가 왔습니다.

철학자 하이데거(Heidegger)는 “낯선 것과의 조우를 통해 이성이 시작된다”고 했다. 즉, 익숙한 행동을 할 때에는 생각하지 않는 경향이 많다는 것이다. 익숙하지 않은 경험 혹은 낯섦을 느끼게 되면 비로소 자신과 주변을 돌아보고 생각할 여유가 생긴다는 것이다. 이런 측면에서 카이와의 만남은 나에게 ‘낯설게’ 그리고 ‘새롭게’ 다가왔다. 더불어, 익숙해져 있는 것들, 당연하게 생각해 왔던 것들에 대해 새롭게 되돌아볼 수 있는 계기가 되었었다. 많은 아이들을 가르치면서 나도 모르게 습관화하고 관습화한 것들에 대해서 생각해 보게 된 것이다.

이런 의미에서 카이와의 멘토링 과정은 내가 단순히 가르침을 주기 위한 과정만이 아니라, 나 역시 많은 것을 느끼고 배울 수 있는 시간이었다. 특히 카이와 같은 나와 다른 환경적, 문화적 배경을 가진 학생을 어떻게 바라봐야 하고 어떻게 이해해야 하는지 알 수 있는 좋은 기회이기도 했었다.

뿐만 아니라 나 자신에 대해서 되돌아보고 부족한 부분에 대해서는 개선을 추구할 수 있었다. 교직 생활을 하다 보니 학생들에게는 항상 변화하라고 하지만 실상 제일 바뀌기 어려운 것이 바로 교사라는 우스갯소리도 심심찮게 들었었다. 그만큼 교사로서 자시 자신을 반성적으로 되돌아보고 변화를 추구하기가 쉽지 않다는 말이었다. 하지만, 카이와의 시간을 통해 의미 있는 변화를 많이 추구할 수 있었고, 그 중에서도 평소에 당연하다고 생각하고 믿어왔던 것들이 항상 옳지만은 않다는 것을 확실히 인식하고 인정하게 된 것이 큰 수확이었다.

다문화 교육, 더 나아가서는 일반적인 교육 장면에서 만나는 학생들은 제각각 다른 모습과 특성과 능력과 자세를 보인다. 그렇기 때문에 다양한 학생들을 대상으로 하는 가르침의 과정 역시 똑같을 수 없다. 심지어는 똑같은 학생이라고 하더라도 언제 어떤 상황에서 어떻게 만났느냐에 따라서 가르침의 양상이 완전히 달라지곤 한다. 이런 측면에서 교수활동이 일어나는 순간을 의미 있게 되돌아보고, 성찰해 보는 시간이 꼭 필요한 것이다. 그 대상이 다문화 학생일 경우, 내가 알고 있는 것과 그들이 알고 있는 것의 차이가 생길 확률이 높으므로 가르침에 대한 이러한 반성적 과정이 더욱 강화되어야 함은 말할 나위 없을 것이다.

나는 카이와의 시간을 통해 카이를 어떻게 하면 잘 가르칠 수 있는지에 대한 방법 외에도 지도과정에서 드러난 나의 아집과 편견, 그리고 선입견을 확인할 수 있었다. 그리고 이런 일방적인 생각들이 카이에게 부정적인 영향을 얼마나 크게 미칠 수 있는지도 경험했었다. 더불어 카이를 잘 가르치기 위해 생각하고 고민했던 시간들이 반드시 바람직한 결과만을 가져오지 않는다는 것을 깨달기도 했었다.

결국 카이와 같은 다문화 학생 혹은 나와 다른 환경에서 성장한 학생들을 지도하기 위해서는 나의 지식, 태도가 부족할 수 있음을 기꺼이 인정하고, 사물 및 현상 그리고 주변을 새롭게 바라보고자 하는 지속적인 노력이 필요한 것이었다. 이러한 실천들이 점점 쌓여 카이와 유사한 환경에 처한 학생 한명 한명이 소외받지 않고 존중받는 교육을 향해 나아가길 희망하며, 이야기를 이어 나간다.

내가 가진 선입견과 편견의 위험성 환기

카이를 가르치는 과정에서 내가 지닌 선입견과 편견이 무엇인지 되돌아볼 수 있었다. 여기서 내가 말하는 선입견과 편견이란 '나의 일방적인 관점에 의한 생각들' 에 해당한다. 교육자로서 선입견과 편견을 지양해야 함에도 불구하고 과연 왜곡된 시선으로 바라보고 있는 것이 없는지 진지하게 고민해 본 적이 없었다. 하지만 카이와의 경험은 내가 전혀 인지하지 못했던 선입견과 편견이 학생과의 관계에 많은 영향을 미칠 수 있다는 점을 깨닫게 해주었었다.

(2012. 11. 15. 성찰일지)

그 동안 카이와의 대화를 생각해 보면 카이는 대부분 일방적으로 이야기를 듣고만 있었던 것 같다. 아니, 이야기를 듣고 있었다. 나 역시 카이가 이에 대한 답변을 제대로 못하는 모습만 을 기억하고 별도의 질문을 해야 할 필요성을 느끼지 못했다. 주어진 시간 안에 빠르게 진행을 해도 그날 수업을 위해 준비한 것들을 다 전해주지 못하는 경우가 많았기 때문이다. 하지만 오늘 학습을 통해서 이런 나의 모습을 반성해 보았다. 그 동안 너무 내 생각만을 카이에게 주입하려고 했던 것이 아닐까? 왜 그럼 이런 생각을 했을까? 나 스스로가 카이는 답변을 제대로 하지 못할 것이라는 편견을 너무 당연하게 받아들였던 것이 아닐까.

실제로 학습 초기에는 카이와의 기본적인 의사소통도 어려웠었다. 하지만 몇 달이 지난 이후였음에도 난 여전히 카이와의 의사소통이 어려울 것이라는 선입견을 가졌던 것이다. 우연히 진행한 문답식 대화에서 카이는 깜짝 놀랄 만한 모습을 보였었다. 결과적으로 못하는 것이 아니라 내가 그런 기회를 만들어 주지 않음으로써 카이의 가능성을 제한하고 있었던 것이다.

_________ (2012. 11. 15. 성찰일지)

그런데 그러한 과정에서 혹시나 내가 발문을 제대로 던지지 못해서 제대로 된 대화가 어려웠던 건 아닐까. 1학년 학생인 만큼 그 아이가 관심을 가지고 답할 수 있는 수준을 충분히 고려하지 못했던 건 아닐까. 그래서 그러한 시간이 무의미하다고 생각했던 건 아닐까. 하지만 실상 답변하지 못했던 것이 아니라 답변할 수 없었던 것이 아닐까 하는 생각에 이르자 미안한 마음이 들었다. 여유 있게 대답을 기다려 주지 못한 게 아닐까 하는 안타까움도 들었다. 이번 시간을 통해, 카이는 구조화된 발문이 잘 준비된다면 단순한 설명이 아닌 묻는 말에 응하고 이러한 반응을 통해 수업을 진행하는 것이 충분히 가능하다는 점을 인지할 수 있었다. 앞으로의 수업 시간에는 발문 등에 더욱 신경을 써서, 지시적이고 일방적인 방향의 수업이 아닌 함께 호흡해 나가는 수업 시간이 될 수 있도록 해야겠다.

나 중심적인 사고의 전환

카이와의 시간은 내가 당연하다고 생각하는 것들에 대해서 다시 한 번 의구심을 가질 수 있게 해주었다. 하이데거가 말했듯, 행동뿐만 아니라 생각도 습관이란 것, 즉 익숙한 것에는 무비판적이게 되는 경향이 나타날 수 있기 때문에 이러한 생각의 틀을 깨는 것은 쉽지 않은 일이었다. 철학자 폴라니(Karl Polanyi)도 비슷한 맥락에서 복잡한 사물을 한 가지 틀로 바라볼 수 없음을 지적했었다.

하지만 나는 비슷하거나 유사하다고 생각하는 것들을 묶어서 그것을 당연하게 여기는 경향이 강했다. 자연스레, 이런 자세로는 나와 다른 관점을 가진 사람의 사고나 행동을 이해하기 어려웠었다. 더욱이, 말로도 행동으로도 제대로 표현하지 못하는 카이의 상황을 이해하고 그 아이의 입장에서 생각하는 것은 더욱 힘든 일이었었다.

(2012. 10. 9. 성찰일지)

오늘 수업 시간은 시작부터 매우 힘들었다. 왜냐하면 내가 준비해간 동기유발 자료들이 카이의 공감을 전혀 이끌어 내지 못했던 것이다. 내가 어릴 적 많이 불렀던 '원숭이 엉덩이는 빨개.

(그리고) 빨간 건 사과, 사과는 맛있어. 맛있는 건(후략)' 이란 동요에 '그리고'라는 학습 내용을 자연스럽게 연결하여 소개하면 좋겠다는 생각이 들 때만 해도 학습이 쉽게 풀릴 줄 알았다. 하지만 예상외로 카이는 이 동요를 전혀 모른다고 했다. 노래에 별다른 흥미도 느끼지 못하고, 또 노래부터 가르쳐서 학습하기에는 너무 많은 시간이 걸릴 것 같다는 판단에 다른 방법을 고민해볼 수밖에 없었다.

위에서 살펴볼 수 있듯이 나도 모르게 나 중심적인 관점에서 카이의 수업을 준비하고 있었던 것이다. 카이가 어떤 동요를 알고 있는지에 대한 세밀한 배려가 전혀 없었기 때문이었다. 이 경험은 나에게 카이와 카이네 가정에 더욱 관심을 가지게 되는 계기로 작용했었다. 카이가 어떤 가정적, 문화적 환경에서 생활하는지를 제대로 파악해야만 카이의 입장에서 생각할 수 있었고, 카이가 경험해 보고 좋아하고 원하는 활동들을 제시할 수 있었기 때문이다.

드러나지 않는 소외에 대한 관심

다문화 학생들은 상대적으로 소외감을 많이 경험할 수 있지만, 이러한 소외가 겉으로 잘 드러나지 않는 경우도 있어 교사가 적절한 대처를 못할 수 있음을 경험한 일이 있었다. 멘토링을 진행하던 중 카이에 대해 이것저것 물을 것이 있어서 카이의 담임 선생님과 통화를 한 적이 있었다. 여러 이야기를 나누다가 카이의 교우 관계에 대한 이야기가 나왔었다. 의사소통에 자유롭지 않아서 혹시라도 친구들에게 놀림을 받는다거나 혼자 지내는 시간이 많지 않은지를 물어보았는데, 다행스럽게도 외톨이처럼 혼자만 지내는 상황은 아니라는 말을 들을 수 있었었다. '이야기가 잘 안 통해도 어린아이들인 만큼 다른 방식으로도 친하게 지낼 수 있는 것이겠지' 라며 대수롭지 않게 넘겼었는데, 이후의 수업 시간을 통해서 카이에게서 전혀 다른 이야기를 들을 수 있었다.

(2012. 12. 11. 수업활동 전사자료)

나 : 카이야, 학교 끝나면 뭐해?

카이 : 기다려요.

나 : 누구를?

카이 : 엄마.

나 : 엄마가 학교로 데리러 오시는 거야?

카이 : 네. 근데 기다릴 때도 있어요.

나 : 엄마가 걸어오시느라 조금 늦을 때도 있나보다. 기다리면서 뭐해?

카이 : 그냥 운동장에 혼자 있어요.

나 : 혼자? 같이 놀면서 기다릴 친구는 없어?

카이 : 없어요.

나 : 카이가 잘 지내는 친구는 누굴까?

카이 : 김민수요.

나 : 같은 반 친구야?

카이 : 유치원.

나 : 유치원 때 잘 지냈나보구나. 같은 반이야?

카이 : 민수는 우리 학교 아니에요.

나 : 그럼 같은 반 친구 중에 친하게 지내는 친군 없어?

카이 : 음, 그냥 달리기만 같이 해요. 내가 제일 빨라요.

이외에도 더 많은 대화가 이어졌지만, 결국 카이가 잘 지낸다고 했던 친구인 김민수는 카이와 같은 초등학교에 다니지 않는 상황이었다. 그리고 카이는 방과 후 학습 시간 외에는 별다른 학원을 다니지 않고 외출도 거의 하지 않기 때문에 민수와 만날 기회가 없었다. 그럼에도 유치원 친구를 현재도 잘 지내는 친구라고 이야기했던 것이다. 물론, 그 친구에 대한 인상이 깊이 남아서 그렇게 대답했을 거라 생각할 수도 있었지만, 이후 약 1년간 이어진 카이와의 시간들 속에서도 반 친구들과 있었던 일이나 친구들의 이름을 들은 적은 한 번도 없었다. 즉, 겉으로 잘 드러나지 않지만 카이는 학교생활에서 소외되고 있었던 것이다. 그럼에도 나 또한 그랬고 카이와 많은 시간을 함께 하는 담임 선생님조차 그러한 소외를 쉽게 알 수 없었고 이에 대한 적절한 대처 역시 못하고 있었다는 점에서, 카이와 같은 다문화 학생들이 알게 모르게 소외를 느끼고 있지 않은지 늘 관심을 가지고 세심히 관찰해야 한다는 결심을 하게 되었던 것이다.

뜸도 들기 전에 뚜껑부터 열기 바빴던 자세에 대한 성찰

뜸이 채 들기도 전에 밥통을 성급히 열어본 사람은 '꼬들하다' 는 의미가 무슨 뜻인지 충분히 공감할 수 있을 것이다. 취사가 끝났다는 불빛이 들어와도 일정 시간 이상의 뜸을 들여야 밥맛을 살릴 수 있다. 카이와의 수업도 이렇게 뜸을 들이는 과정이 필요했었다. 학습과 전혀 상관없던 몸과 마음의 상태가 학습에 적합한 상태로 급작스럽게 바뀌기에는 어려움이 있기 때문이었다. 더욱이 카이는 평소 학습 습관이 잘 형성되어 있지 않아서 이렇게 뜸을 들이는 과정이 무엇보다 중요했었다.

하지만, 학습 초기만 해도 준비한 내용을 서둘러 펼쳐 놓기에 급급해서, 카이가 학습에 자연스럽게 임할 수 있도록 돕는 노력이 부족했었다. 당연하게도, 카이가 어느 정도 학습에 집중했다고 느끼는 순간은 이미 학습이 한참 지나고 난 뒤였었다.

_______ (2012. 6. 14. 성찰일지)

카이는 첫 낱말부터 받아쓰기에 어려움을 느꼈다. 지난 시간에 많은 시간을 할애해서 같이 공부한 내용이었는데, '오후'의 '오'자도 못 쓰는 것이었다. 다소 당황스러우면서도 한편으론 아직 수업할 준비가 안 된 것이 아닌가 하는 생각이 들었었다. 왜냐하면 별다른 과정 없이 곧바로 수업에 들어간 경우에는 매우 쉬운 내용임에도 카이가 풀지 못하는 모습을 보였던 이전의 시간들이 떠올랐기 때문이었다. 그래서 일단은 받아쓰기를 중단했었다. 그리고 집중도와 흥미를 높이기 위해서 카이가 평소 좋아하는 '자음+모음+받침 조합 게임'을 시작했다. 게임을 하다 보니 어느 정도 카이가 집중하는 모습이 관찰되기 시작했었다. 비록 게임이지만 평소에 어려워하는 받침 있는 글자에도 자신 있게 도전하여 읽는 모습을 확인한 후 다시 받아쓰기를 시작했었다. 기대대로 카이는 쓰지 못했던 '오후'를 정확히 써 내려갔다.

카이와의 사전 수업 경험이 없었다면 난 분명히 지난 시간에 배웠던 '오후'에 대한 복습으로 수업을 급하게 진행했을 것이다. 왜냐하면 당장 나가야 할 진도도 많은데 지난 시간에 학습한 내용으로 시간을 많이 보낼 수 없다고 생각할 가능성이 높기 때문이었다.

하지만 카이가 공부에 집중할 수 있도록 만들어 주는 것이 중요하다는 것을 경험한 이후로는 무작정 진도를 나가는 것보다는 카이의 반응을 유심히 살피기 시작했었다. 카이는 미처 받아들일 준비도 안 되었는데, 마음만 급해서 준비한 것들을 다 쏟아버리겠다는 일념 하나로 내 생각만 하는 태도를 지양하게 되었던 것이다. 학교에서 재미있는 일은 없었는지, 급식에는 무엇이 나왔는지, 친구들이랑 점심시간에 무슨 놀이를 했는지 등이 수업 전 내가 카이와 많이 나누었던 이야기의 소재들이었다.

확실히 이렇게 '뜸을 들인' 날에는 수업이 원활하게 진행되는 것을 느낄 수 있었다. 이러한 경험을 몇 번 하고 나니 간혹 진도가 급해 마음이 불안한 날이라도 조금 여유롭게 수업을 시작해서 앞선 이야기들로 인해 실제 학습 시간이 줄어들지 않도록 하는 방법도 활용했었다. 그리고 이런 날은 고맙게도 20분은 거뜬히 집중하는 카이의 모습을 볼 수 있었다.

05

리아와 철형 선생님의 이야기

"공부를 못하니까 미래가 불안할 것 같아요. 10년 후 20년 후에도…"

(불안한 미래, 리아가 찍은 사진)

> "다문화교육의 접근은 높은 기대감을 가지고 학생들을 지원하고, 다양한 학생들이 교실에 가져오는 그들의 문화적 강점을 인정하며, 지식을 생산하고 이를 바탕으로 학생들을 참여시키기 위해 수업과정을 재구성하는 것을 포함한다."
> — Sleeter, C. E., & Grant, C. A. 2007

여기에서는 다문화 아동을 가르치기 전에 교사인 내가 다문화 아동과 관련하여 어떠한 경험을 겪었는지를 묘사하고, 다문화 아동인 리아를 이해하기 위해 리아의 일상과 삶의 모습이 어떠한지를 소개하며 다문화 아동 가르치기 이야기를 시작하고자 한다.

I 나와 리아의 이야기

나는 경력 7년차의 교사이다. 교직 생활에 안정을 느낄 무렵 마음 한 켠에 배움에 대한 열정이 있었기에 대학원에 입학하게 되었다. 교수님에게 수업을 들으며 다문화 아동의 삶에 대한 연구에 보조연구원으로 참여할 기회를 얻게 되었다. 다문화 아동에 관심을 갖게 된 것은 그 무렵이었다. 사실 그 전까지 내가 다문화 아동에 대해 알고 있는 것은 매스컴을 통해 전해 들은 것이 전부였다. 한국 사회에 다문화 가정이 점차 늘어난다는 신문기사들과 학교 현장에, 특히 초등학교에 다문화 아동들이 점차 많이 들어오기 시작한다는 것이었다. 다문화 아동에 대한 이미지도 피부색이 다르고 적응이 힘들다는 단편적인 생각이 전부였다. 언젠가 다문화 아동을 내가 가르쳐야 할 것이라는 생각이 들었지만 그것을 위해서 미리 내가 무엇인가를 준비해야 할 필요성을 느낀 것은 아니었다. 내가 다문화 아동 담임을 하면서 부딪히면 막연하게 해결이 될 것이라 생각했다.

그런 생각을 가지고 있을 때 만났던 첫 다문화 아동인 지수, 지수는 중국인 어머니를 둔 5학년 여학생이었다. 사실 다문화 아동이라고 하면 피부색도 다르고 한국말도 잘 못할 것이라고 생각했지만 지수는 얼굴도 한국 아이들과 별반 차이가 없고 교실 밖에서 보면 여느 5학년 학생들과 차이가 없었다. 처음 만나는 날, 지수는 다른 여학생들과 같이 면담 장소에 나왔다. 사실 두 학생 모두 내가 담임으로 맡고 있지는 않았지만 육상부 교사를 하며 가르쳤던 아동들이라 만남이 어색하지는 않았다. 문제는 나와의 면담에 계속 친구들을 데리고 오는 것이었다. 물론 친구들도 지수가 다문화 학생이라는 것을 알고는 있었지만 그 누구도 지수가 다문화 아동이라는 이야기를 먼저 꺼내지는 않았다. 그런 분위기이니 내가 친구들 앞에서 다문화 아동과 관련된 직접적인 주제에 대해 물어보는 것에 어려움이 있었다. 그날도 다문화 아동에 대한 면담을 하기보다는 아동의 일상에 대한 이야기를 하면서 주로 시간을 보냈다. 그렇게 아동과의 면담은 아동과 일대일 면담이기보다는 다른 여학생들과 같이 이야기를 나누면서 자연스럽게 아동의 삶과 관련된 주제로 면담을 진행하는 식이었다. 다른 친구들이 있다 보니 다문화와 관련하여 궁금한 주제의 면담은 제한적일 수밖에 없었다.

그러한 상황에서 지수의 삶에 대해 좀 더 많은 아야기를 듣기 위해 어머니에게 전화를 했다. 전화 통화로 약속을 잡을 때에는 의사소통의 어려움이 거의 없었다. 예상했던 것과 달리, 어머니는 한국어가 유창했다. 말투가 좀 다르기는 했지만 유창한 어머니의 국어 실력에 지수 어머니인 것이 맞는지 은연중에 확인하기도 했다. 만나기 전까지도 중국인 어머니와 언어적인 의사소통의 어려움이 있을 것이라는 생각에 걱정을 많이 했다. 하지만 어머니는 물어보는 주제에 대해 너무나 자세하게 자신의 경험을 이야기해 주었다. 짧은 만남과 결혼, 임신 그리고 지수를 키우는 과정에서 겪었던 한국 상황에서의 어려움. 그것은 내가 예상했던 것보다 더 고통스럽고 일반 학부모가 생각하는 고민의 범주보다 더욱 광범위했다. 보통의 학부모들과의 상담에서 드러나는 주제들도 있었지만 결혼 이주 여성으로서 타향 낯선 곳에 딸을 낳고 교육하기까지의 고민은 듣는 내내 너무나 고통스러웠다. 내가 예상했던 단편적인 것보다 그들이 한국 사회에 적응하기 위해 했던 고민과 경험은 더 심층적이었고 입체적이었다. 어머니와의 만남을 통해 지수의 삶에 대해 더 깊이 있게 이해하게 되었지만 아직 해결하지 못한 주제들이 있어 그날도 지수와 약속을 잡았다. 오후에 어머니에게 문자가 왔다. “지수가 만나기 싫대요” 문자를 보내고 나서 어머니는 나의 전화를 받지 않았다. 몇 번의 설득 끝에 어머니는 지수와 이야기해 보겠다고 문자를 보내왔다. 지수를 직접 만나는 것이 좋겠다는 생각이 들어 학원 수업이 끝나기까지 2시간 정도를 학원 근처에서 기다렸다. 지수는 학원을 마치고 친구들 2명과 다른 친구들을 만나러 가는 길이었다. 지수를 만났을 때 지수는 나의 시선을 피했다. 이야기를 하자고 했을 때 지수는 “더 할 이야기 없어요”라며 나와 이야기하기를 거부했다. 연구 윤리상 더 이상의 이야기를 나누려는 시도는 아동에게 피해가 될 것이라는 생각이 들었다.

기다리던 아이들과 만나서 어디론가 향해 가는 아이들의 뒷모습을 보며 그 자리에 멍하니 몇 분간 서 있었다. 문득 친구들과 같이 있는 지수를 보며 미처 내가 고려하지 못했던 것들이 생각났다. 지수와 또래 아이들과의 관계를 좀 더 살피지 못한 것은 나의 불찰이었다. 지수와 친구들은 수업을 듣는 시간을 제외하고는 하루 내내 서로 문자를 주고 받고 경험을 공유했다. 그런 아이들에게 지수가 선생님과 무슨 이야기를 했는지에 대한 친구들의 관심은 지수를 다문화 아동이라고 바라보는 시선을 더욱 강화시켰을 것이다. 숨길 것은 없지만 굳이 드러낼 필요는 없는 것인데 말이다.

두 번째 다문화 아동과 관련된 경험은 도교육청에서 운영하는 다문화 찾아가는 교실을 통한 프로그램이었다. 2008년부터 운영되었던 사업인데 다문화 가정을 방문하는 교사를 시·도별로 모집하여 다문화 가정의 집으로 교사가 찾아가서 프로그램을 운영하는 것이었다. 프로그램의 목표는 다문화 학생들의 요구에 부합하는 10시간 정도 프로그램을 계획하고 운영함으로써 즐거운 학교생활과 자아 정체감을 심어주기 위함이라고 공문에 적혀 있었다. 다문화 방문교사 계획이 도에서 공문으로 내려왔고 다문화 아동에 관심이 많은 터라 공문으로 신청서를 내고 도교육청의 계획을 토대로 10시간 계획을 세웠다. 계획을 세우면서도 이렇게 하는 것이 얼마나 효과적인지에 대한 의문은 지속되었다. 그러던 중 다문화 방문교사 200여 명을 모아 도교육청에서 연수를 한다고 공문이 내려왔다. 주최한 연수회에 찾아갔지만 방문교사 프로그램에 대한 어떠한 구체적 안내는 없었다. 담당 장학사도 교사 주체적인 프로그램의 운영에 대한 방향이나 지침을 가지고 있지 않았고 정부의 다문화 정책에 따라 교사가 해야 할 역할만 강조하고 있었다.

연수회에 동행한 동료 교사들 대부분도 어떻게 지도를 해야 하는지 실제적인 도움을 얻고자 했지만 결국 방법적인 고민을 해결하지 못한 채 돌아갔다. 그 중에는 경력 20년 교사도 있었고 이제 갓 발령이 난 신규교사도 있었지만 다문화 아동 지도 방법이나 방향에 대해 알고 있는 교사는 아무도 없었다. 그 분들 중에는 "수학 가르쳐 주고, 체험활동 하면 되잖아"라는 나름의 방법을 결정한 교사도 더러 보였다. 방법적 고민의 해소 없이 나의 주관적인 판단으로 10시간을 운영했다. 때로는 가정에 방문하여 부모님의 하소연을 듣기도 하고 수학 학습지를 몇 문제 풀면서 복습을 하기도 하고 아동과 3D 영화를 보러 가고 아동이 좋아하는 책을 사주기도 했다. 30만원이라는 돈이 어찌 보면 작은 돈일 수 있지만 그 돈이면 아동이 하고 싶은 것 모든 것을 해줄 수 있었다. 때로는 아이의 아버지와 식사도 같이하며 가족 모임에도 참여했지만 프로그램을 진행하면서도 이렇게 하는 것이 좋은 방법인지, 교사로서 아동에게 어떤 도움이 되고 있는지 고민이 되었다. 두 명의 다문화 아동을 지도한 경험을 통해 자신감을 얻기보다는 어떻게 아동을 가르칠 것인가에 대한 고민이 더욱 깊어져 갔다.

리아 소개

리아는 경남의 한 소도시에 살고 있는 12살 5학년 여학생이다. 필리핀 어머니와 한국인 아버지 사이에서 태어난 다문화 가정 아동이다. 까무잡잡한 피부를 가지기는 했지만 외모만 보고서는 다문화 아동이라고 판단하기 어렵다. 한국어로 의사소통하는 데는 별 어려움이 없으며 성적은 반에서 꼴찌에 가까우나 체육시간을 좋아하며 달리기를 잘한다. 가족은 어머니와 리아, 여동생으로 셋인데 아버지는 작년 봄에 간암으로 돌아가셨다. 유일한 수입원이었던 아버지의 부재로 인해 가족의 생계는 막막해졌고 살고 있던 원룸도 비워줘야 했다. 리아 어머니의 여동생인 이모도 한국에 살고 있다. 리아 어머니와 마찬가지로 이모도 한국인 남자와 결혼했지만 남편의 폭력으로 이혼을 한 이후에는 계속 모자 보호시설에서 살고 있다. 이모의 권유로 리아네 가족은 그 곳으로 거처를 옮기게 되었다. 방 크기는 15평 정도이지만 방 2개가 있고 기본적인 것이 갖추어져 있어 어머니와 리아, 동생이 살기에 부족하지는 않다. 단점이 있다면 그곳에 5년밖에 머물 수 없다는 것과 시설이 시 외곽에 자리 잡고 있어 학교에 가기 위해서는 시설 버스를 타고 15분 정도 가야 한다는 것이다.

리아네 가족은 시설에서 보조를 받는 돈으로 기본적인 생활은 하고 있지만 5년 후에는 집을 비워줘야 하기에 어머니는 돈을 벌기 위해 조선소에 나간다. 어머니는 조선소에서 배의 갑판을 연결하는 취부(납땜) 일을 하는데, 근처 도시에서는 자리를 구하기가 쉽지 않다. 그래서 가끔은 리아가 살고 있는 도시에서 세 시간 쯤 떨어진 인천까지 가서 일을 하지만 월급은 겨우 100만원 남짓이다. 일을 위해 멀리 가는 경우에는 2~3일씩 집을 비울 때도 있다. 그 때는 리아가 어머니 역할을 대신해 동생 밥을 차려 주거나 학교 가는 일을 도와준다. 리아에겐 동생이 하나 있는데 리아보다 한국말이 더 서툴러서 시에서 지원을 받아 언어치료를 받고 있다. 동생은 학교에 빠지기 일쑤며 리아 말을 잘 듣지 않아 자주 다툰다.

리아의 일상

리아의 아침은 다른 학생들과 크게 다르지 않다. 시설 버스를 타고 학교에 가서 수업을 듣는다. 수업이 끝나면 다른 아이들은 집에 가지만 리아는 학교에 남아서 보충수업을 듣는다. 말이 보충수업이지 학교에 남아서 나머지 공부를 하는 것이다. 수학 교과 성적이 낮을 뿐만 아니라 다른 학생들처럼 학원시간이 잡혀 있는 것도 아니어서 선생님은 리아에게 남아서 공부하라고 이야기한 것이다. 하지만 선생님도 업무를 처리하느라 바쁘다 보니 이 시간은 교실에 리아 혼자 남아 문제집을 풀거나 그 날 하지 못한 숙제를 하는 시간이 되어 버렸다. 시설 버스를 타고 집에 와서부터는 시설에서 아이들에게 제공하는 프로그램에 참여하기 바쁘다. 로봇교실이 끝나면 태권도 학원을 간다. 중간 휴식시간에는 간단하게 간식을 먹거나 TV를 본다. 학원을 마치고 10시쯤 잠자리에 들기까지는 주로 TV를 본다. 어머니가 조선소 일로 집을 비울 때에는 설거지를 하거나 집안 청소를 한다.

리아의 일상

시간	주요 일과	주로 하는 일
08:20~14:30	학교 수업	수업
14:40~15:30	보충수업	담임 선생님과 수학 공부
15:30~16:00	하교	시설 버스 타고 집에 오기
16:00~16:30	휴식시간	TV 보기
16:30~17:20	로봇교실(시설내)	로봇 만들기
17:30~18:00	저녁시간	간단하게 저녁밥 먹기
18:00~19:20	태권도 학원(시설외)	바우처 학원
19:20~22:00	집안일, 놀기	집안일을 하거나 TV를 보기
22:00~	잠자리 들기	잠자기

의사소통이 어려운 어머니

리아의 어머니는 의사소통에 어려움을 겪고 있었다. 한국어로 이야기를 하면 이해하지 못하는 경우가 많고 질문에 대한 대답도 한두 단어로 짧게 하거나 대화를 할 때에는 영어를 섞어서 이야기하곤 했다. 리아가 학교에서 선생님이 적어주는 알림장을 집에 들고 가면 어머니가 읽는 것은 불가능했고 내용을 설명하고 이해시키는 데도 시간이 걸렸다. 이에 필요한 부분이 있으면 엄마에게 몸짓으로 설명하거나 존댓말을 쓰면 어머니가 알아듣지 못하니까 반말로 설명하기도 하고, 때론 물건이 가까이 있으면 물건을 가져와 설명하기도 했다. 어머니가 가까스로 알아듣는 모습을 보면 답답함이 풀리기는 하지만 리아 스스로도 매번 그렇게 설명하는 것이 여간 힘든 것이 아니다. 이러한 의사소통의 어려움이 지속되면서 어떤 교육적 상황에서는 리아가 스스로 결정을 내리게 된다. 예를 들어 가정통신문으로 다문화 아동에 대한 캠프 안내장이 나오면 어머니에게 이야기하지 않고 스스로 판단해서 참여 여부를 결정했다. 학년이 올라갈수록 그러한 결정도 점점 늘어갔다. 그럴수록 리아의 어머니가 아동의 학교생활에 대해 아는 것도 점점 줄어만 갔다. 심지어 학교 성적표도 어머니에게 보여주지 않았다. 물론 성적이 낮은 것도 있었지만 성적표를 보여주지 않아도 어머니는 우리나라의 교육 상황을 알지 못했기에 굳이 핑계를 댈 필요도 없었다.

어머니는 시설 밖에 나갈 때면 항상 리아를 데리고 나간다. 특히 관공서나 동사무소에 갈 때면 통역사인 리아가 필요하다. 가끔 통역하는 것이 힘들 때가 있어서 어머니에게 한국말을 가르쳐줄 생각도 했지만 어머니에게 한국말을 가르쳐 주기 위해서는 영어도 능숙해야 하는데 리아는 그렇지 못했다. 그렇다고 어머니가 리아에게 영어나 필리핀어를 가르쳐 준 것도 아니다. 한국에 태어나서 어머니의 언어를 가르친다면 한국어를 익히는 데 방해가 된다는 리아 어머니의 생각 때문이었다. 하지만 리아는 TV나 어머니가 필리핀에 있는 가족들과 인터넷으로 통화하는 모습을 보며 필리핀어를 자연적으로 습득했다. 리아가 가끔 필리핀 고유어를 쓰는 모습을 보면 어머니는 그냥 웃는다. 가르쳐 주지도 않았는데 배운 모습이 신기한 모양이다. 하지만 집 밖에서는 필리핀 고유어를 쓰지 않는다. 가끔 친구들이 필리핀어를 가르쳐 달라고 졸라도 가르쳐 주지 않는다. 어머니의 언어를 가르쳐 주고 나서 친구들이 서로를 놀리는 데 어머니의 언어를 쓴다고 생각하면 기분이 좋지 않을 것 같기 때문이다. 친한 여자 아이들이 종종 물어보기는 하지만 그래도 가르쳐 주지 않는다.

어머니는 여전히 한국말을 하지 못하지만 한국말을 못하는 어머니를 보며 리아는 슬프지 않았다. 어머니가 필리핀에서 왔기 때문에 자연스러운 현상이라고 생각했다. 유치원 때부터 친구들과 어울리기 시작하면서 친구들은 리아를 놀리기 시작했다. 어머니가 유치원에 들르고 나서부터 아이들은 인도 아이라고 놀리기 시작했다. 그때는 피부색으로 인한 것이라 생각해 어머니 몰래 썬크림을 바르기도 했다. 그래도 놀리는 아이들을 보면 대꾸도 못하고 울기만 했다. 피부색으로 놀림을 받고 리아가 울면 친구들은 더 심하게 놀려댔다. 엄마가 인도 사람이라면서. 친구들에게 계속 놀림을 받으면서 리아는 그냥 계속 대꾸하지 않을 때 아이들이 그만 놀린다는 것을 경험적으로 깨달았다. 자기가 울거나 반응을 보일수록 아이들의 놀림이 더 심해진다는 것을 알고, 다음부터는 놀려도 민감하게 반응하지 않으려고 노력했다. 리아는 또래 생활을 통해 외부의 자극에 반응하기보다는 '무시하기'라는 나름의 적응 방법을 찾고 있었다. 그렇다고 집에 와서 어머니에게 투정을 부리지 않은 것은 아니다. 어머니에게 학교에서 차별당했던 이야기를 꺼내면 어머니는 항상 리아를 위로해 주기보다는 "괜찮다"라는 말만 계속 반복해서 오히려 리아의 상처는 더욱 커져만 갔다. 위로받을 수 없는 상황과 바꿀 수 없는 피부색은 리아를 현실에 적응시키기도 했지만 상처는 아물지 않았다.

얼마 전 사촌언니인 예진언니가 친구들에게 왕따를 당했다. 아이들이 피부색을 보며 "더럽다"라고 이야기하는 모습을 멀리서 지켜보면서 "내가 겪었던 일을 언니는 지금 겪는구나"라고 생각했다. 그 일을 모든 사람이 겪는 것은 아니지만 다문화 아동이라면, 피부색이 다르다면 한 번쯤은 겪어야 되는 일이라고 생각했다. 하지만 한편으로는 사람이 다 똑같은데 왜 차별받아야 하는지 궁금하다. 차별을 받았던 리아와, 현재 진행형인 언니를 보면 이런 현실이 싫다.

어머니와 다른 리아

어머니는 통일교를 믿고 있었다. 리아는 아직 종교적인 가치관이 형성되어 있지 않지만 어머니와 다른 자기만의 종교적 생각을 가지고 있다. 리아는 어머니의 종교를 그대로 따르기보다는 경험을 통해 종교에 대한 나름의 생각을 가지고 있었다. 주말에 한 번씩은 어머니를 따라 통일교에 가지만 계속 통일교를 다니고 싶은 생각은 없다. 통일교는 어머니와 아버지를 만나게 한 종교이고 어른들의 종교였다. 어머니를 따라가면 항상 낯설었고 그곳에 가면 함께 지낼 또래 아이들 모임도 없었다. 통일교가 아닌 다른 교회에 가면 어린이 모임이 있어서 친구들끼리 어울릴 수도 있는데 리아가 가는 통일교는 그렇지 못했다. 리아는 어머니가 믿기에 나도 믿어야 하는 것은 아니며 자기 나름의 경험을 근거로 어머니의 종교를 배척하고 있었다. 어머니와의 생각의 차이는 종교뿐만 아니라 일상생활에서도 드러난다.

어머니가 평소에 가장 강조하는 것은 "여자다움"이다. 하지만 어렸을 때부터 리아는 활동적인 것을 좋아했다. 그네를 타면서 느끼는 하늘에 붕 뜨는 기분은 리아에게 가장 흥분되는 순간이었다. 하지만 엄마는 여자답게 조신하게 행동하는 것을 강조했고 까부는 것을 달가워하지 않았다. 리아가 그네를 타고 있으면 "여자가 돼 가지고" 하면서 그네 타는 것을 말렸다. 하지만 리아 생각은 조금 달랐다. 반에서도 자기가 가장 잘하는 것이 달리기와 줄넘기라 '여자다움' 보다 자신이 잘할 수 있는 것을 마음껏 하고 싶어했다.

암울하지만, 부정하고 싶지 않은 미래

리아는 어머니가 필리핀 남자와 결혼하지 않고 한국인 남자와 결혼한 것에 불만이 많다. 어머니와 아버지가 필리핀의 통일 교회에서 만나 서로 좋아해서 결혼한 것을 알고는 있었지만 결혼 후 힘들게 사는 것이 항상 불만이었다. 어머니는 다른 다문화 가정과 달리 아버지와 사랑해서 결혼했다고 이야기했지만 아버지가 돌아가시기 전에 이모와 이모부의 이혼 이야기를 듣고는 어머니 사정도 크게 다르지 않다고 생각했다. 어머니가 키 작고 가난하고 뚱뚱한 이모부와 이모의 이혼을 두고 이모를 탓하고 있을 때도 리아의 가정도 별반 다르다고 생각하지 않았다. 이혼하려는 이모에게 화내는 어머니에게 리아는 왜 아버지와 결혼했느냐고 물었다. 어머니는 다르다고 했지만 리아는 이모와 자기네 형편이 비슷하다고 생각했다. 어렸을 때 찍은 생일 케이크 사진을 보면서 리아는 '자기 미래가 어둡다'고 생각하고 있었다. 수학 성적 18점, 반에서 뒤에서 두 번째인 자신이 대학에 갈 수 없고 취직이 힘들 것 같다는 이야기를 자주 했다. 현재의 환경 때문인지 미래에 대해 비관적이었다. 리아 스스로 생각하기에 잘하는 것이라고는 달리기뿐이다.

리아는 유치원 시절 이후 반에서 소외된 아이들과 유달리 친하다. 그 중 한 명이 승연이다. 승연이는 느려서 아이들이 싫어했다. 수업 시간이나 체육 시간에 항상 느려서 주위의 도움이 필요했다. 라이는 그런 아이들을 챙기면서 스스로 위로받고 있었다. 그런데 그런 승연이보다 이번 중간고사 성적이 낮았다. 정말 충격적인 일이다. 공부를 못하는 것은 알고 있었지만 자신이 배려하는 아이보다 성적이 낮다는 것은 리아에게 큰 자극이 되었다.

리아는 자신이 처한 삶에 적응하기도 하고 때로는 불만을 갖기도 하지만 가정의 존재 자체를 부정하지는 않았다. 대답을 머뭇거리기는 했지만 다문화 가정의 아동으로서 어머니를 통해 다른 나라 문화를 이해하기도 하고 언어적 소통의 장점이 있다는 것을 알고 있었다. "다시 태어났을 때 엄마가 필리핀 사람이면 좋겠어? 한국 사람이면 좋겠어?"라는 질문에 "필리핀"이라고 대답했다. 어머니를 통해 다른 나라 언어나 문화를 알 수 있는 것의 장점을 몸소 깨닫고 있었다.

사회복지시설의 낮은 수준의 학원교육

일반 아동에게 있어 학원은 부모의 선택하에 부족한 과목을 보충하거나 미래를 위한 투자로 이루어지는 게 대부분이다. 하지만 리아에게 있어 학원이란 부모의 선택적인 교육의 의미보다는 시설이나 복지관에서 정해진 교육 프로그램을 이수하는 것에 머무르는 경우가 대부분이었다. 현재 살고 있는 시설에 오기 전에도 리아는 사설학원에 다닌 적이 없었다. 물론 아버지 혼자 조선소에서 버는 돈으로 학원을 보낼 형편이 되지 않았기에 선택한 것이 동에서 무료로 운영하는 복지관에 가는 것이었다. 그곳에 가서 수업시간에 배운 내용을 복습했다. 그곳 선생님들도 전문적인 교과 교육 전공자가 아니라 복지관 일을 하면서 업무로 아이들을 가르치는 경우가 대부분이었다. 더군다나 복지관에 다니는 학생이 많다 보니 개개인의 학습 부진을 진단하고 가르치는 일은 현실적으로 어려웠다. 시설에 온 이후에도 로봇교실, 리본공예, 컴퓨터, 태권도를 배우지만 이것 또한 시설에서 전체 아동들에게 필요한 수업을 구성한 것이지 리아에게 필요한 프로그램은 아니었다.

리아의 영어 교과에 대한 경험

리아는 성적이 낮지만 과목 중에서 가장 뛰어난 과목이 영어다. 평균 90점 정도로 또래 5학년 아이들보다 잘하는 편이다. 당연히 리아 성적 중에서 가장 뛰어난 과목이지만 리아는 영어 수업시간에 적극적으로 발표하지 않는다. 아니 강제적으로 해야 될 발표가 아니면 오히려 비슷한 수준의 아이들보다 더 나서려 하지 않는다. 친구들은 어머니의 존재에 대해서 알게 된 이후로 어머니가 영어를 쓰기 때문에 리아 또한 영어를 잘 할 것이라 기대하고 있었다. 아이들의 시선이 부담스럽기도 했지만 영어 발표 이후 아이들이 "너 영어 못하네"라고 한 말은 충격으로 다가왔다. 충격을 받았다고 해서 영어를 유창하게 하고 싶지는 않다. 리아에게 영어는 가끔 어머니와의 의사소통 수단 그 이상도 이하도 아니다. 의도하진 않았지만 그래도 어머니에게 배웠던 영어가 가끔 써먹을 데가 있다. 이모가 전화로 엄마 어디 갔느냐고 물어봤는데 "hospital"이라고 대답하고 전화를 끊었다. 리아 스스로 신기했다. 학교에서 배웠던 영어 단어장에도 없는 내용인데 어떻게 알았지 하고 반문해 보면서 어머니가 말했던 것을 떠올렸다.

특별하지 않은 공휴일

주말에 선생님이 일기를 쓰라고 하지만 쓸 내용이 별로 없다. 가족과 여행가거나 특별히 기억에 남는 일이 없기 때문이다. 리아는 주말에 어머니와 통일교회를 가는 것과 장 보러 가는 것 빼고는 대부분 집에 있다. 이번 어린이날도 비슷했다. 사실 리아뿐만 아니라 아이들에게 어린이날이란 1년 중 가장 자유로운 날이기도 하지만 가고 싶은 곳, 하고 싶은 것을 할 수 있는 권한을 부여받은 날이기도 하다. 그날, 보통의 아이들은 부모와 놀이공원에 가거나 외식을 하거나 특별한 경험을 한다. 하지만 리아에게 어린이날은 평소와 다르지 않았다. 평소에도 자주 가는 동네 앞 어귀에서 어린이날이라고 벌어진 행사에 이모와 같이 간 것, 그것이 전부였다. 그렇다고 어머니가 무슨 선물을 사준 것도 아니었다. 어린이날도 여느 날과 다르지 않았다.

이러한 일은 비단 어린이날뿐만이 아니었다. 학교에서 큰 행사인 운동회 날에도 어머니는 삼각 김밥 2개를 사주었다. 보통 아이들은 어머니가 음식을 장만해서 돗자리를 깔고 아이들과 둘러서 먹거나 외식을 하는데 리아의 경우는 조금 달랐다.

Ⅱ 시작에 대한 고민

여기에서는 아동을 만나기 전에 가르치기와 관련하여 교사가 어떠한 고민을 했으며 수학 교과에서 아동의 성취 수준을 확인하기 위해 어떠한 진단 방법을 실시했는지 묘사하고자 한다. 그 과정에서 아동의 요구를 반영하여 가르치기의 방향을 어떻게 설정했으며 래포를 형성하기 위해 어떠한 전략을 사용했는지 이야기하겠다.

리아와의 첫 만남

리아를 처음 본 것은 리아가 5학년이 되고 개학한 그 다음날이었다. 사실 개학하기 전까지 리아를 본 적은 없지만 리아에 대한 소문은 익히 알고 있었다. 리아가 다문화 학생이며 아버지가 작년에 간암으로 돌아가셔서 남은 가족은 리아와 여동생 그리고 필리핀이 고향인 어머니 셋뿐이라는 것을 주위 선생님에게서 들었었다. 선생님들은 그 이야기를 나에게 전하면서도 항상 "어떡하노." "걱정이다."라는 말을 덧붙였다. 매년 2월 말이 되면 업무 배정을 하면서 담임 배정도 동시에 이루어지는데, 새 학기 반 편성표를 받은 날 리아가 우리 반인 것을 알게 되었다. 이야기는 들었지만 어떤 아이인지 궁금했다. 개학 첫날, 아이들을 보며 출석을 부르는데 리아가 보이지 않았다. 개학 첫날 리아는 학교에 오지 않았다. 첫날부터 결석하는 경우는 드물기 때문에 걱정이 되었지만 개학날의 바쁜 일정 탓에 잊고 있었다. 다음날, 교실 밖에서 아이들이 수군대는 소리가 들렸다.

"외국인이다." 아침 일찍 리아 어머니가 리아와 수아를 데리고 교실로 왔다. 주위에 몰려든 아이들을 떼어내고 연구실로 리아를 데리고 갔다. 한국말에 서툰 어머니는 연신 이사 간다는 말만 반복할 뿐이었다. 어머니가 계속 얘기하는 동안 리아와 동생 수아는 가만히 옆에 앉아 있었다. 리아 어머니와 짧은 대화를 마치고 그렇게 리아와 수아는 전학을 갔다.

리아를 가르치기로 생각한 것은 사실 리아에 대한 그 날의 기억 때문인지도 모르겠다. 리아를 보내고 아이들에게 리아가 전학을 갔다는 이야기를 전했는데 놀랍게도 아이들 중 단 한 명도 리아의 안부를 궁금해하지 않았다. 그러한 기억이 리아를 가르치게 된 계기가 되었다. 리아를 가르치는 일은 리아 학교의 담임 선생님에게 협조를 얻는 일부터 시작했다. 담임 선생님에게 바로 전화하는 것이 자칫 선생님에게 부담이 될 것 같아 담임 선생님과 친한 동료 선생님에게 연구내용에 대한 설명을 부탁했다. 담임 선생님은 "설문지를 돌리며 연구하는 것은 다른 아이들이 리아가 다문화 아동인 것을 모르는 상황에서 오히려 리아를 다문화 아동으로 인식할 수 있는 계기가 되기 때문에 안 될 것 같다."는 부정적인 입장을 나타냈다. 담임 선생님은 이전 학교에서는 어떻게 지냈는지 모르지만 학급에서 리아가 교우관계 문제 없이 활발하게 잘 지낸다는 이야기를 동료 선생님을 통해 나에게 전해 주었다.

연구과정과 목적에 오해가 있는 것 같아 담임 선생님에게 직접 전화를 했다. 담임 선생님은 안면이 있는 후배 선생님이었다. 첫 통화에서 담임 선생님은 이전 학교와 달리 리아가 친하게 지내는 친구들이 있다고 했다. 담임을 맡은 지 며칠 되지 않았지만 이전 학교의 선생님을 통해 아동의 상태에 대해서 이야기를 들은 모양이었다. 또한 담임 선생님은 리아가 다문화 아동인 것을 다른 친구들이 알지 못하고 있으며 알고 있는 몇몇 친구들도 비밀로 하고 있는데 설문지를 돌린다면 아이들이 리아가 다문화 아동인 것을 알게 되지 않을까 걱정을 하고 있었다. 그래서 담임 선생님에게 이 연구는 실행연구이며 또한 수업을 위해 가정을 방문하기 때문에 그러한 염려는 하지 않아도 된다는 이야기를 전했다. 연구 목적과 방법에 대한 이야기를 나누고서야 담임 선생님은 연구에 협조해 주기로 했다. 그러면서 담임 선생님은 리아에 대한 이야기를 풀어놓기 시작했다. 담임 선생님은 리아가 상록원이라는 모자 보호시설의 임대 주택에서 살고 있다는 이야기를 들려주었다. 전학 가던 날 비교적 큰 동네인 율리로 이사 간다는 이야기를 들어 잘 살고만 있는 줄 알았는데 큰 충격이었다. 왜 그곳으로 가게 되었을까? 현재는 어떻게 살고 있을까? 여러 가지 생각이 머릿속에 스쳐 지나갔다. 담임 선생님은 상록원까지 거리가 멀어 등하교시 봉고차가 태워주고 간다는 이야기도 전해 주었다. 내가 진행할 수업의 운영 방향에 대해 조언을 구하니 선생님은 학업 성적이 낮으니 학습에 도움이 되었으면 하는 바람을 이야기했고 언제든 협조하겠다는 긍정적인 이야기를 전했다. 조만간에 학교를 방문하겠다는 이야기를 끝으로 전화를 끊었다. 리아에 대한 걱정으로 가슴이 먹먹해졌다.

다음날, 인터넷으로 상록원에 대해 먼저 알아보았다. 내가 거주하는 지역에 있는 시설이지만 매우 낯설었다. 상록원이라는 시설을 어느 정도 이해하고 현장에 들어가야 한다는 생각에 인터넷 검색했지만 몇 장의 사진과 정보가 전부였다. 직접 부딪혀 보자는 생각으로 음료수 한 통을 사 들고 상록원을 방문했다. 고급 아파트가 근처에 있었지만 조금 더 안으로 들어가니 이 도시에 이런 곳이 있나 싶을 정도로 시골마을 분위기가 느꺼졌다. 외지에 있어 장소를 찾기가 쉽지 않았다. 어렵사리 상록원을 찾아 들어갔지만 사무실을 찾기 어려웠다. 아이에게 사무실을 물어보고 찾아가는 길에 체육복을 입은 아동들이 보였다. 율리초등학교 아이들이었다. 사무실에 들어가니 사람들이 분주하게 움직이고 있었다. 무슨 일 때문에 왔느냐고 직원이 물어보았다. 무슨 말을 할까 고민하다 엉겁결에 아동과 관련하여 상담을 하고 싶다고 이야기했다. 사무국장님은 나를 사무실의 다른 방으로 안내했다. 들어가 나의 소속을 밝히고 리아에 관하여 이야기를 시작했다. 전학을 오기 전 학교에서 하루 담임을 했었고 학력 향상을 위해 멘토링을 하겠다고 이야기했다. 사무국장님은 최근 들어 시설에 다문화 아동이 들어오기 시작했고 리아는 성격도 좋고 활발하며 언어 사용에 문제가 없으나 리아 동생은 의사소통이 잘 안 되어 다른 기관과 연계하여 언어치료를 하고 있다는 이야기를 했다. 이야기를 나누던 중에 리아를 직접 담당하는 선생님도 소개시켜 주었다.

수업을 어떻게 운영할 것인지에 대한 담당 선생님의 질문에 수업의 방향은 아직 정해지지 않았고 아동과 어머니의 허락을 받고 요구가 파악되면 1년의 기간 동안 실행할 것이라고 이야기했다. 그러자 담당 선생님은 리아 어머니는 조선소 일을 하고 바쁘며, 아동을 잘 교육하는 일은 시설에 일임되어 있다고 이야기했다. 시설은 교육적인 역할뿐만 아니라 어머니를 대신하는 보호자 역할도 하고 있었다. 시설에서 운영하는 교육 프로그램과 시간이 중복되는 것을 피하기 위해 시간 조정이 필요했다. 오후 7시 30분부터는 스포츠 바우처로 아이들이 태권도 학원에 가기 때문에 내가 학교 근무를 마치고 최대한 빨리 올 수 있는 시간인 6시부터 1시간가량 수업을 진행하면 좋겠다는 이야기도 전했다. 또한 화요일은 학교에서 늦게 오고 목요일은 새롭게 시작되는 프로그램이 있기 때문에 월, 수, 금이 좋겠다고 해서 금요일 6시로 시간을 배정했다. 생각보다 외부의 사람이 들어오는 것에 대한 거부감은 없었지만 수업을 위해 상담도 진행한다는 이야기를 했을 때는 상담한 이야기를 시설에 공개해 주기를 원했다. 상담 내용을 공유한다면 시설에서도 아동의 상담과 연계시켜서 지도할 수 있다고 했다. 마침 그날이 체육대회 날이어서 리아 어머니가 아이들에게 삼각 김밥 2개를 사줬다고 했다. 그 모습을 안타깝게 생각해 같이 식사를 했다는 이야기를 듣고 시설에서도 리아네 가족의 어려움을 알고 배려하고 있다는 느낌을 받았다. 리아를 담당하시는 선생님은 아동이 주위의 배려에 부담을 느낀다고 이야기했다. 문득 담임 선생님과의 전화 통화 내용이 생각났다. 담임 선생님도 리아가 담임 선생님의 배려에 부담을 느껴 접근하기 조심스럽다는 말을 했었다. 담당 선생님에게 리아가 부담을 느끼지 않게 전달을 잘 해 달라는 당부를 남기고 상록원을 나왔다.

막상 약속을 잡고 나니 리아와의 첫 만남에 뭘 할까 하는 고민이 며칠 동안 나를 괴롭혔다. 연구의 시작을 어떻게 해야 장기간의 연구를 순조롭게 진행할 수 있을까 하는 고민을 거듭했다. 사실 3월 3일 전학 가기 전, 아침 몇 분의 만남이 전부였기에 아이가 나를 기억할 것인가에 대한 걱정도 들었다. 수업을 운영하기 전 아동의 요구를 조사하고 래포를 형성할 수 있는 수업으로 무엇을 선택할지와 어떤 내용으로 면담 질문을 구성할지 고민이었다. 면담 가이드 참고를 위해 이동성 외(2011)의 면담 가이드 내용을 읽어보고 면담의 구성내용 초안을 잡기는 했지만 참고한 면담 가이드는 아동의 삶에 초점이 있었고 본 연구는 아동의 학업 성취 과정에 초점이 있으므로 면담 가이드를 재구성해야 한다는 생각이 들었다.

그러나 처음부터 형식화된 면담 가이드는 래포를 형성하는 데 방해가 될 것 같다는 생각에 아동과의 개방적 면담을 위해 결국 빈칸 완성 검사지를 들고 상록원을 찾았다.

언덕을 올라가는 길에 담당 선생님을 보았다. 담당 선생님은 깜짝 놀라며 깜빡했다고 미안해하며 상록원으로 나를 안내했다. 오늘부터 수업을 운영할 것이라고 말씀드렸지만 바쁜 일 때문에 깜빡한 모양이었다. 방송으로 리아를 찾고 1층 공부방으로 안내했다. 3평 정도 되는 작은 방이고 춥긴 했지만 조용하고 아늑해서 수업을 운영하기에는 더 없이 좋은 장소였다. 곧이어 리아와 어머니가 내려왔다. 어머니와 이야기를 나누고 싶었지만 어머니는 "다음에"라는 말만 짧게 남기고 리아와 눈을 맞추고 집으로 올라가셨다. 리아는 하루 담임이었던 나를 기억하고 있었다. 전보다는 살이 조금 빠진 것 같았지만 얼굴 표정은 좋아 보였다. 이야기를 나누고 있는 도중 원장 선생님이 들어오셨다. 이렇게 방문해 주어서 고맙다는 인사를 하시고 잘 부탁한다는 말씀을 전하셨다. 면담에 대해 긍정적으로 생각해 주시고 리아에게 격려도 해주시는 모습을 보니 리아가 참여하는 데 긍정적인 도움이 될 것이라는 생각이 들었다.

수업을 장기적으로 진행하기 위해서 가장 중요한 것이 래포 형성이다. 더군다나 아동에게 공부를 가르친다는 생각만으로도 아동이 부담을 가질 것이라 생각했다. 그렇기 때문에 리아와 만나기 전부터 많은 고민을 했다. 래포 형성을 목적으로 처음에 만나 시작한 것이 이미지 게임이었다. 상대를 알기 전에 외모나 느낌을 가지고 상대를 평가하는 게임인데 이를 통해 리아와 나는 서로를 알아가는 시간을 가졌다. '닮은 사람은?' '화나면 어떨 것 같은가?' '잠버릇' 등 이미지를 가지고 가벼운 질문을 하면서 화기애애한 분위기가 이어졌고 마음의 벽도 조금씩 허물어지기 시작했다. 먼저 이성에 대한 이야기를 나누었는데 리아는 자신이 인기가 조금 있다고 했다. 반의 어떤 남자아이가 선생님이 교실을 나가면 자기에게 웃긴 이야기를 하거나 자기의 실내화를 숨기기도 한다고 했다. 이성에 관심이 많은 나이여서 그런지 그런 남학생의 행동을 이상하게 생각하기는 했지만 싫은 눈치는 아니었다. 일상생활에서는 동생과의 관계에서 스트레스를 받고 있었다. 동생이 말을 듣지 않고 자기를 바보멍청이라고 놀릴 때는 자기도 같이 성질을 내서 싸우기도 하고 집에 들어가서 문을 잠그고 종종 다툰다고 했다. 잠버릇이나 잘 안 씻는 것에 대해서도 편한 분위기 속에서 농담을 주고받으며 면담을 이어갔다. 어린이날이 며칠 지난 뒤였기 때문에 어린이날에 뭘 했는지 물어보자 이모와 이 전에 살던 동네에서 열린 어린이날 행사하는 곳에 갔다고 했다. 뭘 했느냐는 질문에는 "아무것도 안 했어요."라는 대답을 툭 내던졌다. 기대한 만큼 재미있는 어린이날은 아니었던 것 같았다.

이미지 게임이 끝나고 문장 완성 검사를 실시했다. 리아의 꿈은 유치원선생님이었다. 유치원 선생님이 되고 싶은 이유는 예전에 어린아이들과 만났던 경험 때문이었다. 자기보다 어린 아이들을 만났을 때 재미있게 해주면 아이들이 좋아하는 모습이 신기한 모양이었다. '내 능력은……' 이라는 질문에는 가볍다는 이야기를 적었다. 몸무게 이야기인 줄 알았는데 요즘 자신이 붕붕 떠있다는 이야기를 했다. 마음이 붕붕 떠있다고 했다. 리아는 생각보다 자신의 상황에 대해 조리 있게 이야기를 했다. 자신이 붕붕 떠있다는 이야기는 현재 자기의 모습이 자신의 본 모습과 다르다는 의미였다. '앞날이……' 에 대해서는 힘들 것 같다고 적었다. 이유를 물어

보니 숙제를 잘 안 해서 그렇다고 했다. 일기는 가끔 쓰지만 일기 외에 교과 숙제는 거의 하지 않았다. 숙제를 하지 않는 이유는 시설에서 하는 수업이 밤 9시쯤 끝나 피곤하기 때문이라고도 했지만 주말에도 숙제를 하지 않는 것을 보면 숙제를 하지 않는 것이 거의 습관이 되었다고 생각했다. 그리고 그러한 행동들이 나중에 자기를 힘들게 할 것이라고 했다. '어린 시절로 돌아간다면……' 에서는 고향으로 돌아간다는 이야기에 나도 모르게 필리핀이라는 이야기를 했다. 하지만 나의 생각과 달리 리아가 의도한 고향은 태어난 곳인 밀양이었다. 예전으로 돌아가고 싶다는 이야기였다. 예전으로 돌아가고 싶은 이유는 어렸을 때 당한 왕따 기억 때문이었다.

(2011. 5. 6. 리아와의 대화)

나 : 왜? 예전으로 돌아가고 싶다는 얘기야 아니면…….

리아 : 예전으로…….

나 : 어렸을 때로 돌아가고 싶단 얘기야?

리아 : 네 타임머신 타고.

나 : 왜?

리아 : 아, 어떤 애한테 복수하려고요.

나 : 누구한테?

리아 : 아니요. 7살 때요 왕따 당했는데요. 유치원 때요 남자애들이 계속 저한테 왕따를 시키는 거예요. 여자애들은 다 친군데요 . 남자 애들은 저랑 다르다면서.

나 : 뭐가 달라?

리아 : 얼굴색이라든지 다문화 가정이면 다 다르잖아요. 그래 가지고요 우리 엄마를 인도 사람이라고 취급하고 그래

가지고요.

나 : 아, 엄마를 인도사람이라고.

리아 : 그래서요 계속 좀 괴롭혔어요.

나 : 어떻게 괴롭혔어?

리아 : 몰라요. 아프리카 새깜둥이 이상한 말 하구요. 남자애들 이랑 모둠 했는데요. 계속 저한테 이상한 말 하구.

(중략)

리아 : 7살 때도 남자애들 거의 다 까맸는데 저한테만 그랬어요.

나 : 음 그래서 그것 때문에 스트레스 많이 받았구나?

리아 : 네.

리아는 두려운 일을 겪을 때 마음속으로 "물러가라, 물러가라."라고 외치면 마음이 조금 편안해진다고 했다. 그래서 무서운 꿈을 꾸거나 어려운 일이 있을 때 자신의 마음을 그런 방법으로 다스리고 있었다. 태권도 시간이 다가와 리아에게 나와의 시간을 보내고 느낀 것들을 일기로 쓰라고 일기장을 주었다. 선생님이 너에게 어떤 역할을 해줬으면 좋겠는지 2가지 적어 오라는 숙제도 내주었다. 사실 일기를 쓰라고 한 목적은 수업을 운영하면서 아동의 생각을 알고 그것을 바탕으로 연구 방향을 모색하는 데 있었지만 한편으로는 수업시간에 배운 내용을 글로 쓰는 과정을 통해 글쓰기 실력을 향상시키기 위한 전략이기도 했다. 물론 일기 쓰기에 대한 기준도 다음과 같이 네 가지로 정했다. 수업의 평가 및 방향 설정에 참고하기 위하여 일기는 그날 쓸 것, 일기를 처음 쓸 때부터 어느 정도 습관이 되기 전까지는 일기 내용에 대해 비평하지 않을 것, 솔직하게 일기를 쓰도록 할 것, 일기에 특징적인 내용이 있을 때에는 그 내용에 대해서 이야기를 나누어 수업 운영에 참고할 것. 물론 일기 자체가 아동에게는 숙제처럼 느껴질 것이라는 우려도 있었지만 장점이 많은 만큼 다시 한 번 당부를 했다.

(2011. 5. 6. 리아의 일기. 제목: 선생님)

> 나는 오늘 오후에 마음 두근거리고 떨렸다. 왜냐하면 선생님이랑 단 둘이서 상담이나 공부를 한다는 것 때문이었다. 하지만 방송을 듣고 공부방에 와 보니 마음이 푹 놓였다. 왜냐하면 오늘 재미있는 시간을 가졌기 때문이다. 이 일은 추억에 담고 싶었다. 오늘 한 '나를 알아보기' 덕분에 선생님에 대해서도 알게 되고 선생님은 나를 알게 되었기 때문이다. 선생님이 이런 기발한 아이디어를 낸다는 게 신기하다. 나도 언젠가는 선생님들처럼 기발한 아이디어를 내는 유치원 선생님이 되고 싶다.

리아에 대해 알아가기

한 주 내내 수업의 운영 방향을 고민하며 리아의 학습에서 결핍된 부분을 파악하기 위해서는 리아의 삶에 대해 알아보는 과정이 필요하다고 생각했다. 이러한 과정은 리아와 내가 서로 이야기를 나누면서 래포를 형성해 가는 과정일 수 있고 학업 성취 향상을 위한 수업을 운영하는 방향을 설정하는 데 도움이 될 것이라 생각했다. 리아의 삶을 이해하기 위해 하루 일과, 수업의 요구도 파악, 학교생활의 어려움, 가정생활의 질문 주제를 정하고 개방적 면담을 준비했다. 또한 리아의 심리를 파악하기 위해 동작성 가족화(KFD) 검사지를 준비했다. 동작성 가족화는 가족 환경을 파악하거나 현재 심리적 갈등의 존재 여부를 파악하는 효과적인 방법이다.

리아의 삶에 대한 이야기에서 리아는 어렸을 때 왕따를 당했던 상처를 뚜렷하게 기억하고 있었다. 왕따의 상처 때문에 상처를 받지 않으려고 친구들과의 관계를 멀리했다. 상처받기 싫은 마음이 스스로를 보호하기 위해 친구들에게 다가가는 것을 더욱 어렵게 했고 친구들과의 관계는 더욱 나빠져만 갔다. 어항 검사 결과 리아 어항의 형태는 주변장식을 하지 않고 물고기만 그린 것으로 보아 인간관계에 대한 고민이나 관심의 표현이 있고 자기 자신의 물고기를 가장 작게 그린 것으로 보아 자아 축소나 내향적 성향을 띠고 있음을 알 수 있었다. 특이한 것은 아버지가 작년에 돌아가셨는데도 아버지를 가장 큰 물고기로 그린 것으로 보아 아버지에 대한 기억과 존재감이 리아에게 크게 남아 있는 것으로 판단되었다.

❖ 어항 검사지

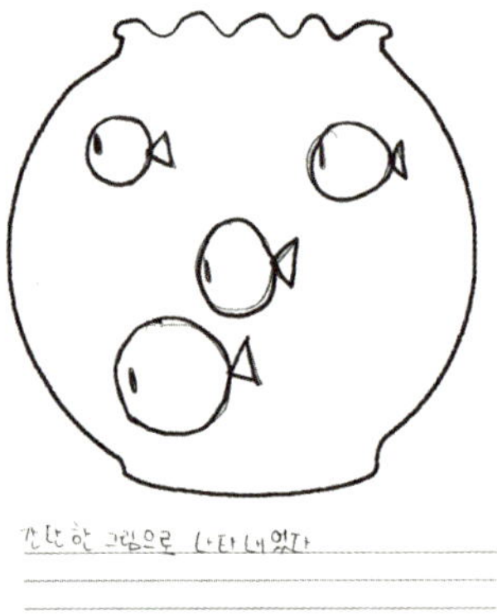

면담이 시작되면서 아동의 요구를 조사하니 "학교 성적을 도와주시는 선생님" "상담해 주시는 선생님" 2가지를 적어왔다. 리아가 이야기한 2가지 요구가 아이에게 알맞은 수업 방향일지에 대한 고민이 있었지만 아동 스스로가 학교 성적이 낮은 것을 인지하고 있는 만큼 성적 향상을 위한 도움은 필수적이라는 생각이 들었다.

리아의 교과 성적 중에서 제일 낮은 것은 수학 교과였다. 반에서 수학

등수는 꼴찌에서 두 번째이고 다른 과목은 수학만큼은 아니지만 중하위권에 머무르고 있었다. 교과에 대한 질문을 하던 중 리아가 의외로 국어 교과에 흥미를 느끼고 있음을 알았다. 다문화 아동이 국어 교과에 흥미를 가진다니? 전혀 예상하지 못한 답변이었다. 일반적으로 알려져 있는 다문화 아동의 특성과 달리 언어와 관련한 국어 교과를 제일 쉽게 생각하고 있었다. 다문화 아동은 언어 문제, 국어 교과를 어려워할 것이라는 기존의 생각이 가차 없이 무너지는 순간이었다. 수학 교과 부진의 경우에도 언어와 관련된 시험의 문제 자체를 이해하지 못해 성적이 떨어진 것이라고 생각했는데 예상이 빗나갔다.

한 주 동안 고민의 중심은 수업 내용이었다. 일단 교실에서의 수업 태도 및 학습 상황을 확인하기 위해 전 주에 수학책과 수학 익힘책을 가져오라고 미리 이야기했었다. 수업이 있었던 날은 내가 근무하는 학교에 운동회가 있었다. 하루 일과가 바빠서 상록원에 조금 늦게 도착할 예정이었다. 갑자기 핸드폰이 울리더니 리아 이름이 떴다. 전화를 받으니 "선생님, 어디에요?"라고 묻는 리아의 목소리가 들렸다. 조금 늦을 것 같다는 이야기를 했는데도 리아는 내가 올 때까지 문 밖에서 기다리고 있었다. 내 모습이 보이자 방방 뜨며 좋아했다.

리아는 학교 수학 수업시간에 장난을 치는 여느 아이들과 달리 조용한 편이었다. 선생님이 문제 풀이를 하는 동안에는 멍하니 있지만 선생님이 적어주는 내용을 노트에 받아 적기도 하고 친구들이 문제를 푸는 동안에는 다른 친구들이 하는 모습을 흘깃 쳐다보며 수학시간을 보내고 있었다. 수학시험 성적이 뒤에서 두 번째지만 담임 선생님의 별다른 처치가 있는 것은 아니었다. 담임 선생님은 리아 수학 성적이 낮았기 때문에 반에 남겨서 EBS 문제집을 풀라고 했다. 하지만 학교 행사나 업무로 인해 리아를 개인적으로 지도할 수 있는 상황은 아니었다.

리아는 나와의 수업 중에 손을 계속 움직이면서 자기가 이야기한 것을 까먹기도 하고 생각할 수 있는 내용에도 "몰라요"라는 말을 반복해서 했다. 태권도 시간이 촉박해서 그런지 계속 핸드폰 시계를 쳐다보았다. 수업하기 싫으냐고 물었지만 "아니요"라고 짧게 대답했다. 하지만 계속되는 "몰라요"라는 말에 수업을 진지하게 생각하지 않는 것 같아 주의를 주었다. 리아는 지난 시간에 이야기한 대로 수학책과 수학 익힘책을 가지고 왔다. 수학책 표지는 찢어져 있고 아무렇게나 편 곳에는 아무것도 적혀 있지 않았으며 중간 중간 낙서가 되어 있었다. 한눈에 봐도 리아의 수업 상황에 대해 알 수 있었다. 리아가 문제를 푼 것이 거의 없었기 때문에 교과서만 봐서는 어떤 부분이 부족한지 판단이 되지 않았다. 확실한 것은 수업에 참여하고 있지 않다는 것이었다.

리아는 갑자기 어머니 이야기를 꺼냈다. 어머니가 며칠째 들어오지 않는다고 했다. 이모와 배를 타러 3일 전 밤에 같이 나갔다고 했다. 무슨 일이 있는 것은 아닌지 걱정이 되었다. 면담을 끝내고 잠깐 일지를 쓰고 나서 방을 나가는데 입구에 리아가 태권도 복을 입은 채 서있었다. 다음 주에 보자는 이야기를 하고 상록원을 나오는 길에 백미러에 리아의 학원 봉고차가 들어가는 것이 보였다.

(2011. 5. 20. 리아의 일기. 제목: 늦게 오신 선생님)

태권도 시간이 바뀌어서 오늘은 빨리 마쳐야 했다. 하지만 오늘 선생님이 오지 않았다. 늦게 오셔서 태권도 차를 못 탈까 정말 고민이 되고 불길한 예감이 들었다. 불길한 예감은 역시나 했는데 정말 현실이 될 줄은 몰랐다. 나는 처음에 선생님이 있을 줄 알고 갔지만 역시 "운 좋다고 느껴질 때 나쁜 일이 생긴다. 내가 방금 한 짧은 글짓기이지만 생각할수록 내 마음 뿌듯해진다. 나는 친구들과 반대로 생각이 풍부한 아이라고 생각한다. 선생님들은 내가 생각이 많은 아이라고 말하는 것을 내가 엿들은 추억이 떠오른다. 하지만 나의 추억 속에서 정말 나쁜 일, 슬픈 일만 떠오르면 감정이 지나치게 슬퍼서 갑자기 울거나 마음이나 가슴이 뜨거워지면서 답답한 느낌이 떠오른다.

진단평가와 면담으로 아동의 수준 파악하기

나와 수업을 하기 전에 리아는 시설에서 운영하는 로봇과학 수업에 참여했다. 보통은 5시에서 5시 30분 사이에 끝나지만 오늘은 일찍 끝난 모양이었다. "급한 일 아니면 일찍 나오지 않는데 빨리 끝내고 왔어요."라는 말에 나와의 만남에 대한 기대감을 알 수 있었다.

아이의 학습 수준을 확인하기 위해 국가수준 진단평가를 보았다. 학기 초에 치른 시험이기는 하지만 신뢰도가 비교적 높기 때문에 아동의 수준을 확인할 수 있을 거라는 생각이 들었다. '평가를 통해 이미 학습이 되지 않았을까?' 하는 우려가 있었지만 학기 초에 치른 평가결과와 동일하게 점수가 나왔다. 일반적으로 진단평가는 진단하고 나서 부족한 부분에 대한 처치가 이루어져야 하지만 실제적으로 다인수 학급인 교실에서 진단평가는 진단 그 자체에 머무는 경우가 많았다. 시험이라고 생각하고 진지하게 평가를 치르라고 했지만, 의도와 달리 시험문제를 무성의하게 풀며 문제 푸는 과정을 내가 볼까봐 손으로 가렸다. 자신의 실력이 부끄러운 모양이었다. 리아는 의사가 환자의 상태를 알아야 도와줄 수 있는 것처럼 리아가 어떤 부분이 어려운지 알아야 도와줄 수 있다는 말을 듣고서야 진지하게 시험에 임했다.

교과학습 진단평가 분석표

영역	단원	오답 내용
수와 연산	큰 수	억의 자리 수를 읽을 수 없다.
	곱셈과 나눗셈	한 자리수, 두 자리 수, 세 자리 수에 100,1000,10000을 곱하여 곱을 구할 수 없다.
	소수의 덧셈과 뺄셈	자연수가 없는 소수 한 자리 수와 소수 두 자리 수의 덧셈에서 자릿수를 맞추어 계산하는 방법을 알지 못한다.
도형	삼각형	둔각삼각형의 성질을 모르고 있다.
측정	평면도형의 둘레와 넓이	정사각형의 넓이 구하는 방법을 모르고 둘레 구하는 방법으로 넓이를 구한다.
통계	꺾은선 그래프	꺾은선 그래프가 나타내는 사실을 읽어내지 못한다.
규칙성과 문제 해결	규칙 찾기와 문제 해결식 만들기	문장제를 식으로 나타내는 데 어려움을 느낀다.
	규칙 찾기와 문제 해결 대응규칙 찾기	나타날 수 있는 경우의 수를 구하지 못한다.

진단평가 결과, 리아가 가장 어렵다고 느끼는 영역은 수와 연산 영역이었다. 수의 크기, 소수, 곱셈과 나눗셈 영역이 부족했다. 물론 다른 영역에도 부족한 부분이 있지만 기본적인 개념을 이해한다면 풀 수 있는 문제들이었고 수와 연산 영역이 학습에 단계적인 특성을 가지고 있어 부진 영역이 가장 쌓일 수 있는 부분이라 먼저 처치하는 것이 옳다는 생각을 했다.

진단평가가 끝나고 리아가 다문화 아동인 것을 학교 친구들이 알고 있는지 궁금하여 리아에게 확인해 보았는데 다들 알고 있다고 했다. 리아가 이야기하지 않았을 테고 담임 선생님도 조심하는 눈치라 그 상황이 의아했다. 리아가 학교에 전학 오고 며칠 후, 수업시간에 다문화 담당 선생님이 담임 선생님에게 컴퓨터 메신저로 리아에 대한 신상정보를 보낸 것을 컴퓨터 화면 앞에 있는 친구들이 읽게 되었던 것이다. 금세 소문은 퍼져 나갔고 쉬는 시간에 리아 주위로 친구들이 모여 들었다. "아버지가 외국인이야?"부터 리아의 신상에 대해 질문하기 시작했다. 그 때 옆에 있는 남학생이 "놀리지 마."라고 이야기하고 나서야 아이들은 제자리로 돌아갔다. 리아는 친구들이 다문화 아동인 것을 알게 된 것에 대해 "상관없어요."라고 이야기했지만 리아의 큰 비밀 하나가 들통 난 날이었다.

면담이 끝나고 녹음 버튼을 해제하고 상록원에서 나오는 길에 보니 리아가 태권도 복을 입고 차를 기다리고 있었다. 혹시 차를 놓칠까 하는 걱정과 면담 내내 시간을 확인하던 리아의 모습이 생각나서 차를 기다리는 동안 이런저런 이야기를 나누었다.

(2011. 5. 27. 리아와의 대화)

나 : 어머니는 한국말 잘하시니?
리아 : 아니요. 제가 있어야 근데 어떤 때는 저도 이해 못해요.
나 : 네가 5학년이니까 그렇지?
리아 : 친구들이랑 있을 때 어려운 말 써요.
나 : 국어 잘한다면서? 70점인가?
리아 : 국어시간에 어떤 애가 선생님한테 뭐라 뭐라 이야기하던

데……. 선생님은 알아듣던데 하여튼 잘 몰라요.

그 순간 머릿속이 하얘졌다. 국어 성적이 다른 교과보다 높을뿐더러 국어에 대한 부담감이 적어 언어에 대한 어려움이 없다고 생각했었는데 오해였다. 국어 교과의 텍스트 이해에는 어려움이 없었지만 교실 상황에서 대화나 언어 소통에 어려움을 느낀다는 것을 알게 되었다. 국어 교과 평가점수와 언어 이해 능력이 같다고 생각했던 나의 편견이 깨지는 순간이었다. 그 순간 리아가 "몰라요." 라고 대답하는 것도 성의 문제가 아니라 정말 나의 말을 이해 못하는 것이 아닌가 하는 생각이 들어 대화 상황에서도 아동의 이해를 수시로 확인하고 점검하는 것이 필요하다는 생각이 들었다.

진단평가 결과, 리아는 수학의 여러 가지 영역 중에서도 수와 연산 영역에서 어려움을 겪고 있었다. 몇 년간 지체된 방대한 양의 학습 내용을 나와의 몇 차시 학습을 통해 해결한다는 것은 어려운 일이었다. 리아를 가르치는 동안에 수업 진도는 계속 나갈 것이고 부진 영역을 채워주는 것도 중요하지만 학교 진도를 고려하지 않는다면 그것은 밑 빠진 독에 물 붓기밖에 되지 않는다고 생각했다. 그래서 학교 학습 진도에 수업 진도를 맞추고 학교에서 사용하는 교과서를 똑같이 사용하여 학습 내용을 복습하는 것이 아동의 이해력을 높일 수 있을 것이라 생각했다. 저학년부터 누적되었던 수학 개념과 내용은 교사가 이해하도록 설명하면서 채워 나가면 가능할 것이라 판단했기 때문이다. 사실 학교에서 이루어지는 평가도 교과서를 참고하여 평가 문항을 출제하기 때문에 교과서를 주 교재로 이용한다면 여러 가지 평가 유형도 자연스럽게 익힐 수 있다고 생각했다. 그리고 차시 수업 이후 보충자료가 필요할 경우에는 내가 쉽게 접근할 수 있는 교수 · 학습 지원센터의 자료들을 활용하기로 했다.

과거의 부진이 현재의 학습에 끼친 영향 분석하기

리아는 전 교과 성적이 낮은 편이지만 특히 수학 교과의 성적이 낮다. 5학년인 리아의 수학 교과의 부진을 총체적으로 판단하기 위해서는 5학년까지의 학교생활이 모두 기록된 생활기록부의 기재사항을 확인하는 것이 효과적이라고 판단했다. 이에 담임 선생님을 통해 리아의 생활기록부에 기재된 행동특성 및 종합의견과 수학 교과 학습발달 사항을 확인할 수 있었다. 다음은 리아의 행동특성 및 종합의견과 수학 교과 학습발달 사항을 제시한 표이다.

생활기록부

학년	행동특성 및 종합의견
1	그리기에 소질이 있고 내성적인 성격 같으나 친구들과 잘 어울리며 자신의 일을 성실히 잘 하지만 이해력이 다소 부족함
2	조용한 성품으로 자신의 일을 묵묵히 처리하며 성실하고 책임감이 강하여 주어진 일에 최선을 다하며, 남에게 신뢰감을 줌
3	공공물건을 소중히 다루고 과제학습을 잘 해오며 기본 학습 태도가 양호하고, 친구를 잘 돕고 이해심이 있어 급우 간 사이가 원만함
4	부끄러움을 많이 타는 리아는 내성적인 성격으로 수업 시간에 소극적인 태도를 보이지만 끈기 있게 수업을 듣는 태도가 바람직함. 학년 초에 비하여 전반적으로 향상을 보이며 국어 교과에 성취도가 높음. 다른 교과에 비하여 수학 교과를 어려워하므로 꾸준히 보충을 한다면 도움이 될 것임. 배려심이 많고 양보할 줄 아는 착한 마음을 가졌으며 맡은 청소에 최선을 다하는 성실한 학생임. 자신감을 가지고 적극적으로 생활하는 태도를 기른다면 좀 더 즐겁게 학교생활을 할 수 있으리라 기대함

수학 교과 학습발달 상황

학년	구분	세부능력 특기사항
1	가	필통 속의 물건 세 개를 꺼내어 길이를 비교하여 말할 수 있으며 규칙 찾기도 잘함
	나	크기와 모양이 같은 세모, 네모 모양을 잘 그릴 수 있으나 받아 올림과 내림이 있는 덧셈과 뺄셈의 문제 해결이 느림
2	가	세 자리 수의 계열을 알고 놀이를 통하여 두 수의 크기를 비교할 수 있음
	나	길이를 재어 '몇 m 몇 cm'로 나타내는 방법을 알고 있으며 간단한 문장제 문제를 다양한 방법으로 해결하려고 노력함
3	가	계산 능력이 있으나 문장제 해결을 어려워함
	나	원을 능숙하게 그리며 주어진 도형으로 규칙적으로 무늬 꾸미기도 잘함
4		이상, 이하, 초과, 미만의 수의 범위를 나타내는 용어를 바르게 사용하며 어림하기를 할 수 있음. 수학 교과 성취도를 올리기 위한 노력을 계속적으로 하나 자신감이 부족하고 어려워하는 경향이 있음

그 중 4학년 행동특성 및 종합의견을 살펴보면 리아는 일반적인 다문화 아동과 달리 국어 교과 성취도가 높다고 담임 선생님이 생활기록부에 기록했다. 이는 일반적인 다문화 아동이 언어 지체로 인해 국어 교과 성적이 낮다는 인식에 상반되는 결과이다. 하지만 생활기록부를 좀 더 자세히 살펴보면 1학년 담임 선생님이 이해력이 다소 부족하다고 기록한 것으로 보아 교사의 언어에 대한 아동의 이해가 부족했다고 판단된다. 하지만 학년이 지나면서 언어에 대한 이해력 문제는 해소된 것으로 보인다. 나 또한 리아와 일상적인 의사소통을 할 때 어려움을 느낀 적이 없었기 때문이다. 하지만 수학 교과는 이와 달리 부진 요소가 해소되지 못했다.

교과의 특성을 보더라도 수학 교과가 국어 교과에 비해 다음 학년도에 미치는 전년도 내용의 영향이 비교적 큰 편이다. 예를 들어 덧셈과 뺄셈을 못하면 곱셈과 나눗셈의 연산에 어려움이 있듯이 이전 학년도의 부진은 다음 학년도 부진과 직접적으로 연결된다. 생활기록부 3학년, 5학년 담임 선생님의 학습발달 상황 기록에서 보듯이 수학 교과에 대한 부진은 계속적으로 누적되고 있었다.

III 변화를 위한 노력, 그 과정

여기에서는 다문화 아동의 학업 성취를 향상시키기 위해 교사인 내가 어떠한 노력을 했는지 이야기하고자 한다. 그 과정에서 어떠한 실패를 겪었으며 아동의 평가 결과와 반응에 따라 수업을 어떻게 변화시켰는지 자세히 묘사하고자 한다. 각 소주제들은 한 차시에서 이루어졌던 학습 지도와 면담 내용에서 의미 있는 내용을 기술하는 방식으로 표현했다.

교과서 수업 진도에 맞춰 가르치기의 실패

수와 연산 영역 중 리아의 학교에서는 5학년 1학기 3단원 분수의 덧셈과 뺄셈의 4차시(대분수의 덧셈과 뺄셈) 내용을 배우고 있었다. 학교 진도를 고려하되 1, 2, 3차시가 이해되지 않은 상태에서 4차시를 수업하는 것은 무리라는 판단에 첫 수업은 1차시부터 실시하기로 했다. 진도가 빨리 나간다면 학교 수업 진도에 맞출 수 있다는 기대도 있었다.

❖ 분수의 덧셈과 뺄셈의 교과서 구성 내용

진분수의 덧셈	→	대분수의 덧셈	→	진분수의 뺄셈	→	대분수의 뺄셈	→	세 분수의 덧셈과 뺄셈
1차시		2차시		3차시		4차시		5차시

교과서 1차시의 분모가 다른 진분수의 덧셈을 하기 위해서는 1. 통분의 필요성을 알고 통분을 하며 2. 통분할 때 두 가지 방법(분모의 곱, 최소공배수)을 알아야 한다. 교과서 수업은 1→2 순서로 진행된다. 하지만 리아의 경우에는 1. 통분의 필요성을 알고 2. 통분의 개념(5학년)에 대해 설명한 후 3. 배수(5학년), 4. 공배수와 최소공배수(5학년), 5. 분모가 같은 진분수(4학년) 개념에 대한 설명을 보충했다. 수업의 이해에 필요한 이전 학년의 수학 개념들을 파악하고 수업 내용을 이해할 정도의 수준까지만 되짚어가며 설명을 이어나갔다. 이렇게 아동에게 필요한 내용을 짧은 시간 동안 보충하기 위해 수학 개념을 언어적으로 설명하고 곧바로 문제에 적용했다. 하지만 아무리 기본적인 개념이라 할지라도 단순히 말로 설명을 지속하는 것보다 아래와 같이 도식과 그림을 통해 설명하는 것이 오히려 지도 시간을 단축시켜 주었다.

❖ 분수의 덧셈 설명 방법

$$\frac{1}{3}+\frac{1}{3}+\frac{1}{3}+\frac{1}{3}=\frac{4}{3}$$

수학 개념을 이해하지 못하는 아이에게 학년을 넘나들며 피드백을 하는 것은 쉬운 일이 아니었다.

수학 교과가 어려운 이유 찾기

수업 약속을 잡고 준비를 하고 있는데 오후 세 시쯤 되어서 문자가 왔다. 오늘은 교회 행사가 있어서 수업을 하지 못한다는 내용이었다. 그래서 그 주 주말에 점심이나 같이 먹으면서 공부를 하려고 했는데 역시 일요일도 어머니와 같이 가는 통일교 교회에 가야 한다고 했다. 별 수 없이 다음 주 월요일에 약속을 잡고 상록원을 방문했지만 리아가 없었다. 리아를 기다리는 동안 시설에 들어가서 시설 관계자분과 리아에 대해서 이야기를 나누고 있는데 리아가 터벅터벅 걸어왔다. 왜 이렇게 늦었느냐고 묻자 학교에서 숙제를 하지 못해 남아서 하고 왔다는 이야기를 했다. 선생님에게 왜 연락하지 않았느냐는 질문에는 문자를 보냈다고 했다. 그제서야 문자를 확인하니 "5시 30분 넘어서 올 것 같은데"라는 문자가 와 있었다. 리아가 학교에서 늦게 오는 날은 수학 보충을 하거나 전 날 숙제를 하지 않은 경우가 대부분이었다. 지난 시간에 이어서 분모가 다른 대분수의 덧셈에서 대분수를 가분수로 고치는 것을 해결하기 위해 4학년에서 이미 알아야 했던 대분수를 가분수로 고치는 방법을 설명하고 비슷한 유형의 문제를 내어 몇 문제를 더 풀었다. 5학년 교과서를 기준으로 해당하는 차시에 공부할 내용을 준비해오다 보니 3학년, 4학년에서 모르고 넘어간 개념을 그 자리에서 내가 설명하거나 비슷한 문제를 출제하여 반복학습을 하는 경우가 많았다.

리아는 언제부터 수학을 어려워했을까? 리아와 수업을 진행하면서 문득 그런 의문이 들었다. 오래된 일이지만 수학을 어려워하게 된 이유를 리아와의 대화에서 그 해답을 찾을 수 있었다. 리아는 초등학교 1학년 때 '낱개'라는 말을 한참이나 이해하지 못해 수학을 어렵게 느꼈다는 이야기를 했다. 생각해보면 낱개란 의미는 교과 수업시간에 따로 깊이 있게 설명하는 것이 아니라 아이들 모두 이해할 것이라는 가정하에 수업을 진행한다. 그렇기 때문에 한국어에 익숙하지 않은 리아는 수업이나 교과서에서 겪는 낱말의 어려움이 수학 전반에 대한 어려움으로 전이될 수 있다는 생각이 들었다. 그런 상황임에도 담임 선생님은 정작 부진의 원인인 용어의 뜻에 대해서는 설명해주지 않고 문제만 계속 해결하도록 많은 문제를 제공했지만 리아의 성적은 오르지 않았다. 학년이 올라가면서 언어 문제는 해결되었지만 수학의 부진 요소는 점차 누적되었다. 아동의 오답 문항을 분석한 결과 수와 연산 영역을 가장 어려워한다는 사실을 알 수 있었다. 그랬기 때문에 수학 개념을 언어적으로 이해하는 데 초점을 두어 학습 내용을 구성하는 것이 중요했다.

(2011. 6. 13. 리아와의 대화)

나 : 수가 좀 약하구나?
리아 : 네.
나 : 수하고 연산하고 계산하는 걸 잘 못하는구나?
리아 : 네. 그래서 1학년 때부터 수학 진짜로 싫어했어요.
나 : 초등학교 1학년 때부터?
리아 : 네. 덧셈 뺄셈 그것도 이해가 안 가고 아무것도 안 됐어요.
나 : 덧셈 뺄셈도 이해가 안 됐어?

리아 : 1학년 때만. 7살 때는 낱개 같은 거 하잖아요. 7살 때 뭐 그냥……. 쉬운 거로 어떤 문제집 같은 거 있어요. 기탄 탄탄 있잖아요. 그거 하고 했는데 선생님 도움으로 그냥 했어요. 이해가 안 되는 거에요. 그래서 샘이 몇 번! 수천 번 말해도 이해가 안 됐어요.

나 : 아, 말이 이해가 안 됐다고?

리아 : 네. 낱개를 말하는데 뭔 뜻인지 모르고.

나 : 아, 한국말이 이해가 안 됐던 거야? 그때?

리아 : 네. 그 때도 좀 되긴 되는데요. 문장의 뜻 좀 이해가 안 가가지고요. 낱개가 뭔지 몰라서.

나 : 아, 낱개라는 말 자체의 의미를 몰랐다고?

리아 : 네네네 그 뜻이에요.

선개념의 오류로 인한 혼동

이번 시간에는 '$5\frac{6}{7}+5\frac{5}{6}$'와 같이 분모가 다른 대분수끼리의 덧셈 문제를 해결하고자 했다. 리아는 이러한 덧셈 문제를 학교에서 배운 분수의 곱셈 단원과 혼동하여 대분수의 자연수 부분인 5를 서로 곱하여 해결하는 모습을 보였다. 또한 분모의 숫자가 작으면 크기가 크다는 기본적인 개념에 대해서도 분모를 분자로 혼동하여 오류를 범하고 있었다. 지난 시간에 피드백하면서 가르쳤던 통분도 전혀 하지 못했으며 통분 개념도 혼동하고 있었다.

'$\frac{5}{6}+\frac{1}{4}=\frac{5\times2}{6\times2}+\frac{1\times3}{4\times3}$'과 같이 분모인 6과 4의 최소공배수를 구하여 계산하는 방식을 이용하지 못하고 '$\frac{5}{6}+\frac{1}{4}=\frac{5\times4}{6\times4}+\frac{1\times6}{4\times6}$'과 같이 분모를 단순하게 곱하는 식으로만 해결할 수 있었다. 두 분모의 곱으로만 통

분할 수 있다는 선개념으로 인해 분모의 최소공배수를 구해 공통분모로 만드는 개념을 익히는 데는 시간이 한참 걸렸다. 이렇게 분수의 덧셈을 익히는 과정 중에도 리아는 계속 분모, 분자의 개념을 혼동했다. "복잡한 개념에 대해 선생님이 이야기해준 것 빼고는 까먹어요."라는 말에서 수학 개념이 머릿속에 정리되어 있지 않다는 것을 알았다.

문제 푸는 시간 단축하기

가분수를 대분수로 고치기 위해서는 나눗셈을 해야 하는데 리아는 나눗셈이 되지 않았다. $\frac{56}{21}$의 몫을 6이라고 생각했다. 그 이유는 십의 자리인 5는 생각하지 않고 단순히 일의 자리인 6 안에 1이 6개 들어있다고 생각했기 때문이다. '(두 자리 수)÷(두 자리 수)' 의 예시 문제를 여러 개 풀었는데도 해결하는 데 시간이 많이 필요했다. 물론 기본적인 연산이 숙달되지 않은 이유도 클 것이다. 반복적인 계산의 경우에는 빠른 시간 안에 문제를 해결하는 것이 필요하고 생각했다. 그래서 문제를 푸는 시간을 측정해 보았다. 문제를 빨리 해결하면 칭찬을 해주었다. "오 빨리 푸는데……."라는 칭찬은 리아가 문제에 집중하는 데 도움을 주어 문제 푸는 시간을 단축시키기는 했지만 시간을 주어도 해결하지 못하는 문제 앞에서는 도리가 없었다.

두 자리 수 나눗셈의 계산이 어느 정도 되자 다시 분수의 크기에 대한 수업을 진행했다. 하지만 분수의 크기를 계산하는 과정에서 어려워하는 부분이 세 자리 수 나눗셈 때문인 것을 파악하고 세 자리 수 나눗셈으로 수업 내용을 다시 바꾸었다. $\frac{100}{80}$ 에서 100에 80이 한 번 들어가고 나머지가

20이라는 것에 대해서는 알지만 숫자가 조금 복잡해지면 어려워했다. $\frac{974}{86}$에서 86이 11번 들어간다는 것은 곱을 통해서 알았지만 이후의 나머지를 구하는 과정은 해결하지 못했다. 마침 공부하는 그 날에 1학기 기말고사 성적표가 나왔다. 리아의 수학 점수는 13점이었다. 리아는 성적표를 어머니에게도 보여주지 않았다. 아마 어머니는 리아가 기말고사를 본 것도 모를 것이다. 어머니에게도 보여주지 않는 성적표라면 리아의 성적에 대해서는 누가 관심을 가질 수 있을까? 13점, 심각한 일이었다.

엄하게 꾸짖기

어김없이 5시 반에 리아를 찾아갔다. 매주 만나는 시간이지만 리아는 내려오지 않았다. 리아에게 준비해서 내려오라고 문자를 보낸 후 5분이 지났을까? 리아는 먹다 남은 옥수수를 뜯으며 태연하게 태권도 학원에 가야 한다고 이야기를 했다. 7시에 태권도 학원이 시작되고 6시 20분에 태권도 학원 차가 오니 공부를 일찍 끝내야 한다는 것이었다. 남은 시간은 40분 가량이다. 리아와 공부하기 위해 오늘 수업을 준비한 나의 기대는 먼지처럼 사라졌다. 나와의 시간을 소중하게 생각하지 않는 리아를 보며 화가 나기도 했지만 공부시간이 줄어드는 것에 한 치의 아쉬움을 가지지 않는 태도를 보고 이렇게 계속적으로 교육하는 것이 아이를 얼마나 변화시킬 수 있을 것인지에 대해 의문이 들었다. 화를 내기보다는 리아에게 솔직한 나의 마음을 이야기할 필요가 있다고 생각했다. 리아가 공부를 해야 하는 이유와 내가 힘든 이유에 대해 이야기를 풀어 놓았다. 항상 공부를 하면서 몸을 움직이는 리아였지만 이야기를 듣는 동안 리아는 아무

말도 하지 않고 묵묵히 이야기를 듣고 있었다. 행여라도 내가 교육을 포기한다는 느낌을 리아에게 줄까봐 수업 운영은 변함이 없다는 전제를 한 채 리아의 태도가 변했으면 좋겠다는 이야기를 전했다. 그리고 리아에게 오늘 못한 것을 보충해야 한다고 월요일이나 화요일에 시간을 정해서 전화를 달라고 했다. 그리고 면담을 마쳤다. 며칠이 지났지만 리아에게서 전화는 오지 않았다.

_________ (2011. 7. 15. 리아의 일기)

> 오늘은 평상시와 다르게 수업을 하지 않았다. 그렇지만 오늘은 따른 날보다 엄격하게 꾸짖으셨다. 그리고 선생님의 지금의 감정 이때까지 나와 함께 하면서 간직했던 마음을 말로 다 털어 내었다. 꾸밈없이 솔직하게 말해주었다. 나는 가만히 있으면서도 장난을 쳤다. 하지만 들을수록 내 몸이 멍해지지 않다. 머리가 텅 빈 것 같이 느껴지면서 선생님이 말한 내용이 머릿속에 들어가지 않는다.

며칠 후에 내가 먼저 전화를 했다. 방학인데 방학 숙제는 잘 하고 있는지, 수학 공부는 틈틈이 하고 있는지 걱정되었기 때문이다. 일기장을 보니 내가 혼낸 것도 리아에게는 별 의미가 없는 듯 했다. 리아 담임 선생님에게 전화를 해서 리아의 방학과제를 알아보았다. 리아의 방학과제는 EBS 방송 듣고 방학과제 해결하기, 한자 쓰기와 1학기에 나누어준 EBS 보충교재 풀기, 문화재 조사하기와 독서 노트였다. 방학숙제 중 내가 도와줄 수 있는 것을 찾아보았다.

수업의 반성

1학년에 막 입학했을 때 리아에게는 낱말과 문장의 뜻을 이해하지 못하는 상황이 빈번하게 발생했다. 하지만 학년이 올라가면서 기본적인 문장의 뜻은 어느 정도 이해할 수 있게 되었으나 적시에 채워지지 못했던 부진 요소들이 계속적으로 누적되었다. 이러한 상황에서 부진 요소를 누적하지 않기 위해서는 일단 학교 진도를 따라가는 것이 중요하다고 생각했다. 그래서 교과서 순서에 리아의 수준을 맞추다 보니 정작 알고 있는 내용을 수업하는 경우도 있었으며 나의 설명과 풀이만으로는 리아의 부족한 부분을 메우기에 한계가 있었다. 기존의 웹자료나 개발된 자료들은 대부분 학교 수업 진도에 맞춘 자료라 리아의 수준에 맞는 문제가 없어 내가 즉석에서 만들어야 하는 경우가 많았다. 또한 기존 학습지는 보통 한 단원 단위로 문제가 출제되기 때문에 리아 수준에 따라 학년 단위로 이동하며 개념을 설명하는 것도 한계가 있었다. 이러한 이유로 리아에게 필요한 교육과정을 재구성해야 할 이유가 절실해졌다. 현재 시점에서 리아에게 부족한 약수와 배수, 분수의 개념, 분수의 덧셈과 뺄셈, 통분의 내용 중 수업 진도에서 따라 부족한 부분을 보충하는 것이 아니라 각 학년 간의 연계성을 고려하여 체계적으로 정리할 필요가 있다고 생각했다. 또한 수학 개념의 이해를 돕기 위해 문제에 수식과 그림을 포함하고 개념에 대한 설명을 덧붙여 교육과정을 재구성한다면 리아가 개념을 이해하는 데 수월할 것 같았다. 기본적인 연산의 실수를 줄이기 위해 계산 문제로만 구성되어 있는 문제집을 구입해 방학동안 풀 수 있도록 숙제로 내주었다. 이러한 반성을 바탕으로 다음 수업을 계획했다.

수업 진도가 아닌 영역의 순차적 난이도에 따라 지도

수학 과목은 학습 내용이 수직적 연계성을 띠고 있다. 이러한 이유로 대부분의 수학 부진아들은 이전 학년에서 부족한 부분이 누적된 결과로 양산되는 것이다. 이를 해결하기 위해 분수의 덧셈과 뺄셈에서 알아야 할 기본적인 개념을 학년을 초월하여 순차적 난이도에 따라 체계화 할 필요가 있었다. 그래서 현재 분수의 덧셈과 뺄셈, 분수의 곱셈과 나눗셈의 가장 낮은 난이도에 해당하는 분수의 개념부터 분모가 같은 진분수의 덧셈과 뺄셈, 세 분수의 덧셈과 뺄셈, 분모가 다른 분수의 덧셈과 뺄셈으로 배울 내용을 구조화했다. 물론 이러한 과정은 수와 연산 영역뿐만 아니라 도형, 측정 영역으로까지 확대되었다.

이번 수업에서 5학년 전까지 배워야 할 분수 개념을 거의 정리한 것 같았다. 두 시간 동안 정리하는 것이 빠듯하기는 했지만 알고 있는 내용을 뺐기 때문에 시간이 부족하지는 않았다. 1차 수업과 달리 교육과정 내용을 아동의 수준에 맞게 체계적으로 재구성했기 때문에 수업에서 부족한 개념을 설명하기 위해 학년 안에서 혹은 학년 밖으로 이동할 필요가 없었다. 이에 아동의 혼란도 줄어든 것 같았다. 물론 '$\frac{2}{5}+\frac{3}{5}=\frac{5}{5}=5$'와 같이 여전히 기본적인 연산 과정에서 실수가 있었다.

❖ 수와 연산 영역 분석표

수와 연산

1학년	2학년	3학년	4학년	5학년	6학년
• 100까지의 수 • 간단한 수의 덧셈과 뺄셈 • 두 자리 수의 덧셈과 뺄셈	• 1000까지의 수 • 두 자리 수의 덧셈과 뺄셈 • 세 자리 수의 덧셈과 뺄셈 • 곱셈 • 분수의 이해	• 10000까지의 수 • 네 자리 수의 덧셈과 뺄셈 • 곱셈 • 나눗셈 • 분수 • 소수의 이해	• 다섯 자리 이상의 수 • 자연수의 사칙 계산 • 여러 가지 분수 • 분모가 같은 분수의 덧셈과 뺄셈 • 소수 • 소수의 덧셈과 뺄셈	• 약수와 배수 • 약분과 통분 • 소수와 분수 • 분모가 다른 분수의 덧셈과 뺄셈 • 분수의 곱셈과 나눗셈 • 소수의 곱셈과 나눗셈	• 분수의 나눗셈 • 소수의 나눗셈 • 분수와 소수의 혼합 계산

연산 과정에서 실수 줄이기

수업에 들어갔는데 나를 보지도 않고 문제를 푸는 데 집중하고 있었다. 왜 이렇게 공부를 열심히 하느냐고 물어보았는데, 알고 보니 지난 주에 내준 숙제를 하지 않아 부랴부랴 하는 것이었다. 리아에게 숙제를 내주면 대부분 숙제를 확인하기 전 날이나 그 날 아침시간이 되어서야 숙제를 하기 시작했다. 물론 숙제를 규칙적으로 하는 것을 습관화하기 위해 매일 전화통화로 숙제 내용을 확인하고 일주일 단위로 숙제를 내지 않고 하루씩 쪼개어 숙제를 제시하기도 했지만 효과가 없었다. 가정에서 아동의 교육을 독려해줄 사람이 없는 것이 가장 큰 원인이었다. 리아 어머니는 힘든 가정 형편 때문에 하루 종일 일을 해야 했고 일이 끝나고 나서는 피곤함에 아동의 숙제를 확인하고 지도하는 것이 어려웠다. 이런 상황에서 리아가 방학숙제를 할 수 있도록 가정의 지원을 기대하기는 현실적으로 어려운 일이었다. 그래서 아동에게 평소에 시간을 내어 방학숙제를 하는 것이 중요하다고 이야기를 했었다. 보통의 아동이면 방학숙제를 하지 않으면 혼날 일에 대해 이야기하며 엄포를 놓을 수도 있지만, 혼나는 것이 익숙해진 리아에게는 그것도 소용없는 전략이었다.

몇 주 전부터 수학 연습장 사용법을 안내했다. 이전에는 빈 종이를 주면 풀이 과정을 아무 데나 적기도 하고 글씨가 겹쳐져 계산에 오류가 생기기도 했었다. 하지만 수업을 하면서 연습장을 사용할 때 왼쪽부터 계산 과정이 잘 나타나도록 정리해야 할 필요성을 반복적으로 이야기한 것이 효과가 있었던 걸까? 이전에는 연습장에 낙서하던 수준으로 계산 과정을 정리했는데 이제는 계산 과정을 일목요연하게 볼 수 있도록 정리 수준이 많이 향상되었다.

이번 시간은 리아가 계산 과정에서 자주 실수하는 유형을 분석하고 반복적으로 학습하는 데 초점을 두었다. '14+8=32'나 '(21−4)=16'과 같이 단순한 덧셈, 뺄셈식의 반복적인 실수, '$\frac{41}{10}-\frac{15}{4}=\frac{4\times2}{10\times2}=\frac{15\times5}{4\times5}$'를 통분할 때 분모끼리 최소공배수를 구하여 공통분모를 만들지 않고 분모와 분자를 이용하여 최소공배수를 구하는 오류, 그리고 6, 2의 최소공배수를 구하는 문제에서 소인수인 3, 2, 1을 곱하지 않고 더하여 계산하는 것처럼 계산 방법을 혼동하여 생기는 오류도 보였다. 이렇게 사소한 실수는 계산 과정에서 일어났기 때문에 주로 발생하는 오류를 분석하고 같은 유형의 문제를 숫자를 바꿔 반복적으로 학습하는 것이 아동의 실수를 줄이는 데 도움을 줄 것이라 생각했다.

어머니와의 상담

지난 주에 리아에게 어머니와 상담을 하고 싶다는 이야기를 했었다. 하지만 리아는 나와 엄마의 만남이 내키지 않는 모양이었다. 그날도 수업을 하기 위해 리아의 집에 도착할 무렵, 띠링 하고 문자가 왔다. "오늘 엄마가 어디 간대요." 문자를 확인했을 때는 장소에 이미 도착한 터라 리아에게 일단 내려오라고 했더니 그제서야 리아가 쭈뼛쭈뼛하며 내려왔다. 어머니가 선생님이 온 것을 알고 내려가라고 떠민 것이다. 마침 그날은 공부방 문도 닫혀있어서 공부할 곳을 찾다가 어머니의 협조를 얻고 집으로 들어갔다. 어머니는 분주하게 방을 정리하고 있었다. 어머니에게 부탁드릴 것이 있어 잠깐 이야기를 나누자고 했다. 리아는 어려서 스스로 챙기기 어려우므로 어머니께서 관심을 가져 주어야 한다고 부탁을 드렸다. 어머니는 나의 이야기를 수긍하면서도 말을 잘 듣지 않는 리아와 학부모로서 어떻게 교육을 해야 하는지 알지 못하는 상황에 힘들어하고 있었다. 의사소통이 자연스럽게 되지는 않았지만 표정이나 말투를 통해 어머니의 의도를 읽을 수는 있었다. 가정의 어려움에 대한 이야기를 나누던 중 어머니가 전셋집 관련해서 고모를 만났다는 이야기를 했다. 내가 도울 것이 없느냐고 물었더니 계약서를 가져왔다. 어머니는 "Why 반반?" 이라고 이야기를 했다. 아버지가 돌아가시기 전에 시청에서 지원을 받아 전셋집을 구했는데 시설로 돌아가면서 전세 보증금을 돌려받는 과정에서 문제가 발생한 것이었다. 고모는 어머니가 필리핀에 있는 몇 달 동안 월세를 냈다고 전세금의 반을 자기에게 돌려주어야 한다고 전했다. 사실을 듣고 어떻게 도와야 할지 고민을 하다가 서류에 적혀있는 부동산에 연락을 했다. 부동산에서는 집주인이 언제든 보증금을 돌려줄 생각을 하고 있으니 곧 돌려주겠지만 그 전에 고모와 이야기를 하라고 전했다. 그러나 고모는 부동산 중개인에게 미리 전화를 걸어 내 돈이 들어있기 때문에 집주인에게 돌려주면 안 된다고 했다. 어머니께 사정을 설명하고 고모와 만나서 먼저 이야기를 해보는 것이 좋다고 했다. 어머니는 알겠다고 고개를 끄덕였다. 이번 상담에서는 리아의 교육과 관련된 이야기를 어머니와 많이 나누지는 못했다. 다만 가정에서 어머니가 겪는 어려움에 대해 공감하고 도울 방법을 찾기 위해 노력하는 것으로 상담을 마쳤다. 이야기를 나누면서도 교사인 내가 그들의 생활에 대해 조언을 한다는 것이 조심스러웠다.

_________ (2011. 8. 14. 리아의 일기. 제목: 상담)

오늘은 엄마와 선생님이랑 상담하면서 영어로 해도 된다고 해서 영어로 했는데 선생님은 영어를 잘 이해를 하지 못한 점이 웃겼다. 상담이 너무 길었다. 왠지 수업대신에 하는 상담시간인 것 같다. 나를 보태서 상담까지 했다. 나는 그렇게 긴 것은 아니지만 좀 긴 것 같았다. 오늘 선생님이 머리를 많이 썼다. 엄마는 쉽지 않은 것 같았다. 오늘은 적을 일이 별로 없다. 하지만 내일은 광복절이다. 그래서 선생님은 내일 오전쯤에 온다. 투룸 때문이다. 이건 내 생각이다. 선생님은 어제 많이 기다렸다.

상담 이후의 변화

다음 날 어머니의 일이 걱정되는 마음에 리아를 기다렸다. 다른 프로그램 중이라 리아를 조금 기다리다 만났다. 전과 다르게 공부를 하면서 몸도 움직이지 않고 문제를 푸는 자세도 많이 좋아졌다. 어머니에게 리아의 수업 태도에 관련해 특별히 요구한 것은 없었는데 어머니와의 면담 이후로 수업 태도가 많이 좋아진 것 같았다. 리아에게 부동산 문제를 해결하기 위해 고모를 만났느냐고 물었다. 리아 어머니는 한국말이 되지 않아 항상 외부 사람들을 만날 때는 리아를 대동했다. 리아가 공부방에 있는 것을 보면 고모를 만나러 가지 않은 것 같았다. 오늘은 연필을 삐딱하게 잡아 연필 잡는 법만 교정해 주었다. 계산 문제집을 풀었는데 문제 푸는 속도도 많이 향상되고 좋아졌다. 방학숙제 겸 연산 문제를 반복하여 해결해 봄으로써 연산 실수를 줄이기 위해 선택한 문제집이었다. 문제를 풀고 약분을 생략하는 경우가 간혹 있었지만 문제에 집중하며 실수 없이 풀어냈다. 리아에게 내준 숙제의 대부분은 일기와 복습용 문제들이었다. 일기는 자주 써오는 편이었으나 그 외의 숙제는 거의 하지 않았다.

분수의 곱셈 계산에서 $\frac{49}{5}$를 $9\frac{4}{5}$로 변환하기 위해서는 가분수를 대분수로 고칠 때 나눗셈에 대한 이해가 필요하다. 나눗셈의 오류가 계속 반복되었기에 순차적 난이도에 따라 가분수를 대분수로 고치는 데 있어 기본 개념이 되는 나눗셈으로 수업을 진행했다. (두 자리 수)÷(한 자리 수), (두 자리 수)÷(두 자리 수) 문제를 반복해서 학습했다. 계속 나눗셈에 대한 내용을 학습했지만 반복학습에 대한 내용은 아무리 강조해도 지나치지 않을 거라는 생각이 들었다.

개념 설명에 초점 두기

이번 시간에는 개념에 대한 보충 설명을 충분히 하고 2학기 문제집을 풀었다. 리아와의 수업에서는 일반 아동들보다 개념의 설명에 더 초점을 두

❖ 리아의 나눗셈 반복학습 내용

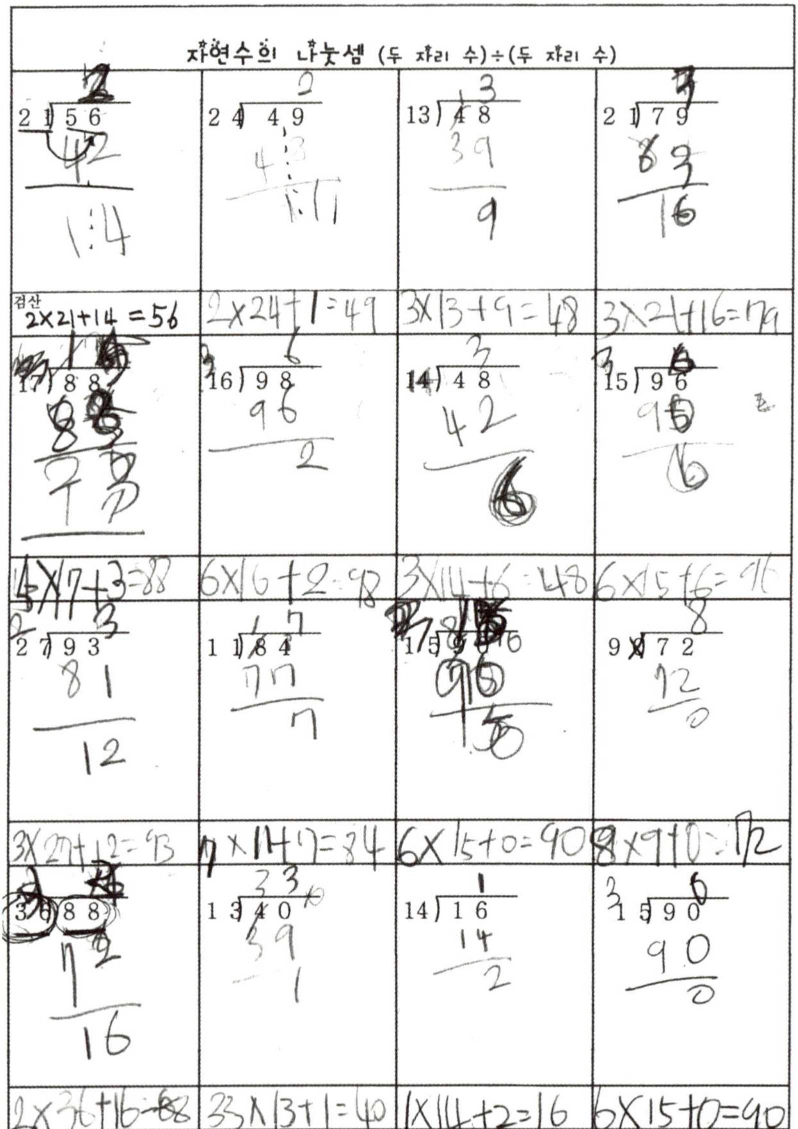

는 것이 아동의 학습에 효과적이라는 생각이 들었다. 개념의 이해를 위해 일반 아동보다 언어적인 설명에 시간 할애를 많이 했다. 여전히 나눗셈의 연산 과정에서 실수는 있었지만 개념에 대한 보충설명과 반복학습으로 오류가 많이 줄었다. 이러한 변화가 학교 수업에도 영향을 끼쳤을 것이라 생각해서 학교 수업시간에 발표를 하느냐고 물어보았는데 귀찮아서 발표하지 않는다고 했다. 발표까지 할 만큼 적극적이지는 않았지만 1학기에 칠판만 멍하니 쳐다볼 때와는 다르게 수업시간에 아는 내용이 생기기 시작했다.

분수의 나눗셈을 공부하기 위하여 1학기의 분수의 곱셈에서 배워야 할 내용과 나눗셈에서 배워할 내용(나눗셈을 곱셈으로 나타내기, 진분수÷자연수, 가분수÷자연수)의 계열적 요소를 반영하여 교육과정을 재구성했다. 곱셈식에서는 $\frac{8}{7} \times \frac{1}{6} \times 3$을 $\frac{8}{7} \times \frac{1}{6} \times \frac{1}{3}$로 계산하는 오류를 범하고 식 $\frac{2}{3} \times 3 = \frac{6}{3}$을 이해하지 못해서 그림을 직접 그려 봄으로써 분수의 곱셈 개념을 이해하도록 했다. 또한 $\frac{4}{21} \times 3$을 $\frac{4}{63}$라고 하는 등 자연수에 분자가 아닌 분모를 곱하는 오류를 보였다. 이러한 오류 교정을 통해 분수의 곱셈(5학년 1학기)에 대한 이해를 바탕으로 분수의 나눗셈에 대한 수업을 이어 나갔다. 리아는 나눗셈을 곱셈으로 나타내는 문제인 $\frac{1}{4} \div 2$에 대해서도 이해하지 못하고 있었다. 그래서 분수의 나눗셈 개념을 지도하기 위해 A4 종이를 찢으며 넓이 한 조각이 나타내는 것이 무엇인지 학습했다. $\frac{1}{5} \div 4$ 같은 다른 숫자를 이용하여 '(분수)÷(자연수)'의 계산을 반복하면서 문제를 익히도록 했다. 마찬가지로 $\frac{1}{3} \div 4$에 대한 설명도 아래와 같이 그림으로 설명했다.

❖ 그림을 통한 분수 설명

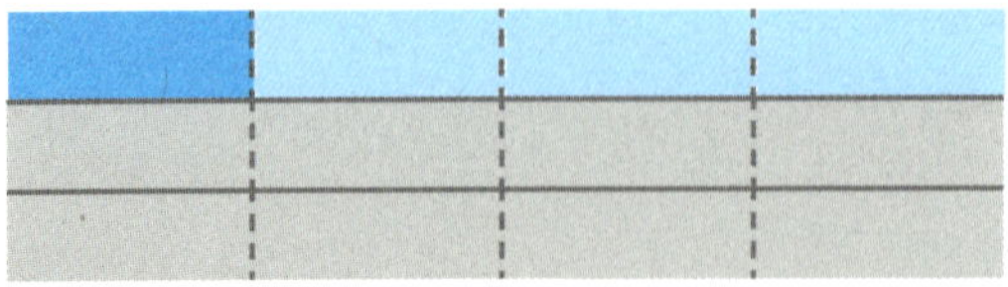

리아의 수학적인 기본 개념에 대한 이해가 조금씩 향상됨에 따라 학교 수업시간에 적극적으로 참여하면서 성공 경험을 가질 수 있는 방법에 대해 고민하기 시작했다. 이와 같이 보충의 수준을 넘어서 다른 아이들의 수준에 맞춰 나가는 것으로 나의 관심도 점차 옮겨지고 있었다.

수와 연산 영역에서 벗어나 도형 영역 학습하기

도형 영역의 교육과정을 재구성해서 상록원을 찾았다. 선대칭 도형과 점대칭 도형의 개념을 설명하고 그리는 방법을 설명했는데 처음에는 용어들에 대해 생소해했지만 이내 곧 내용을 이해했다. 도형과 관련하여 제시되는 기본 개념들을 자세하게 설명하며 실제 예를 통해서 개념을 이해하고 적용했고 이 과정에서 이해한 내용을 글로 적거나 말로 설명하게 했다. 도형 영역의 도형 그리기와 대응점 찾기는 연산 영역 문제들에 비해 능숙하게 해결하는 모습을 보였다. 문제를 해결하는 데 오류도 적었으며 도형 영역의 경우에는 이전 학년도와의 연계성이 낮은 것도 문제를 쉽게 해결하는 데 영향을 끼친 것 같다.

❖ 선대칭 도형 학습자료

도형 그리는 순서를 알아봅시다.

(1) 선대칭도형 그리는 순서

① 각 점에서 대칭축에 (　　　)인 선(수선)을 긋습니다.

② 대칭축에서 (　　　)만큼 대응점을 찍습니다.

③ 점을 각각 이어 선대칭도형이 완성되게 그립니다.

(2) 선대칭의 위치에 있는 도형 그리는 순서

① 제시된 도형의 점의 위치를 확인한다.

② 각 점에서 대칭축을 기준으로 (　　　)으로 같은 (　　　)에 있는 점을 찍는다.

③ 점을 각각 이어 선대칭도형이 완성되게 그립니다.

(3) 점대칭도형 그리는 순서

① 각 점에서 (　　　)을 지나는 직선을 긋습니다.

② 대칭의 중심에서 (　　　)만큼 대응점을 찍습니다.

③ 대응점을 각각 이어 점대칭도형이 완성되게 그립니다.

(4) 점대칭의 위치에 있는 도형 그리는 순서

① 각 점에서 (　　　)을 지나는 직선을 긋습니다.

② 대칭의 중심에서 (　　　)만큼 대응점을 찍습니다.

③ 대응점을 각각 이어 점대칭의 위치에 있는 도형이 완성되게 그립니다.

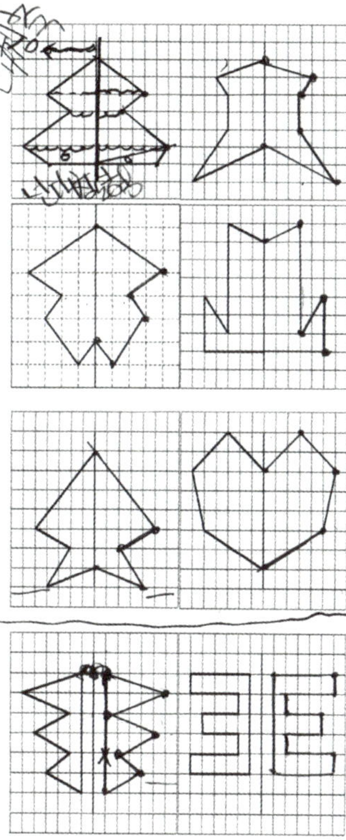

시험 준비하기

2학기 중간고사가 얼마 남지 않았다. 중간고사 시험범위인 5단원까지 중 리아는 4단원인 소수의 곱셈을 어려워했다. 시험에 대한 성공적인 경험도 없었고 시험을 잘 봐야 하는 이유도 모르는 리아였다. 시험에 대한 기대감을 높이기 위해 난이도가 낮은 문제를 늘 제공했지만 시험을 앞두고는 실전에 대비하여 난이도가 높은 문제를 준비해 보았다. 풀이를 위해 준비했던 문제 중 9번 문제가 특히 조금 어려운 것 같았다. 몸을 움직이며 부쩍 산만했던 아이가 문제를 계속 보며 진지하게 푸는 모습이다. 포기할 법도 한데 10분이란 시간 동안 고민을 했다. 계산 과정에서 '$\frac{1}{7} \times 12 = 84$, $12 \div 4 = 84$'로 계산했다. 문제를 이해하고 관련된 개념도 이해하고 있지만 식으로 옮기고 해결하는 과정에서 계산상의 오류가 발목을 잡았다. 또한 문제를 해결하고 답을 옮겨 적을 때 단위 쓰는 것을 자주 빼먹었다. $\frac{7}{10}$kg에서 kg 단위를 붙이도록 주의를 주었다. 개념에 대한 이해력이 향상되면서 정작 아는 문제를 계산 실수를 하거나 단위를 빼먹어서 틀리는 경우가 있었다. 시험에 빈번하게 나오는 실수들에 대해서도 한 번 더 지적해 주었다.

2학기 중간고사 결과

드디어 2학기 중간고사 날이다. 결과가 어떻게 나올까? 고3 학생을 둔 학부모의 심정이 이럴까? 초조하고 걱정도 되고 결과가 어떻게 나올지 궁금했다. 몇 달 동안 리아를 가르쳐온 결과가 어떻게 나올 것인가? 일주일에 한 번이 효과적이었을까? 이런 여러 가지 생각이 머리를 맴돌았다. 매시간마다 나 스스로 수업에 대한 평가를 한다고 하지만 결국 학교 성적을 향상시키는 것이 연구 목적의 일부였기에 시설로 향하는 발걸음은 더욱 긴장되었다. 점수는 60점. 놀라운 점수였다. 1학기 중간고사 점수인 27점에 비해 성적이 많이 향상되었다. 어떤 문제들이 출제되었는지 궁금한 마음에 시험지를 폈는데 기본적인 연산에서 실수가 많이 줄었지만 충분히 풀 수 있는 문제들도 더러 틀린 경우가 있었다. 틀린 문제에 대해 오류 분석을 꼼꼼히 하고 고치는 시간을 가졌다.

예습의 실패

학교 수업시간 리아의 모습에 대해 이야기를 나누었다. 리아는 수학시간에 주로 그냥 앉아 있거나 주위 친구들의 모습을 관찰하며 시간을 보냈다. 그렇다고 주위 친구들과 장난을 치거나 딴짓을 하지는 않았다. 리아의 담임 선생님은 칠판에 주요 내용을 정리하는 것을 중요하게 생각하는 분이셨다. 그래서인지 칠판의 내용을 받아 적는 것을 게을리하지는 않았지만 자기가 이해해서 노트에 필기하기보다는 옮겨 적는 편이었기 때문에 때로는 선생님이 적는 내용을 놓치기도 했다. 학업 성취 향상을 위해서는 복습도 중요하지만 수업에 참여하게 하는 것이 중요하다는 생각이 들었다. 예습을 통해서 배경지식을 가지고 수업을 듣는다면 리아 스스로 수업에 참여하는 성공적인 경험을 가질 수 있지 않을까 생각했다. 그래서 학교에서의 진도를 확인하고 미리 배울 수업 차시 자료를 준비해서 상록원에 갔다.

그런데 진도를 확인한 순간, 이미 학교에서 배워버린 것이었다. 리아에게 이유를 물으니 선생님이 기말고사가 얼마 남지 않은데다 얼마 후 학예회 행사가 있어 미리 진도를 나간다는 이야기를 했다고 한다. 예상했던 대로 학교 수업시간에 배운 비와 비율, 백분율, 할푼리에 대해서 정확하게 알지 못했다. 아직도 비와 비율 문제를 해결하기 위한 이전 개념의 문제 풀이에 자신이 없는 리아에게 담임 선생님의 진도는 벅찰 수밖에 없었다. 비와 비율은 5학년 들어서 처음 배운 개념이지만 실제 적용되는 문제들을 잘 살펴보면 약분이나 소수 개념을 명확하게 알아야 해결할 수 있는 문제가 대부분이었기 때문이다. 문제 풀이과정에서도 비와 비율에 대한 개념을 설명하기 전에 약분과 소수의 크기 비교를 다시 설명하고 비와 비율의 개념에 대한 설명으로 수업을 이어 나갔다.

한국 교육 상황에 대해 설명하기

초등학생의 경우 부모의 관심과 교육방법은 아이의 학업에 영향을 미치기 마련이다. 이는 여러 해 담임을 하면서 경험적으로 알게 된 사실이다. 하지만 다문화 아동인 리아의 가정환경은 한국 아동들과 차이가 있어 리아의 어머니는 한국 교육 상황을 이해하지 못했고 자녀에 대한 교육관도 뚜렷하지 않았다. 그런 이유로 리아 어머니에게 한국 상황에서 공부가 가지는 의미에 대해 설명하기는 여간 어려운 일이 아닐 수 없었다. 리아 역시 공부를 해야 하는 이유에 대해 알지 못했다. 그런 아동에게 한국 상황에서 공부를 해야 하는 이유와 공부가 미래의 진로와 관련해 어떤 의미를 갖는지를 설명하는 것은 무엇보다 중요했다. 따라서 이번 수업에서는 아동의 진로와 부모의 기대, 가정형편 등과 관련해 리아가 공부를 해야 하는 이유에 대해 이야기를 나누었다. 물론 이런 이야기를 한다고 해서 당장 변할 것이라고 생각한 것은 아니다. 하지만 한국 교육 상황을 모르는 어머니를 대신해 그런 상황을 설명하고 진로의 방향을 제시해 주는 것이 교사의 책무라고 생각했다.

_________(2011. 12. 1. 리아의 일기. 제목: 혼남)

숙제를 안 해서 많이 많이 혼났다. 공부는 중요하니까 꼭 열심히 해야 한다고 했다. 열심히 공부해서 좋은 대학 가고 살림에 보태라고 했다. 선생님이 공부를 열심히 하는 것이 엄마를 기쁘게 하는 길이라고 했다. 나는 그것을 처음 알았다. 공부가 나중엔 큰 힘이 되는 것을 또 숙제를 안 해오면 약속을 깨뜨리고 더 혼나는 것이기 때문이다.

가정의 도움 요청하기

아동을 변화시키기 위해서는 가정의 협조가 필수적이다. 가정의 관심과 노력이 있다면 아동의 학업 성취에도 긍정적인 영향을 미칠 것이라 생각했다. 이런 생각을 바탕으로 어머니와 두 번째 면담을 시작했다. 어머니와의 대화는 처음 이야기를 나눌 때보다 의사소통이 잘 되었지만 난 여전히 영어로 대화하는 것에 부담감을 가지고 있었다. 어머니는 아이들의 교육에는 엄격하지 않았다. 공부하라고 이야기는 했지만 그 말을 리아가 들을 리 없다. 이야기를 안 듣는다고 "You do"라고 이야기하면 잔소리라고 생각했다. 먼저 어머니와 리아의 점수 변화 추이에 대해 이야기했다. 처음보다 점수가 향상되었다는 것을 그래프로 설명했다. 한국 상황에서 미래의 대학과 직업을 위해 공부가 필요하다는 것을 더 이야기하고 싶었지만 짧은 영어 실력으로 인해 한계가 있었다. 하지만 맥락은 어머니가 이해한 듯 보였다. 가정에서도 공부하는 습관을 가지기 위하여 리아에게 어머니와 내 앞에서 공부하는 시간을 정하자는 이야기를 했다. 스케줄을 고민하더니 7시부터 9시까지 할 수 있다고 이야기했다. 이렇게 가정에서의 공부 시간을 정한 이유는 교사와의 일주일에 한 번의 시간으로 아동의 성적을 크게 올리는 것이 어려운 일이라는 한계 때문이기도 했다. 결국 가정에서 학교에서 배운 내용을 복습하고 과제를 할 수 있는 시간을 정해서 어느 정도의 공부시간을 확보하는 것이 리아의 학업 성적을 올릴 수 있는 길이라 생각했다. 마지막으로 어머니에게 리아의 교육에 대한 부분은 엄격할 필요가 있다는 이야기를 전하고 상록원을 나왔다.

________(2011. 12. 5. 리아 어머니와의 대화)

어머니 : 아마도 리아 …….

나 : 네, 맞아요. 지금 다른 사람들 점수가 이만큼이에요.(표를 보며) 그런데 리아는 이 정도에요. this June 까지만 해도 이만큼이었는데 27점이었잖아요.

어머니 : 네.

나 : 그랬는데 지금은 60점이에요. 많이 올라왔어요.

어머니 : 네.

나 : 지금은 차이가 이만큼 나잖아요. 그런데 차이가 쌓일 거예요. 쌓인다는 말 알아요? 눈 쌓이는 것처럼?

어머니 : 네.

나 : 차이가 이만큼이었다가 요만큼 요만큼 더 많이 날 거에요.

어머니 : Step by step.

나 : 네, step by step. 그럼 문제가 심각해요. The problem is serious. Because this point is stack more and more. Do you know?

어머니 : Yes.

나 : 그러면 이만큼 차이 나잖아요. 그것을 집에서 해줘야 해요.

어머니 : 네, 난 못 가르쳐요.

나 : 아, Don't worry about it. 왜냐하면 어머니 제가 말했잖아요. All Korean mothers do not teach their children. Do you know?

어머니 : Yes.

나 : Don't worry about it. Set studying time. for example after school 8 p.m~

어머니 : 아, I speak her study but…….

나 : 하하하

어머니 : 공부 안 하면 어떡하죠?

나 : You should be strict.

다음은 어머니와 면담 이후 리아가 일기장에 기록한 내용이다.

________(2011. 12. 5. 리아의 일기. 제목: 선생님과 엄마와의 상담)

수학을 했다. 그 중에서 선대칭 도형, 잎과 줄기 등이 있었다. 나는 많이 틀렸다. 틀려서 고쳤다. 수학은 세 장이었다. 또 시험 종이에 틀린 것 중에 17번 문제가 있었다. 그 문제는 줄기와 잎 그림 그리는 순서였다. 처음엔 맞다가 마지막 부분이 틀렸다. 제목을 마지막에 해야 하는데 마지막의 앞에 했기 때문이다. 나는 시험에는 제목부터 뒤에 적어야겠다고 생각했다. 나는 공부가 끝나고 엄마랑 같이 선생님이 이야기했다. 나는 가만히 있을 수가 없었다. 왜냐하면 이야기를 듣는 내내 심심했기 때문이다. 그래서 엄마랑 얌전히 있으라고 2-3번쯤 말한 것 같다. 이제부터 나는 7시부터 9시까지 공부해야 한다. 왜냐하면 엄마 선생님과 약속을 했기 때문이다. 난 꿈을 말하지 않았다. 꿈이 없었기 때문이다. 그리고 지금은 하고 싶은 것이 없었다.

반전, 그리고 어머니의 관심

어머니와 면담 이후에 가정에서 학습이 어떻게 이루어지는지 궁금했다. 어머니는 7~9시에 공부하라고 이야기했고 리아도 약속을 잘 지켜 주었다. 하지만 어머니는 2시간 동안 3학년 때 산 영어 문제집을 풀라고 했다. 며칠 후 기말고사인데 3학년 영어를 공부하라는 어머니가 이해되지 않았다. 하지만 깊이 생각해 보면 공부 시간을 확보하는 것에 초점을 두고 정작 무엇을 공부해야 하는지를 중요하게 설명하지 않은 것은 나의 잘못이었다. 어머니는 리아가 무엇을 공부해야 하는지 몰랐을 것이다. 기말고사를 준비해야 된다는 생각보다는 단순히 리아가 영어를 잘하기를 바라고 있었기에 몇 년 전 사준 영어 문제집을 풀라고 했던 것이다. 물론 나의 의도와는 조금 다르지만 어머니가 아동의 학습에 관심을 갖는다는 것이 고맙게 느껴졌다. 리아에게 7시부터 9시까지 공부해야 할 내용을 구체적으로 일러주었다. 리아는 다행히 그 시간을 공부해야 하는 시간이라 생각하고 있었다.

시험 전략 세우기

내일이 기말고사이다. 지금까지 시험내용에 대해 공부했으니 남은 시간 동안에는 시험 전략에 대해 이야기를 나누는 것이 필요하다고 생각했다. 수학 시험 시간은 40분이다. 예전의 리아에게 그 시간은 굉장히

긴 시간이었지만 이제는 시험 문제를 풀기 위해 안간힘을 쓰기에 40분이라는 시간이 오히려 짧을 수 있었다. 나와 문제를 풀면서도 생각하는 시간이 오래 걸려 시간 안에 문제를 못 푸는 경우가 있었기 때문이다. 그래서 모르는 문제는 시간 배치의 효율을 위해서 넘어가라고 이야기했다. 다 풀고 나서 시간이 남는다면 계산 과정을 한 번 더 검토하라고 조언했다. 기말고사 범위에 있는 문제들 중 오류가 많이 나는 문제를 분석해 정리하는 시간을 가졌다. 문제를 풀며 아동의 이해에 대해 묻고 답하기를 통해 아동 스스로 오류를 찾도록 했다. 또한 소수와 분수의 크기 개념과 소수점 자리 이동을 어려워하기에 같은 유형의 문제를 반복적으로 풀며 오류를 줄여갔다. 하지만 걱정이 되는 것은 아직 문제를 풀 때 그 내용을 완전히 이해해서 푸는 것이 아니라는 점이었다. 이제 막 개념을 이해하고 적용하는 데 익숙해지고 있어서 시험문제를 잘 해결할 수 있을까 걱정이 되었다.

________ (2011. 12. 8. 리아의 일기. 제목: 수학이 쉽게 느껴진 날)

수학을 했는데 양초를 구하는 것이 좀 어려웠다. 나눗셈을 계속했기 때문이다. 그렇지만 계속 이해가 안 됐는데 선생님이 이해할 때까지 설명을 해 줘 알게 되었다. 처음에는 못했지만 가르쳐 준 것이 어려운 문제들이 더 쉬워졌다. 처음에는 못할 줄 알았는데 하고 설명을 들으니까 쉽게 느껴지고 빨리 계산을 하게 되었다.

IV 노력의 결실

리아를 위한 효과적인 가르치기의 방법들은 무엇일까? 여기에서는 그 질문의 답을 찾기 위해 실수를 반복하며 찾아낸 가르치기의 방법들을 소개하고 교과 외적인 측면에서는 어떠한 노력을 했으며 그 결과로 나타난 아동의 성적 변화와 그 외에 다른 변화들에 대해서도 살펴보겠다.

수학 개념 설명에 시각 자료 제시하기

리아 지도에서 가장 초점을 맞춘 부분은 개념에 대한 이해였다. 수학 개념에 대한 이해가 부족했기 때문에 자료 제작에 있어서는 언어적인 측면

❖ 개념 설명을 위한 시각적 자료 제시의 예

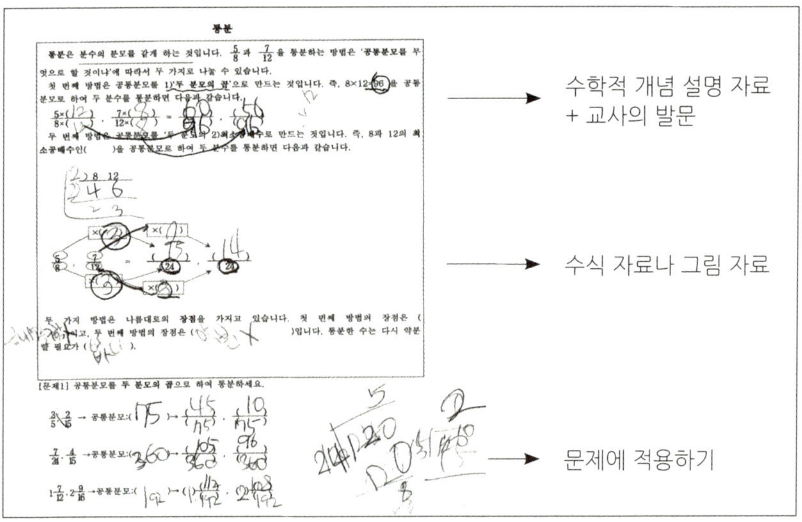

을 보충해줄 수 있는 수식 자료와 그림을 통해 언어적인 개념을 시각화할 수 있도록 했다. 기존의 부진 아동의 경우에는 문제나 단계를 세분화하여 지도했지만 리아의 경우 시험문제를 푸는 데 필요한 기본적인 수학개념을 전혀 이해하고 있지 못하므로 수업에서는 기본 개념에 대해 언어적 설명을 충분히 하고 개념 이해에 시간을 많이 할애했다. 또한 설명하는 데 있어 언어적 측면을 보충해줄 수 있는 수식 자료와 그림 자료를 개념 밑에 첨부해서 지도 자료를 제작했다. 이렇게 이해한 내용을 리아 자기의 말로 다시 설명할 수 있도록 지도했다.

교과 외적인 지원

수학 교과에 대한 다양한 지원이 수학 학습에는 효과적이었지만 결국에는 학교생활과 가정생활과 관련해서 아동의 생활에 결핍되어 있는 부분을 채워주는 것이 좋을 것이라는 판단이 들었다. 그러한 고민으로 아동의 교과외적인 지원의 영역을 찾기 시작했다.

리아는 학교 숙제를 거의 하지 않았다. 버릇이 되어 그런 것도 있었지만 때로는 하고 싶어도 할 수가 없어서 못하는 숙제가 있었는데 그것이 조사 학습이었다. 선생님이 주제를 주면 그 주제에 대해 조사해서 홈페이지에 내용을 올리는 과제인데, 반 학생 중 유일하게 리아만 홈페이지 가입이 되어 있지 않았다. 그래서 이번 시간에는 리아의 홈페이지 가입을 위해 노트북을 챙겨왔다. 사실 아이의 입장에서 홈페이지 가입을 한 적이 없기에 쉽게만 생각했는데 생각보다 홈페이지 가입이 어려웠다. 컴퓨터를 잘 다루는 아이이거나 보호자가 주위에서 도움을 주어야 가능할 정도로 쉽지 않았다. 홈페이지를 가입하는 데 입력할 것이 많이 있었다. 먼저 필요한 것이 보호자 동의를 위한 주민등록번호였다. 리아는 보호자 주민번호에도 자기 주민번호를 무턱대고 넣으려고 했다. 보호자의 주민등록번호에 내 번호를 기입하고 내 핸드폰 번호로 인증번호를 받았다. 보호자의 부재가 느껴지는 순간이었다. '어머니가 의사소통이 되는 한국인이라면 어땠을까?' 하는 생각이 들었다. 20여 분간의 절차가 끝나고 드디어 홈페이지 가입이 되었다. 앞으로 리아가 반 홈페이지에 접근하지 못해 숙제를 못 올릴 일은 없을 것이다. 담임 선생님이 내준 숙제를 반 홈페이지에 성실하게 올릴 것을 약속했다. 이제 다른 한국 아이들의 상황에 조금 더 가까이 다가갔다는 생각이 들었다.

방학숙제 도와주기

리아는 5학년 전까지 방학숙제를 한 적이 없었다. 초등학생의 방학숙제는 아동이 스스로 하기에는 여러 가지 어려움이 있다. 과제의 대부분이 체험을 바탕으로 한 보고서이기에 여행을 다니거나 다양한 체험활동을 해 본 경험이 없는 리아로서는 방학숙제를 하고자 하는 마음이 있어도 할 수가 없었다. 그러한 환경적 요인은 방학숙제를 하는 데 부담이 되었다. 또한 일반 아동의 경우는 개학기간이 되면 방학숙제를 하라는 어머니의 잔소리로 마지못해 숙제를 하는 경우가 많다. 하지만 리아의 어머니는 방학계획서를 읽지도 못하고 그러한 자극을 줄 수도 없다.

개학 후 학교에서 방학숙제 검사를 할 때면 항상 불안하지만 가정에서 방학숙제를 도와줄 사람이 없으니 스스로 방학숙제를 계획하고 실천하기에는 리아는 아직 어렸다. 아래의 일기에도 나타났듯이 방학숙제를 해결하기 위해 계획하고 의논하는 과정에서 적절한 자극을 주는 것만으로도 방학숙제를 할 수 있었다. 이를 통해 가정에서도 최소한의 부모의 교육적 관심이 있다면 아동은 스스로 과제를 해결할 수 있다는 가능성을 엿볼 수 있었다.

_______(2012. 1. 29. 리아의 일기)

선생님은 율리에 잇는 상록원까지 와서 미션 임파서블 4 영화체험보고서 재로들을 나한테 주고는 급하게 갔었다. 나는 정말 급한 일이라고 생각했다. 그래서 집에서 태권도 갔다 온 후 선생님이 준 종이들을 분리했다. 꾸미는 것은 동생한테 주고 또 동생이 본 프린터는 '프렌즈'와 관련된 종이들을 동생에게 줬다. 나는 8절지 도화지에 사인펜과 선생님이 주신 미션 임파서블 4로 영화체험보고서를 쓰기 시작했다. 나는 어떻게 적을지 몰라서 인터넷에서 찾아서 참고하면서 하나씩 영화체험보고서를 쓰기 시작했다. … (중략) … 내 스스로 했다고 하는게 믿겨지지 않아서 내 자신을 자랑스럽게 여기고 있었다.

성적의 변화

아동을 가르치면서 내가 지속적으로 관심을 가진 것은 학력 향상이었다. 성적을 살펴보면 4월에 실시한 1학기 중간고사의 경우에는 수업하기 전 사전 검사(Pretest)에 해당했다. 본격적인 연구가 5월부터 시작되었기 때문이다. 6월 말까지는 1차 수업의 시기인데 주로 래포 형성과 수업 방향을 설정하는 데 초점을 두고 진행했기에 실제로 부진 요소를 지도한 시간은 미비했다. 그러므로 수업이 1학기 기말고사에 큰 영향을 끼쳤다고 보기는 어렵다. 이에 1학기 중간고사와 기말고사는 사전검사의 범주로 놓고, 1학기 결과에 비해서 2학기 중간고사와 기말고사 성적이 얼마나 향상되었는지 살펴보고자 했다. 성적 추이를 살펴보면 1학기 중간고사는 34점 향상되었고 2학기 기말고사는 35점 향상되었다. 특히 수와 연산 영역과 측정 영역에서 문제해결 능력이 향상되었다. 수업을 진행하면서 시행했던 형성평가에서도 이전의 부진 요소가 많이 해소된 모습을 볼 수 있었다.

리아의 수학 성적 변화

투입 전	수업 후		
5-1학기 중간고사	5-1학기 기말고사	5-2학기 중간고사	5-2학기 기말고사
26점	13점	60점	48점

공부에 대한 태도의 변화

리아의 변화는 성적뿐만 아니라 공부에 대한 태도에서도 나타났다. 공부를 하기 싫어하는 리아지만 선생님과 수업을 하면서 공부했던 경험은 자기 주도적 학습에 긍정적인 영향을 끼쳤다. 이러한 영향으로 집에서 공부하는 시간도 조금씩 늘어났다. 물론 면담 후 어머니의 교육적인 지원도 가정에서의 공부시간을 확보하는 데 도움을 주었다. 수학 교과에 대한 부정적인 인식도 긍정적으로 바뀌었다. 수업이 끝나갈 때에는 수학수업에 대한 부정적인 말보다는 "선생님이랑 할 거에요"라는 말을 자주 했다. 수학 교과에 대해 할 수 있다는 자신감이 향상되면서 수학교과에 대한 인식도 긍정적으로 바뀌고 있었다. 또한 수업시간에 이해하지 못하거나 습관적으로 썼던 소극적인 표현의 '몰라요'라는 말도 조금씩 줄어들었다. 수학에 대한 자기 생각을 조금씩 자신감 있게 표현하기 시작했고 책에 낙서하듯이 문제를 풀던 습관도 바뀌어 연습장에 문제 풀이과정을 단계적으로 기술하기 시작했다.

내적 언어 발생

배우는 내용이 많아질수록 틀리는 문제들 중 대부분은 계산 과정의 오류에서 비롯되었다. 실수를 줄이기 위해 풀이과정에 대한 언어적 설명을 반복적으로 제공했고 아동이 풀이과정에 대해 알고 있는 내용을 자기 말로 이야기하도록 기회를 주었다. 그러한 결과 초기 면담에서는 숫자를 셀 때 손가락을 까닥이며 계산하는 모습을 보였지만 수업이 끝날 무렵에는 계산 과정에 대해서 스스로 말하기 시작했다. 리아는 수업을 하고 6개월 이후부터는 풀이과정을 자기 말로 이야기하는 비고츠키의 내적 언어를 쓰기 시작했다. 그러면서 계산 과정의 오류도 줄었다. 특히 곱셈 과정에서 실수가 많았었는데 곱셈에 대한 과정을 “200분의 90 곱하기 100이니까 45%지” 식으로 중얼거리면서 실수를 줄여갔다.

(2011. 11. 23. 리아와의 수업 전사자료)

나 : 농구 구해보자.
리아 : 200분의 90 곱하기 100은 해야지. 2*1은 2 48 5 45 프로
나 : 프로가 아니라.
리아 : 퍼센트.
나 : 마지막 뭐 남았어?
리아 : 수영.
나 : 그치? 수영해봐.
리아 : 200 20 곱하기 100은 2 하고 21 2 10프로
나 : 그렇지. 적어봐.

리아 : 10%.

나 : 총 이게 몇 %야?

리아 : 100%.

리아 : 축구. 그 다음에 뭐에요?

나 : 야구.

리아 : 야구는 15%. 이 정도쯤 되겠죠?

나 : 잠깐. 하나에 몇 %야?

리아 : 5%.

나 : 그럼 5% 몇 개야?

리아 : 3개.

나 : 그렇지 그 다음에?

리아 : 15%.

나 : 그 다음엔?

리아 : 농구요. 45%니까 5 10 15 20 25 30 35 40 45 (표시)

V 나에게 주는 의미

다문화 아동을 가르치며 교사인 나는 어떠한 변화가 있었을까? 1년간의 시간을 되돌아보면 참 많은 일이 있었지만 다문화 아동을 가르치는 과정에서 실수를 반복하며 어떠한 실천적인 지식을 얻었고 연구가 끝난 지금 다문화 아동에 대한 생각은 이전에 비해 어떻게 변화했는지를 이야기하고자 한다.

다문화 아동 가르치기와 관련된 실천적인 지식의 탐구

내가 얻게 된 실천적인 지식은 교사가 어떻게 하면 다문화 아동을 잘 가르칠 수 있을 것인가에 대한 시도와 실패의 과정에서 얻게 된 반성의 결과물이다. 연구의 시작부터 나의 편견으로 인해 그릇된 판단을 내린 적이 많았다. 대표적으로는 국어 성적만 보고 다문화 아동의 언어수준을 진단한 것을 들 수 있다. 리아는 국어 성적이 다른 교과에 비해 높았다. 100점 만점에 수학교과 성적이 10점 정도인 반면에 국어 성적은 70~80점을 상회했다. 그래서 언어와 관련된 문제가 없을 것이라 생각했다. 어쩌면 국어 교과의 점수를 보고 다문화 아동에게 언어 문제가 없을 것이라고 판단한 것이다. 하지만 아동의 국어교과 성적만 보고 아동의 언어 전반에 대해 유추한 나의 판단은 실패로 드러났다. 수업을 계속하면서 학교 생활에 대한 이야기를 하던 중 학년 초기에 겪었던 언어의 어려움이 수학 교과에도 영향을 주었고, 여전히 다른 아이들과 선생님과의 대화를 종종 이해하지 못한다는 것을 알게 되었다. 이를 통해 단순히 평가 점수를 보고 아동의 수준을 지레 짐작하는 것이 얼마나 위험한 것인지를 알게 되었다.

다음으로는 가르치는 과정에서 아동의 수준을 지속적으로 파악하기 위해 문답법의 교수방법이 필요하다는 것이다. 문답법은 아동의 이해 수준을 확인시켜 주었고 이러한 지속적인 언어 자극은 아동이 이해한 내용을 언어적으로 표현하는 데 도움을 주었다. 수학 개념을 이해시키는 데 있어 시각 자료를 활용하는 것도 중요했다. 아동의 수학 개념에 대한 이해를 위하여 언어적이지 않은 시각 자료나 도식화를 제공하는 것은 언어를 통해 설명하는 것보다 추상적인 수학 개념에 대한 아동의 이해를 높여 주었다.

교사 역할 확장하기

1년의 시간 동안 아동의 삶에 좀 더 깊이 있게 관여하게 되면서 아동의 삶을 바꾸고 싶었다. 오만한 생각인지 모르겠지만 나의 노력으로 그들의 삶이 조금이라도 바뀌기를 바랐다. 그들의 삶이 어떠한지를 깊이 있게 탐구하고자 하는 연구자로서의 사명도 있었지만 그들의 삶이 나아지기를 진심으로 원했다. 그러한 생각은 "10년 후에도 대학을 못 갈 것 같아요", "삶이 앞으로도 불행할 것 같아요" 등 아동이 미래에 대한 부정적인 이야기를 할수록 더욱 절실해졌다. 이 연구의 목적도 다문화 아동의 성적 향상이지만 그 바탕에는 한국 사회에서 다문화 아동의 성적 향상이 결국 다문화 아동의 삶에 긍정적인 역할을 할 것이라는 생각이 있었다. 현장에 들어가기 전까지는 아동을 가르치는 데만 집중하면 될 것이라고 생각했다. 연구를 시작하면서 내가 이렇게 내부에 들어가게 되고 그들의 삶에 좀 더 관여하게 되었을 때 학교와 가정의 가교이자 교사로서의 역할에 대해 고민하게 되었다. 단순히 가르치는 것에 관심을 가지다가 어떻게 내가 도와야 삶이 좀 더 나아질 것인가? 어떻게 하면 아동이 학교생활에 적응을 잘 할 수 있을 것인가? 그들이 처해 있는 상황이 일반 가정과 다르다는 사실, 다문화 아동이라는 이유로 왕따를 받는 것, 외부에서 일어나는 학교의 대처들을 보면서 그러한 교육적 상황이 더욱 안타까웠다. 그러한 것을 알고도 내가 단순히 아동에게 지식만 가르치는 역할에 머물러야 하는가 하는 생각마저 들었다.

결국 이러한 고민은 단순히 교사가 아동을 가르치는 것에 그칠 것이 아니라 가정과 일상에서도 교육적 처치가 이루어질 수 있도록 학부모 교육에까지 그 범주가 확장되어야 한다는 생각의 기제가 되었다. 이러한 나의 노력이 내가 현장을 떠나더라도 그러한 교육적 역할이 가정에서도 지속적으로 이루어지기를 바랐기 때문인 것도 있다. 물론 의사소통 측면에서 필리핀 어머니와 대화하는 것에 대한 두려움은 있었다. 영어가 익숙하지 않은 나의 말하기 능력 때문이기도 했지만 지속적인 교육적 처치가 가정에서 이루어지기 위해서 과연 어머니에게 무슨 이야기를 내가 해야 할 것인가에 대한 답이 분명치 않았기 때문이었다.

먼저 리아의 성적으로 이야기를 시작했다. 리아 어머니는 리아의 성적을 잘 모르고 있었다. 그도 그럴 것이 리아가 학교에서 보내주는 성적표를 어머니에게 보여주지 않은 것이다. 물론 성적표를 보여줘도 어머니가 이해하지 못했겠지만 성적을 보여준다고 해도 달라질 것이 없었다. 나는 리아와의 공부를 통해 리아의 성적이 어느 정도 향상되었고 현재 학급에서 어느 정도 성적인지에 대해 설명해 주었다. 리아 어머니는 리아의 성적보다는 지금 리아가 시설에서 제공하는 교육만으로도 충분하다는 이야기를 들려주며 리아가 공부 때문에 힘들어하는 것을 더 걱정했다. 한국 교육 상황에서 리아가 대학에 들어가고 자신이 하고 싶은 일을 하는데 있어 공부가 가지는 의미에 대해서도 설명했는데 어머니는 그 부분에 대한 이야기를 듣고 한숨을 쉬었다. 그리고 가정 상황을 관찰하며 가장 걱정이 된 것이 아동이 나와의 공부시간 외에는 가정에서 공부를 하지 않으며 공부할 분위기도 되어 있지 않고 어머니가 성적에 관심이 없다는 사실이었다.

나의 초등학교 경험을 생각해 봐도 내가 자발적으로 책상에 앉아 있던 적은 없었던 것 같다. 물론 아동이기에 스스로 판단하고 행동하는 것에 대한 어려움이 있기도 했지만 어머니가 공부하라고 잔소리를 했기 때문에 책상에 앉아 있었던 것 같다. 리아도 아직 스스로 판단하고 행동하기에는 어리다. 스스로 공부에 대한 동기를 찾아서 실천하는 것은 더더욱 어렵다. 그러한 아동에게는 가정에서 어머니가 공부 분위기를 만드는 것이 중요하다. 그런데 리아의 가정은 이런 것들이 이루어지고 있지 않았다. 또한 어머니는 가정에서 리아가 어머니 역할을 대신해 주길 바라고 있었다. 방을 치우거나 설거지를 하는 등 그러한 역할을 지시할 때조차도 리아는 어머니의 말을 듣지 않았다. 뿐만 아니라 어머니의 교육적인 훈계도 리아는 귀 기울여 듣지 않았다. 어머니는 리아가 싫다고 하면 시키지 않았다. 그냥 아이의 이야기를 들어주는 것이 최선이라고 생각했고 가정에서 어머니의 권위는 찾을 수 없었다.

가정에서 어머니의 교육적인 역할과 관련해 어머니의 권위에 대해서 이야기를 했다. 때로는 어머니의 교육적 판단을 토대로 아이에게 엄격할 필요가 있다고 했다. 또한 아동의 공부 습관을 형성하기 위해서 먼저 가정에서 공부시간을 확보해야 하고 가정에서 1~2시간이라도 공부하는 습관을 가진다면 나중에도 공부하는 습관이 유지될 것이라 생각했다. 초등학생이기에 그러한 생각은 더욱 확고했다. 그래서 학원을 갔다 오고 집에서 마냥 TV 보고 인터넷 하는 시간 대신 집에서 공부하는 시간을 만들어 달라고 이야기했다. 어머니를 만나고 그 다음 주에 가정에서 달라질 모습을 기대하며 아동을 만났다. 어머니와 면담 후 가정을 방문했을 때 리아는 집에서 1~2시간씩 공부를 했고 교육방법에 대한 어머니의 생각도 전보다 확고했다. 리아도 나와 어머니와 같이 약속을 했기 때문에 그때까지는 그 약속을 잘 지키고 있었다. 정작 문제는 다른 곳에 있었다. 리아가 5학년 2학기 기말고사 전 날 공부한 내용은 3학년 영어 문제집이었다. 그

야야기를 듣고 아차 싶었다. 어머니께 한국의 교육 상황과 가정에서 어머니가 보여줄 엄격함에 대해 강조만 했지 지금 리아에게 필요한 학습 내용에 대한 언급을 하지 않은 것이 실수였다. 그들의 상황을 좀 더 총체적으로 이해하고 그에 따라 세심하고 깊이 있는 부분까지 도움을 주는 것이 필요했다.

리아가 공부를 못하는 당연한 이유

연구를 시작하고 다문화 아동을 가르치면서 '다문화 아동이 공부를 못하는 것은 그만한 이유가 있다'는 생각은 오히려 확고해졌다. 물론 다문화 아동 중에는 어머니나 아버지 등 아동에게 의미 있는 타자들이 노력을 해서 일반 아동보다 그 자신의 특질을 발현하는 아동도 있을 것이다. 하지만 현실에 들어가 보면 그들이 겪는 언어에 대한 어려움, 왕따로 인한 정서적 불안정 등 이러한 교육적 상황이 매우 절망적인 것을 느끼게 된다. 그리고 그러한 상황을 변화시키려고 노력하지만 이내 벽에 부딪힐 뿐만 아니라 나 또한 순혈인인 타자일 수밖에 없다는 것도 깨닫게 된다. 누구나 그들의 삶에 좀 더 들어간다면 그들의 성적이 낮은 이유를 깨닫게 될 것이다. 그러한 생각이 편견이라 생각하며 깨고 싶었지만 오히려 이러한 생각은 연구를 통해 더욱 강화되었다. 물론 내가 이렇게 현상을 보는 것이 진실한가에 대한 생각을 많이 했다. 그러한 고민의 근원은 내가 그들의 삶을 경험해 보지 않았기 때문이다. 내가 관찰한 것과 면담을 토대로 그들의 삶에 대해 추정한 것이 진실일까? 내가 경험하지 않았기에 분명 한계가 있을 것이다. 이런 한계를 극복하기 위해 매 순간 현상을 관찰하고 면담을 한 후 내가 가진 생각들이 과연 진실한지에 대해 나 자신에게 끊임없이 물었다.

학업 성취에 대한 생각 잠시 내려놓기

아동의 학업 성취를 달성하기 위해 아동뿐만 아니라 나 스스로에게도 아동의 성적을 올리는 것에 집중하며 1년의 시간을 보냈다. 학업 성취만 생각하며 잘 따라오지 않는 아동을 혼내고 효과적인 학습 방법을 찾는 데 몰두했던 것도 사실이다. 수많은 이론 서적에서도 이야기하지만 외부의 동기나 외적 강화보다는 아동의 내적 동기를 향상시키는 것이 중요하다. 이러한 이유로 아동을 데리고 한 시간 동안 공부를 해야 하는 이유를 설명하고 설득하는 시간을 가진 적이 있다. 그런 나의 노력에 아동의 내적 동기가 향상되었는지 의문이다. 그러한 추상적인 이야기보다는 수업 안에서 교과 외적인 활동을 하는 것이 오히려 다음 수업에서 아동의 기대를 높일 때가 많았다. 이는 교사가 아동의 성취수준을 고려하지 않은 채 교사가 정한 성취기준을 쫓다가 정작 중요한 것을 놓치고 있는 것은 아닌지 반성이 필요하다는 것이다.

_______ (2012. 1. 28. 리아의 일기)

선생님이 수학책 54쪽까지 잘했다고 칭찬까지 들었다. 내일은 미션 임파서블에 대해서 보고서 숙제를 같이 한다고 했다. 나는 숙제를 다한 것이 기뻤다. 나는 '5,6학년 동시집' 집에 있는 내 책 동시집을 가지고 마음에 드는 시 두 편을 가지고 꾸미기도 하고 적기도 했다. …… 나는 좀처럼 믿기지 않았다. 나는 이상하게도 공부할 때는 하기가 싫어서 마음이 좀 그렇지만 공부안하고 방학 숙제등 다른 활동을 하면 금방 마음이 좀 그랬던 게 확 풀리는 느낌이다. 나는 그래서 내일이 기대가 되었다. 내일 하루가 고생하더라도 왠지 좋을 것 같은 예감이 든다.

유쾌한 상상

지난 1년 여의 시간을 돌이켜보면 참 힘들고 기나긴 시간이었던 것 같다. 가르치는 순간마다 이렇게 가르치는 것이 다문화 아동에게 효과적인 것인지 의문이 들 때가 많았다. 수업을 이해하지 못하는 리아의 모습을 볼 때면 해결 방법을 찾기 위해 밤새 고민하며 잠들지 못하기도 했다. 더욱이 교사가 다문화 아동을 가르치는 이러한 노력은 최근의 일이라 참고할 만한 자료를 찾기도 어려웠다. 글을 마무리하는 이 순간, 나의 노력이 조금이나 도움이 되어 지금보다 더 나은 삶을 살게 될 10년 후 리아의 모습을 상상해 보았다. 상상만으로도 기분이 참 좋다. 그런 나의 유쾌한 상상이 머지않아 현실이 되기를 진심으로 바라본다.

_________ (2024. 1. 25. 리아의 일기)

오늘 유치원 교사 임용시험 결과가 나오는 날이었는데 결과는 '합격'이었다. 정말 꿈만 같다. 어머니도 동생도 한참을 기뻐하며 축하해 주었다. 축하의 의미로 오늘은 고깃집에서 외식을 했다. 이런 저런 이야기를 하던 중에 동생은 내가 어렸을 때는 참 공부를 못했는데 이렇게 유치원 선생님이 된 것이 신기하다고 놀려댔다. 초등학교 입학할 때에는 한국말도 서툴던 내가 언제부터 공부를 열심히 하려고 했는지 정확히 기억이 나지는 않지만 아마 초등학교 5학년쯤인 것 같다. 선생님 이름이 생각나진 않지만 그 선생님이 우리 집에 와서 열심히 가르쳐준 것이 생각이 났다. 아마 그 이후부터 성적이 조금씩 올랐던 것 같다. 이제 합격했으니 하루가 더 바빠질 것 같다. 이제부터는 신규발령을 위해서 해야 할 것들을 차근차근 준비해야겠다.

06

2030년 한국교육학/교사교육의 새로운 방향

우리나라 교사들에 의해 이루어진 1년 동안의 다문화 아동 가르치기에 대한 개인적 경험의 이야기들이 드디어 끝났다. 그 기간 동안 국내의 여러 학술대회, 학술지, 국제 학술대회에서 발표를 하여 호평을 받았다. 그리고 그 많은 여정 속에서 전국의 많은 현장 실천가들에게 우리의 노력과 고민 그리고 해결할 수 없었던 아포리아들에 대하여 문제를 공식적으로 알려주고 제기하고 과제로 제시하고자 한 학술적 기록의 작업으로서 이 책의 출판은 가장 가치 있으면서 의미 있는 작업이라고 할 수 있다.

필자 중의 한 사람인 김영천이 항상 생각해 왔던 것처럼 우리는 포스트모던 시대에 무엇이 가장 중요하고 무엇이 가장 효과적인지를 교조적으로 가르칠 수는 없고 그 결과 역시 기대와는 다르게 나타난다. 대신에 우리가 할 수 있는 가장 최선의 작업은 끊임없이 우리가 가진 모든 의식과 지식 그리고 생각을 비평하고 반성할 수 있는 기회를 갖는 것이다. 그러한 점에서 나와 비슷하거나 다른 상황에서 특정한 경험을 한 실천가들의 이야기를 듣고 읽고 분석하는 작업은 무엇보다 중요하다. 우리나라의 교육학 훈련 제도가 모두 교과서적 지식으로 채워져 있는 것에 비하여 구미의 교사훈련의 주요 내용은 개인 실천가의 특정한 경험에 대한 이해와 분석, 그리고 비평과 통찰력의 도출로 구성되어 있다. 그리고 그러한 개인적 읽기와 감상과 새로운 아이디어의 습득은 독자로서 교육실천가의 진부하고 편협한 생각을 버리게 하고 조금 더 진보하고 유익하며 건설적인 생각과 행위로 삶을 채워 나가도록 한 개인을 변화시킨다.

우리는 이 책에서 미래의 교사들과 현직 교사들에게 무엇을 어떻게 하라고 구체적인 방향과 답을 제공하지 않기로 했다. 그러한 글쓰기는 이 현장 작업이 의도한 원대한 목표와 책임을 모두 나타내지 못하며 아울러 다양하고 창의적인 생각의 가능성을 미리 차단해 버릴 것이라고 생각했다. 우리는 한국 다문화 아동 가르치기에 대한 실제의 이야기들이 많은 다문화 아동들을 가르치게 될 전국의 수많은 한국 교사들에게 새로운 자극과 통찰, 반성의 텍스트로 읽히기를 바라며 자신의 공간에서 무엇을 어떻게 할 것인가에 대하여 스스로 해결책을 탐색해갈 수 있기를 바랄 뿐이다. 그리고 가장 중요한 것으로 자신을 알지 못하는 상태에서는 이 세상을 이해하고 개선하고 구하려는 어떤 시도도 성공하지 못할 것이라고 추측한다. 따라서 필자들은 과거와는 다른 문화적 시대를 살아갈 많은 한국 교사들이 어떤 정체성과 편견, 주관성을 가지고 학생들, 다문화 아동들, 소수자들, 이방인들과 외국인들을 바라보고 있는지 그리고 그러한 입장과 응시의 정치학(politics of gaze)이 자신들의 일상적인 교육학적 실제와 실천에 어떻게 깊게 관련되어 있는지를 반성해 보기를 마지막 메시지로서 당부하고자 한다.

황철형 : 지난 일 년 동안 우리는 경남의 다문화 아동을 개인적으로 지도했는데요. 여러 가지 생각이나 배운 점이 있었던 것 같아요. 누가 먼저 이야기해 볼까요?

정민영 : 사실 저는 1년간 다문화 학생들을 지도하면서 이 연구의 초점이 다문화 가정 학생의 학업 성취 향상에 맞춰져 있었기 때문에 다문화 가정의 삶, 문화에 대해 심도 있는 고민을 해본 시간은 많지 않았던 것 같아요. 다만, 이 학생을 가르치며 한국 학생과 다른 점은 무엇일까? 왜 이렇게 학업 성취 능력이 부족한 걸까? 이런 것을 고민했고 학업적인 면에서 부족한 점을 찾으려는 노력은 나름대로 했었죠. 연구가 끝난 이 시점에서 생각해 보면 다문화 학생들을 지도하면서 나는 다른 문화에 잠시 들어갔다 나왔다는 생각이 들어요. 왜 한 여름 밤의 꿈이란 말처럼 잠시 꿈을 꾼 것 같은 느낌 말이에요. 분명 그들은 우리와는 다른 문화를 가지고 있는 것 같았지만 그 문화가 어떠한지 한마디로 정의 내리기는 어려운 것 같아요. 다만 우리 한국 부모들은 자녀교육에 대해 그 무엇보다 민감하고 과열양상을 띠고 있는데 그에 비해 결혼 이주 여성들은 교육열, 자녀에 대한 애착 부분에서는 우리 한국 어머니들보단 많이 약하다고 느껴졌어요.

황철형 : 공감되는 표현이에요. 사실 교사가 다문화 가정에 들어간다는 것이 순혈인인 한국인 교사가 가지는 문화적 경험과 다문화 가정의 문화가 충돌하는 것이라고 볼 수도 있을 것 같아요.

정민영 : 그렇죠. 그들에겐 문화적인 충격이었을 거예요. 하지만 그걸 그렇게 바꾸고 싶어하는 것 같진 않았어요. 나름 자녀가 다니고 있는 학교의 선생님이라고 하니 아이의 교육에 관해서 가정에서 노력해야 할 것들에 대해 귀를 기울이는 것 같았지만 그렇게 적극적인 것은 아닌 것 같았어요. 구체적으로 교사가 조언을 해준 내용에 대해 노력을 한다거나 실천을 하지는 않았던 것 같아요. 어쩌면 문화적인 차이로 인해서 내가 당연하게 생각하는 것들이 그들에게 낯설게 다가가는 것, 그리고 그들이 당연하게 생각하는 것들이 나에게 낯설게 다가오는 것에 대한 차이라고 할 수 있을까요?

박창민 : 저 역시 그들의 낯선 문화를 무조건 받아들여야 한다고 느끼지 않는 것처럼, 그들 역시 우리의 조언을 무조건 들어야 할 것으로 판단하지는 않았을 것 같아요. 어쩌면 받아들이지 않았다는 표현 자체가 이미 우리들 마음속에 우리의 가치관이나 방식 등이 전해져야 한다는 무의식의 표현일 수도 있을 것 같아요.

박현우 : 그런 의미에서 다문화 가정 부모가 낯설게 느끼는 부분을 교사들조차 낯설게 생각해서는 안 될 것 같습니다. 저 역시 가르쳤던 아이의 부모와의 대화에서 아이의 교육에 대해선 큰 기대를 하지 않으시는 것 같았어요.

박창민 : 그리고 한 가지 더 생각해볼 수 있는 건 그들이 느끼는 낯섦에 대해 주목해야 할 것 같습니다. 왜 부모들이 자녀들에 대한 기대가 그렇게 낮아졌는지……. 이는 결국 차이를 인정한다고는 하지만 실제로는 그렇지 않기 때문에 소외와 좌절감을 느끼고 결국 그러한 상황이 낮은 기대로 이어지지 않았나 하는 생각이 드네요.

황철형 : 저도 동의합니다. 한국적 상황에서 적응하면서 다문화 가정 부모들이 가지는 아동 교육에 대한 생각이 바뀐 탓도 있겠죠. 하지만 그것을 단순히 좌절의 결과로만 보기는 어려운 것 같아요. 어머니의 문화적 경험에 따른 교육적 기대, 현재 가정이 처해 있는 경제적 상황, 한국 교육에 대한 이해 부족 등 복합적인 상황이 중첩되어 있는 것이 아닌가 하는 생각이 듭니다.

황철형 : 방금 이야기한 것처럼 한국적 상황에서 다문화 가정과 마주하며 교사가 느끼는 인식과 다문화 가정과의 입장 차이에서 오는 문화적 차이나 충격, 딜레마에 대해서 좀 더 이야기했으면 합니다.

박창민 : 철형 선생님 말처럼 참 딜레마가 많더라고요. 한국적 상황에서는 당연히 이 학생이 공부를 열심히 해야지 흔히 말하는 '낙오'가 되지 않을 것이라는 생각을 가지고 있는데요. 공부 잘하는 것이 실상 별로 중요하지 않은 나라에서 온 학부모에게 그러한 필요성을 아무리 완곡하고 꾸준하게 때로는 강력하게 설득하려고 해도 힘든 점이 있더라고요. 가정의 이런 분위기가 학생에게도 많은 영향을 미친다는 점에서 고민이 많았었습니다.

박현우 : 네. 저도 제가 가르친 아이의 부모와 만났을 때 공부를 시켜야겠고 열심히 했으면, 잘했으면 좋겠다는 생각을 하고 계셨지만 한편으로는 아이가 나중에 공부하는 게 힘들면 어머니에게 배운 태국어로 여행 가이드를 하면 어떨까 생각을 하고 계시더라고요. 이런 부모님의 생각을 전해 들었을 때는 고민도 되었습니다. 제가 아이에게 도움을 줄 수 있는 부분인 학업 성적을 올리기 위한 노력 또한 미래에 사회에서 아이가 원하는 직업을 얻기 위한 준비의 의미도 있다고 생각했거든요. 그런데 장래의 직업이 정해져 있다고 생각하니 힘이 빠지는 부분이 있더라고요.

황철형 : 현우 선생님이 아이의 부모를 만났을 때 느낀 감정이 무엇일지 상상이 돼요. 부모가 가진 여러 가지 상황과 마주할 때 그들의 생각을 바꾸기 위한 노력, 거기다가 아직 현장의 교사들 또한 자기들의 역할에 대해서 확신하지 못하고 고민하는 상황이니까 말이에요. 그런데 한편으로는 그러한 차이를 인정하고 지속하는 과정 자체가 힘들기는 하지만 필요한 과정인 것 같아요.

박현우 : 그러한 과정에서 한국 교육의 기준을 다문화 아동들에게 그대로 제시할 수 있을까 하는 고민이 들었습니다.

황철형 : 한국적 교육의 기준은 무엇을 이야기하는 건가요? 반에서 몇 등을 해야 대학에 가고 이런 것을 말하는 건가요? 아님 현재의 아동의 성취 수준과 관련한 기준들을 이야기하는 건가요?

박현우 : 열심히 공부해서 좋은 대학에 가는 것이 일반적인 부모님의 생

각이지만 다문화 아동 부모님의 경우 다를 수도 있다는 점을 인정할 필요가 있다는 생각이 들었어요.

정민영 : 우리가 그 학생들의 학업 성취를 위해 많이 애썼지만, 궁극적으로는 저는 한국의 교육 상황(학업 성적 높이고 좋은 대학에 가는 것)을 결코 강요하거나 그들이 이 문화에 적응하도록 전달하는 것이 중요하다고 보지 않아요. 현우 선생님께서 앞에서 하신 말씀처럼 그들의 낯설음을 인정해 주는 것 그리고 아동에게 직업에 대한 비전을 안내해 주는 것. 그것이 그들을 위해 우리가 할 일 아닐까요? 그러기 위해선 가정과도 끊임없이 소통을 해야 하고 결국 교사는 학교는 물론이고 학생뿐만 아니라 그들의 부모, 즉 다양한 문화를 지닌 가정까지 끌어안아야 하겠네요. 다양한 문화적 정체성을 가진 사람들의 교육과 적응을 위해서 말이죠. 이게 곧 우리가 나아가야 할 한국 학교 교육의 새로운 방향이자 미래의 학교 교육 아닐까요?

황철형 : 그런데 그러한 상황에 마주할 때마다 느끼는 것이 교사의 역할에 대한 근원적인 고민 같아요. 가끔 다문화 아동을 가르칠 때 부닥치는 존재론적 고민들이요. 교사의 역할에 대한 고민 없었나요? 예를 들어 난 여기서 무엇을 하고 있는 거지? 이런 생각들 말이에요.

박현우 : 제가 가르친 아이의 경우 학업 성적이 낮음과 동시에 공부를 하고자 하는 의지가 정말 부족했어요. 그런 점에서 이번 연구를 시작하게 되었지만 막상 가르치는 과정은 너무 힘들었죠. 수업시간에 빠지는 일도 많고, 열심히 들으려고 하지도 않고……. 많은 것이 무너지는 것 같았어

요. 그동안 아이들을 가르치면서 경력 교사로서 자신감도 있었는데 왜 이렇게 가르치는 것이 힘들지 하는 생각이 들었죠.

황철형 : 현우 선생님 이야기에 동감하지만 한편으로는 현우 선생님이 일반 아동을 가르친 것이 10년 가까이 되니까 경력 교사라 할 수 있지만 다문화 아동을 가르친 경험은 초임 교사로 봐도 무방하지 않을까요?

박현우 : 하지만 몇 년간 담임 교사로서 가르쳤던 경험에 비추어 다문화 아동 한 명을 가르치는 것은 어렵지 않을 것이다 하는 생각을 가지고 있어서 이런 좌절감이 생겼던 것 같아요.

박창민 : 저도 되돌아보니 가르치는 과정에서 많은 어려움이 있었는데 그 중에서도 가장 힘 빠질 때는 내가 공들여 준비한 계획들과 프로그램 그리고 자료들이 그 학생에게 전혀 수용되지 않았을 때였던 것 같아요. 처음에는 '왜 이렇게 안 받아들여지지?'라는 생각이 점차적으로 그 학생 중심에서 고민하고 계획하지 않았기 때문이라는 결론에 이르더라고요. 결과적으로 그 동안 저는 '교수 · 학습' 과정이라고 하면서 실제로는 '교수'과정에만 집중해 있었던 게 아닌가 하는 생각이 들더라고요. 그래서 늘 제가 준비한 것만 전달하기 바빴고 결과적으로 제대로 학생이 반응하지 못하고 좌절하고 힘듦을 느낄 때가 많았던 것 같아요.

황철형 : 재미있네요. 그런데 저는 그러한 상황에서 창민 선생님이 교육과 관련해서 가졌던 좀 더 근원적인 고민들이 무엇이었는지 궁금하네요.

박창민 : 저는 제가 과연 가르치는 것이 무엇인가에 대한 의문부터 들었어요. 이전까지는 교사라는 역할이 조금은 미성숙한 사람들의 발달과 성장을 빠르게 돕는, 즉 성장하는 과정에서의 시행착오를 최대한 줄여주는 데 있다고 생각했거든요. 그런데 카이와의 멘토링을 하다 보니 이러한 역할에 대해 의문이 들었어요. 내가 알고 있고 당연하다고 생각했던 것들이 실제로는 당연하지 않을 수 있다는 경험. 교사의 역할과 관련해서 저 자신은 누군가를 가르쳐야 한다는 의식에 사로잡혀 있었고 그것이 저의 존재 이유라고 생각했습니다. 자연스레 학생들은 교사인 내가 이끄는 대로 이끌려오는 것이 바로 그들의 역할이자 책임이라고 생각했습니다. 다문화 아동을 가르치는 경험은 이러한 저의 생각을 바꾸었습니다. 제 생각대로 이끌려오지 않는 카이를 보면서 처음에는 그 아이의 탓이거니 스스로를 위안했지만, 결국엔 이러한 저의 생각이 잘못되었다는 것을 인정하게 되었습니다. 카이와의 관계에서 정말 중요했던 것은 바로 카이가 어떻게 세상을 바라보는지 이해하려고 노력하는 것이었습니다. 왜냐하면 나의 관점에서 아무리 세상을 바라보고 나아가길 원해도 정작 받아들이는 카이가 원하지 않는다면 아무런 소용이 없다는 것을 철저히 경험했기 때문입니다.

황철형 : 저도 앞에서 이야기한 것처럼 교사가 느끼는 본질적인 고민에 대해 이야기하고 싶었어요. 저 또한 아동을 만나 일주일에 몇 시간씩 가르쳤지만 아동이 쉽게 변화하지 않았고 오히려 가정의 상황을 이해할수록 교사로서 뭔가 더 많은 도움을 주고 싶었어요. 내가 원하는 방향으로 무엇인가를 변화시켜 보고 싶다는 생각이 들었던 것 같아요. 아이를 위해

서 말이에요. 그때마다 그러한 상황에 좌절하기도 하고 그러한 경험을 반복하면서 느꼈어요. 교사의 역할의 한계에 대해 인정하는 것이 필요하다는 것, 교사는 결국 외부자라는 것을요.

박현우 : 아랑이를 가르치면서 제가 교사로서 느꼈던 어려움은 아동과의 관계 문제도 있었어요. 공부를 왜 하는지에 대한 동기가 결여되어 있는데 이런 부분은 배제한 체 무언가를 가르쳐야 하는 '가르치는 교사'로서 역할에만 충실하고자 했던 것 같습니다. 그래서 수업 과정에서 충돌이 생겼던 것 같아요. 어쩌면 있는 그대로 바라봐 주고 이해하는 노력이 부족했었던 것 같아요. 이번 연구를 통해 아랑이가 공부에 대해서 변화하는 모습은 살펴볼 수 있었지만 좀 더 멀리 바라보고 도와줄 필요성을 느꼈어요. 단순히 6학년 때의 성적을 높이는 데 그치는 것이 아니라 좀 더 장기적인 관점에서 말이에요.

정민영 : 저는 이런 부분이 좀 어려웠다기보단 속상했어요. 왜 이 아동을 이렇게 방과 후에 담임 교사가 아닌 내가 가르치고 있는 건가? 나보다 이 아이의 부족한 면이나 보충해 주어야 할 면을 더 잘 알고 있어야 할 사람은 담임 선생님인데도 불구하고 정작 담임 선생님들은 나 몰라라 하는 식의 그런 방관. 그리고 아동에 대한 교실 속의 방치. 이러한 것들이 마음속에선 용서되지 않더라고요.

박현우 : 제 생각에는 담임 선생님이 다문화 아동이라는 것을 특별하게 생각하지 않고 일반 아동과 같이 생각하는 점 때문이지 않을까 해요. 그런 점에서 다문화 아동이라고 특별하다고 생각하지 않는 것은 필요하지

만 그들의 어려움에 대해 의식하지 못한 것 아니었을까요?

정민영 : 저는 그렇게 생각하지는 않았어요. 분명 담임 선생님들도 문제 의식은 느꼈었거든요.

황철형 : 그런 것도 있겠지만 한편으로는 부담스러운 것이 아닐까요? 방금 전에도 이야기했지만 다문화 아동에 대해 특별하다고 생각하기에 갖게 되는 두려움 같은 것이 있지 않았을까요?

박창민 : 저 역시 두려움이라는 점에 대해서 어느 정도 동의하지만요, 또 한편에서는 교사들이 다문화 학생들을 일반 학생들과 너무 같은 선상에서 바라보고 있지 않나 하는 생각도 해봤어요. 외향이 조금 튀거나 아버지나 어머니 이름이 조금 특이하다는 점에서 잠시 관심을 가지다가 학교생활이라든지 교우관계 등에서 별다른 문제가 없으면 그냥 한국인과 동일시하잖아요. 하지만 성적이 부족하다거나 적응을 잘 못하면 부진 아동이나 ADHD 아동의 선상에서 바라보고 있는 것이 아닌가 하는 느낌을 받은 적도 있었거든요.

황철형 : 그래요. 그러한 경계가 참 모호한 것 같아요. 마치 동전의 양면 같아요. 다문화 아동과 가정의 특성을 고려하여 아동을 바라봐야 한다는 측면이 교사가 부담으로 느끼는 동전의 앞면이라면 반대 면은 그들을 일반 아동처럼 아직 미성숙한 아동의 관점에서 바라봐야 한다는 것 말이에요.

박현우 : 저는 교실 상황에서 다문화 아동이 특별하지 않고 일반 아동과 다르지 않은 똑같은 한국의 학생으로 대하는 점은 필요하다고 생각해요. 아무리 다문화 아동들이 피부색이 다르고 언어에 어려움을 느끼고 있더라도 본질적으로는 같다고 할 수 있어요. 부모의 국적이 다른 것을 바탕으로 오히려 역차별을 하는 것이 아닌가 싶어요. 최근의 다문화 교육 정책이나 지원은 다문화 교육과 다문화 가정 아동이라는 정책하에 '다르다'라는 인식이 너무 강한 것 같습니다. 그들도 똑같은 미래의 시민이고 그러한 관점에서 다문화 아동을 다르게 인식하고 지원해주기 위해 노력해야 한다는 문제에 의문을 던지고 싶어요. 하지만 그들이 가진 진정한 어려움을 이해하고 다가가야 하는 것 역시 무엇보다 중요하다고 생각합니다. 이번 연구를 통해서 교실에서 쉽게 드러나지 않는 그들의 어려움에 대해 많은 것을 알 수 있었습니다. 방치가 아니라 그들에 대해서 일관된 시각을 가지고 학업이나 교우관계 등의 어려움을 이해하기 위한 노력이 필요하다고 생각합니다.

박창민 : 물론 관점에 따라 다를 수는 있겠지만 최근 다문화 교육 정책은 여러모로 의미 있는 방향성을 보여주고 있다고 생각해요. 다문화 학생들을 교사들이 관심 어린 시각에서 바라볼 수 있도록 여러 시도를 하고 있으니까요. 그러한 맥락에서 실제 현장에 있으면서 느낀 정책에 대한 여러 가지 생각을 나누는 것도 의미가 있다고 생각합니다. 혹 동의하시면 선생님들께서 직접적으로 경험하거나 들으신 다문화 정책 중에서 나누고 싶으신 의견 말씀해 주세요.

황철형 : 물론 변화의 흐름이 감지되기는 하지만 아직까지 현장의 정책들이 다문화 이해 교육에 초점이 맞춰져 있다는 생각이 들어요.

박창민 : 다문화 이해 교육이라고 하면 구체적으로 다문화 학생들을 결핍의 대상으로 보고 이들에 대한 수용과 배려를 추구하는 교육을 말하시는 건가요?

황철형 : 제가 이야기하는 다문화 이해 교육이란 다문화 교육이 다른 문화에 대한 지식적인 측면을 가르치는 것에만 초점을 두고 있다는 이야기에요. 예를 들면 현장의 다문화 교육이 베트남 옷, 음식 등 타 문화와 관련한 지식을 가르치는 데 매몰된 것은 아닌가 하는 생각이에요. 물론 그러한 내용을 가르친다는 것이 교수학습 내용을 구성하는 데 수월하다는 측면이 있지만 현장에 있는 교사로서 교육의 방향이 한쪽으로 치우치고 있다는 느낌을 지울 수가 없네요.

박창민 : 저도 공감하는 바입니다. 그런데 실상 이러한 다문화 이해 교육의 목적이 무엇일까 하는 의문이 들 때도 있어요. 베트남 의복이라든지 음식을 안다고 해서 다른 문화에 대한 문화적 감수성이나 상호문화를 이해하는 것으로 아동의 인식이 확장될 것인지는 의문이에요.

박현우 : 다문화 정책에서도 다문화 가정 아동을 바라볼 때 결핍의 관점에 치우치는 것도 문제가 있는 것 같아요. 다문화 가정 아동이 부족한 부분을 보상해 주고 채워 준다는 느낌이 많이 들어요.

황철형 : 물론 그러한 부분에 치우친다는 느낌이 들기도 하지만 한편으로는 과도기적인 방향에서는 필요하다고 생각해요. 궁극적으로는 이상적으로 다문화주의 관점에서 교육이 이루어지는 것이 바람직하지만 그러한 목표를 이루는 과정에서 다문화 가정에서 결핍되는 부분을 채울 필요가 있다고 생각해요. 100m 달리기를 같은 선에서 출발하게 하는 것처럼요.

정민영 : 반면 요즘 현장에서 이중 언어 말하기 역량 강화 등이 강조되고 있는데 이와 관련하여 다문화 아동의 두 가지 언어의 사용을 독려하는 것은 다문화 아동이 가지고 있는 이점을 강화시키는 좀 더 발전된 형태인 것 같아요.

박현우 : 제가 있는 학교에서도 이중 언어 말하기라든지 다문화 이해를 위한 글짓기나 그림 그리기 등의 행사를 합니다. 물론, 그 취지를 이해합니다만 자세히 들여다보면 행사가 형식적으로 진행되거나 단순히 다문화 아동을 이해하고 같이 해 나가자는 추상적인 외침에 그치는 경우가 많은 것 같습니다.

박창민 : 정책적인 부분에 대한 문제도 있지만 현장에서 그러한 정책들이 현장에 투영되지 못한다는 사실을 다시 한 번 자각하게 되네요.

YTN 속보

2028년: 전국 교육대학교와 사범대학 교직필수 과목으로 '다문화 교육과정과 수업' 개설

2030년: 경남 농어촌 지역 초등학교 한 교실 학생의 1/2이 다문화 가정 아동들

2031년: 경남 산청 초등학교 5학년 학생. 대법원에 '평등하게 학습할 권리'로 담임교사 고발

2038년: 초 · 중등 임용고사에서 이중언어와 다문화 배경 출신의 학생 우대 선발

참고문헌

김영천, 이동성, 황철형(2010). 다문화 가정 학생연구를 위한 인터뷰 가이드의 개발과정: 현장으로부터의 이야기. 다문화교육연구, 3(2), 5-35.

문승호, 김영천, 정정훈(공역)(2009). 다문화교육의 탐구: 다섯 가지 방법들(6판). Sleeter, C. E., & Grant, C. A.의 Making Choices for Multicultural Education: Five Approaches to Race, Class and Gender. 서울: 아카데미프레스.

신민기. "순수혈통 중시 한국도 다문화 진입." 『동아일보』. 2009.5.11. http://news.donga.com/3/all/20090511/8730240/1.

장인실 외(2012). 다문화교육의 이해와 실천. 서울:학지사.

존 듀이(2011). 하우 위 싱크(과학적 사고의 방법과 교육). 학이시습.

최인철(2007). 프레임(나를 바꾸는 심리학의 지혜). 21세기 북스.

황철형(2013). 초등학교 다문화아동의 학업성취 향상을 위한 참여적 실행연구. 진주교육대학교 교육대학원 석사학위논문.

Gollnick, D. M., & Chinn, P. C.(2006). Multicultural education in a pluralistic society. Upper Saddle River. NJ: Person.

Smith, C. B., & Dahl, K. L.(1984). Teaching Reading and Writing Together: The classroom connection. NY: Teachers College Press.

저자 소개

김영천 진주교육대학교 교육학과 교수. 미국 오하이오 주립대학교 철학 박사(교육과정과 질적연구 전공). 한국다문화교육학회 상임이사. 약 40편 이상의 저서와 50편 이상의 논문 출판. 미국 교육학회(AESA) 주재홍 교수와 함께 2013년 최우수 논문상 수상. 대한민국 학술원과 문화관광부 우수학술도서 6회 선정. 국제적 탐구주제로서 한국의 교육현상에 대한 영어책 저술 중.

황철형 진주교육대학교와 교육대학원 졸업. 경남 양산 백동초등학교 교사. 진주교육대학교 강사 한국초등교육학회, 한국열린교육학회. 한국교육학회 연차 학술대회, 그리고 미국 교육학회 연차학술대회(AERA)에서 발표. 질적연구와 다문화 교육 관련 논문들을 〈교육문화연구〉, 〈다문화교육연구〉, 〈초등교육연구〉 등의 학술지에 게재.

박현우 진주교육대학교 졸업. 진주교육대학교 교육대학원 재학 중. 경남 진주 봉원초등학교 교사. 한국 열린교육학회, 한국교육학회, 한국다문화교육학회 등에서 발표. 〈초등교육연구〉(2014)에 다문화교육 관련 논문 게재

박창민 한국교원대학교 졸업. 진주교육대학교 교육대학원 재학 중. 한국열린교육학회, 한국교육학회, 한국초등교육학회 연차학술대회에서 발표. 〈초등교육연구〉(2014)에 다문화교육 관련 논문 게재.

한국 다문화 아동 가르치기
용감하고 아름다운 네 교사 이야기

발행일 | 2014년 7월 15일 초판 발행
저 자 | 김영천, 황철형, 박현우, 박창민
발행인 | 홍진기
발행처 | 아카데미프레스
주 소 | 413-756 경기도 파주시 문발동 출판정보산업단지 507-9
전 화 | 031-947-7389
팩 스 | 031-947-7698
웹사이트 | www.academypress.co.kr
이메일 | info@academypress.co.kr
등록일 | 2003. 6. 18. 제406-2011-000131호
ISBN | 978-89-97544-47-9 93370

값 15,000원